KB210148

천국을 다시 묻다

복음의 소식을 다시 듣기

The Difference Heaven Makes: Rehearing the Gospel as News

천국을 다시 묻다

복음의 소식을 다시 듣기

크리스토퍼 모스 지음 · 윤상필 옮김

| 차례 |

일러두기

- 성서 표기는 원칙적으로 『공동번역개정판』(1999)을 따르되 인용은 원서 본문에 가까운 번역본(주로 새번역)을 썼습니다.
- 교부 시대의 인명과 지명은 한국교부학연구회, 『교부학 인명 · 지명 용례집』(분도출판사, 2008)을 따랐으며, 교부들의 저서명은 한국교부학 연구회, 『교부 문헌 용례집』(수원가톨릭대학교출판부, 2014)을 따랐습니다.
- 영어 "헤븐"heaven은 천국으로도, 하늘(나라)로도 번역될 수 있으며, 저자는 두 의미를 모두 의식하며 문장을 쓴 경우가 많습니다. 그러한 이유로, 맥락에 따라 천국 혹은 하늘(나라), 때로는 모두를 번역어로 사용하였습니다.

학교, 교회, 그리고 여러 삶의 자리에서
내게 복음을 들려주었던
학생들과 벗들을 생각하며

들어가며

10년 전, 차디찬 메인주의 겨울 아침이었습니다. 영하 13도에 달하는 엄동설한을 뚫고 뱅거 신학교Bangor Theological Seminary에 도착했던 때가 기억에 생생합니다. 저는 학생들에게 '천국'이란 주제로 강연을 할 예정이었습니다. 매서운 날씨와는 사뭇 다른 온정 어린 환대 덕분에 강연을 이어 갔습니다. 그러나 강연이 끝날 무렵, 느닷없이 튀어나온 한 분의 냉기 어린 반응은 강연장을 일순간 얼어붙게 만들었습니다. 무례하지는 않았지만, 실망감이 가득한 목소리였던 걸로 기억합니다. 그분은 마이크를 잡더니 말했습니다. "쭉 들었는데, 아무리 들어 봐도 교수님은 이 주제를 제대로 아는 거 같지 않네요."

복음의 증언을 듣는 가운데 천국, 혹은 하늘나라라는 주제를 어떻게 다루어야 할까요? 어떤 면에서 하늘나라가 모두에게 으뜸가는 소식이라고 할 수 있을까요? 굉장히 까다로운 질문이긴 했지만, 예상했던 것보다 훨씬 흥미로운 질문이기도 했습니다. 그렇게 저는 이 문제의 시급성을 깨닫게 되었고 이런저런 사정을 마다하고 이 주제를 다시 다루게 되었습니다.

이 책에서 다룬 여러 논의를 하나로 꿰어주는 전제가 있습니다. 그것은 성서가 말하는 하늘, 천국은 오늘날 흔하게 쓰는 천국이란 말보다 훨씬 오묘하며 '지금, 여기'와 깊은 연관을 맺고 있다는 사실입니다. 오늘의 상식을 거슬러 '지금, 여기'에서 천국이 갖는 의미, 그리고 이 말의 기원과 배경을 탐색하는 일은 매우 흥미로운 작업입니다. 근현대 정신을 대표하는 이들은 현실 세계에서 산다는 것이 어떤 의미를 지니고 있으며, 어떤 요소들로 이루어져 있는지를 스스로 규정하려 합니다. 그리고 천국, 하늘에 관한 소식은 바로 이 기획에 맞섭니다. 시인 에밀리 디킨슨Emily Dickinson의 말대로 "저 너머에 있는 종족"a species beyond에 귀 기울이는 일은 "매혹적이지만 분명치 않은" 일입니다. 우리는 낡은 옛 신학 창고에서 가장 중요한 유물을 다시 꺼내 열어보아야 합니다. 그리고 이 유물 앞에서 진지하게 물어야 합니다. '그렇다면, 이게 우리와 무슨 상관이 있지?'

주제의 다양한 측면을 다루어야 할 부분, 좀 더 자세한 설명이 필요한 대목이 있기에 불가피하게 각주를 활용했습니다. 다만 초점이 흔들리지 않았으면 해서 참고문헌과 각주를 최대한 줄이려 노력했습니다.

이 책에 등장하는 몇몇 문제들과 신학자들을 다룬 여러 강의에 참여해 준 유니온 신학교 학생들에게 감사의 마음을 전합니다.

J. 루이스 마틴J. Louis Martyn, 도로시 마틴Dorothy Martyn, 제임스 F. 케이James F. Kay, 테레즈 델리시오Therese DeLisio, 트레버 에페히머Trevor Eppehimer, 마리앤 라프랑스Marianne LaFrance는 이 책의 원고가 제 모습을 갖춰 가는 단계마다 의견을 주었습니다. 감사의 마음을 전합니다. 멋진 표지를 제안하고 사진을 촬영해 준 캔시스 괴츠Candace Goetz와 사용을 허락해 준 예술가 로버트 웨더포드Robert Weatherford에게 진심으로 감사드립니다. 켄트 A. 레이놀즈Kent A. Reynolds도 빠뜨릴 수 없습니다. 그는 성서의 언어 세계에 정통한 사람인데 덕분에 큰 힘이 되었습니다. 편집자로서 이 기획을 진행한 버크 게르스텐슐뢰거Burke Gerstenschläger, 박사 학위가 코앞인데도 원고를 말끔하게 다듬어 준 저스틴 래서Justin Lasser에게 감사드립니다. 최종 원고 교정을 도와준 토머스 크래프트Thomas Kraft와 케이티 갤로프Katie Gallof, 그리고 책으로 만들어 준 티앤티 클락T.&T. Clark의 식구들에게도 감사드립니다.

아울러 지역교회들과 목회자를 양육하는 여러 기관에 감사의 말을 전하고 싶습니다. 이 현장들 덕분에 저는 천국이란 주제를 늘 마음에 품었을 뿐만 아니라 논문을 쓸 기회, 강연의 기회도 얻을 수 있었습니다. 미국 신학학회American Theological Society, 듀오데심 신학학회the Duodecim Theological Society, 뉴헤이븐 신학 토론 그

룹the New Haven Theological Discussion Group, 뱅거 신학교Bangor Theological Seminary, 웨슬리 신학교Wesley Theological Seminary, 자메이카 킹스턴에 있는 웨스트 인디 신학교The Seminary of the West Indies, 드레이크 대학교Drake University, 그리고 스코틀랜드의 애버딘 대학교Aberdeen University, 세인트앤드루스 대학교St. Andrews University, 에든버러 대학교Edinburgh University, 글래스고 대학교University of Glasgow에 깊은 감사의 말씀을 전합니다.

이 주제에 집중하는 내내 크레이그 버그렌Craig Berggren은 시간을 내어 각 장을 반복해 읽고, 제 이야기를 듣고, 비판적인 의견을 주며 격려를 아끼지 않았습니다. 이보다 속 깊은 우정을 찾기란 쉽지 않겠지요. 이 우정을 되새길 때마다 바울이 필립비인들에게 보낸 편지 1장 3절("나는 여러분을 생각할 때마다 나의 하느님께 감사를 드립니다")에서 보여준 애틋함과 감사함을 떠올리게 됩니다.

제1장

오늘날 천국은 무엇을 말하는가

'천국'heaven이라는 주제에 관심이 있다고 해서 반드시 특정 신앙 공동체에 들어갈 필요는 없다. 세속 집단이든 신앙 공동체이든 어디에 속하느냐에 따라 천국에 대한 인상은 천차만별이다. "천국"이라는 말을 들으면 사람들은 특정 모습을 떠올리곤 한다. 물리적인 하늘sky을 떠올리기도 하고, 죽음 이후의 삶으로 이해하기도 하고, 지복의 상태라 여기기도 한다. 그리고 이 연장선에서 천국을 믿는다고도, 믿지 않는다고도 말한다. 이 책의 목적은 천국과 하늘이라는 말에 대한 한 가지 생각만을 강요하는 데 있지 않다. 천국이라는 말이 어떻게 들리는지는 법으로 규정할 수 없다. 또한, 이 책의 목적은 여러 전통을 두루 살펴서 절묘한 교집합을 찾으려는 데 있지 않다. 이러저러한 믿음의 논리나 불신의 논리가 널리 퍼져 있다 한들 별로 문제 될 건 없다. 어떤 공동체, 특정 공동체에 소속된 개인이라도 자유롭게 천국에 관한 질문을 던질 수 있다. 오히려 이 책의 관심은 누구든 특정한 방식으로 천국에 대해, 하늘에 대해 듣는다면 어떤 일이 일어날지를 생각해 보는 데 있다. 여기서는 그리스도교 교회가 좋은 소식, 즉 복음과 관련해 천국과 하늘을 어떻게 언급하는지를 찬찬히 살펴보려 한다. 또한, 이 책에서는 복음이라는 맥락에 맞추어 천국, 혹은 하늘과 관련된 성서 구절들을 읽으면 어떻게 될지 살펴보려 한다. 이 특별한 맥락이 조리개가 되면 그리스도교의 천국과 하늘에 관한 이야기는 어떤 차이를 빚어 낸다. 그리스도교 신앙 공동체에 참여하는 것은 곧 하늘의 이야기에 참여하는 것이다.

무언가를 듣고 말하는 중에도 우리는 무엇을 듣고 말하는지 모를 때가 많다. 교회에서 자란 사람들은 처음부터 하늘에 관한 이야기를 '듣는다'.

> 하늘에 계신 우리 아버지, 아버지의 이름을 거룩하게 하시며,
> 아버지의 나라가 오게 하시며, 아버지의 뜻이 하늘에서와 같이
> 땅에서도 이루어지게 하소서.

질문은 듣고 난 뒤에 일어난다. 성장한다는 것은 자신이 듣

고, 하는 말에 책임을 지는 것이다. 그 말이 무슨 뜻인지 확신할 수 없다면, 적어도 무엇을 뜻하지 않는지는 명확히 할 수 있다. 지금 이 땅에서 울려 퍼지는 하늘의 소리를 들으려면 그러한 책임감 있는 태도가 필요하다.

1941년, 당시 가장 영향력 있는 신약학자였던 루돌프 불트만 Rudolf Bultmann은 말했다.

> 옛alten 의미의 하늘은 더는 존재하지 않는다.[1]

불트만의 호언장담과 별개로, 하늘에 관한 구절들이 스리슬쩍 누락된 성서는 검열로 누더기가 된 문서와 다름없을 것이다. 역본에 따라 조금씩 다르지만, 히브리어 '샤마임'שָׁמַיִם 과 그리스어 '우라노스'Οὐρανός의 번역어인 "하늘"과 "하늘들"heavens은 어림잡아도 구약과 신약에 675번 등장한다. 최근 주목받고 있는 신학 주제들과 비교해 봐도 성서 구절에 이렇게 자주 언급되는 말은 찾기 쉽지 않다.

오늘날 그리스도교인들이 교회에서 쓰는 언어를 살펴봐도, 무심결이든 그렇지 않든 간에 천국이나 하늘을 가리키는 옛 어

---

1 Rudolf Bultmann, 'New Testament and Mythology', *Kerygma and Myth* (London: SPCK, 1960), 4. 나는 "전통적인 의미"로 읽힐 수 있는 대목을 독일어 원본에 더 정확하게 일치하도록 변경했다. 원문은 다음을 보라. Rudolf Bultmann, '... (D)en 'Himmel' im alten Sinne gibt es für uns gar nicht mehr', *Kerygma Und Mythos* (Hamburg:Reich & Heidrich — Evangelisher Verlag, 1948), 18.

휘들이 묻어 있는 경우는 차고도 넘친다. 주기도문에서 "하늘에 계신 우리 아버지"로 불리는 하느님을 신경은 "하늘과 땅을 만드신 분"으로 확언하며 그분의 말씀은 "우리 인간과 우리 구원을 위하여 하늘에서 내려오신" 예수 그리스도로 육화되었다고 고백한다. 그리고 예수 그리스도는 "하늘나라가 가까이 왔다"는 소식을 선포했다. 그리스도교인인 우리가 읽고 듣고 배운 바에 따르면 예수는 비유를 들어 천국의 임함을 가르칠 때 "천국은 이와 같으니라"라고 말했고, 우리는 그가 십자가에 못 박혀 죽은 뒤 부활해 "하늘에 오르셨고" 이제는 "거기로부터 산 자와 죽은 자를 심판하러 오시리라"고 고백한다. 생명을 주시는 하느님의 성령이 하늘을 가르고 임했다는 소식과 함께 삼위일체 하느님의 은총을 찬미하는 삼중창이 만방에 울려 퍼지면, 이에 발맞추어 교회는 "하늘의 온 무리와 함께" 노래한다.

그렇다면 천국이나 하늘에 대한 이러한 이야기들을 듣는 게 오늘날 무슨 의미가 있을까? 불트만이 지적했듯 현대 과학과 우주론의 관점에서 볼 때 공간에 대한 우리의 개념은 고대의 삼층 우주 개념(하늘에 천국, 땅 아래에 지옥, 그 사이에 있는 평평한 지면)과는 너무나 다르다. 고대의 우주론적 의미를 지닌 천국, 하늘은 더는 존재하지 않는다. 물론, 우리는 하늘을 가리키며 천국이 저기에 있다고 말할 수 있다. 그러나 이런 사고방식이 자연과학이 말하는 경우와 한참 동떨어진 건 분명해 보인다. 천국을 뭐라 말하든 간에 우리 역시 물리적 실체인 우주가 삼층 우주, 즉 천국과 지옥, 그리고 그 사이에 있는 평평한 땅으로 이루어져 있다고 주장하지는 않는다. 근본주의자나 자유주의자나 마찬가지다. 다들 서슴없이 비행기에 올라타지 않는가? 그렇게 우리는 너 나 할 것 없이 현대의 사고방식에 익숙해져 있다. 불트만의 시대를 통과하면서 다들 신약성서를 비평의 눈으로 보고 배웠으니 그의 영향력을 모른다거나 그의 저작이 제기한 천국에 관한 질문을 빌려오지 않는 이는 찾기가 힘들다.

예수 탄생 3,000년 전 이집트 피라미드 벽에 새겨진 최초의 비문을 살펴본다 해도 마찬가지다. 프톨레마이오스 천문학을 참조한다 해도 사정은 그대로다. 물론 그의 구상은 14세기 초에 이르러 단테Dante가 『신곡』Divina Commedia 중 '천국편'paradiso을 쓰는 데 결정적 영향을 끼치지만 말이다. 어떠한 식으로 보든, 천국에 관한 이런 옛 묘사들은 현대 천체물리학의 물질과 반물질 이론의 준거점에서 완전히 벗어나 전혀 다른 세계관에 근거하고 있음이 분명하다. 이제는 과학의 우주론이 우리 사고의 중심에 자리 잡고 있고, 현대 천문학의 주요 저서들은 저 과거의 우주론을 갸우뚱한 시선으로 바라보며 "천체 역학"celestial mechanics이라고 부른다. 이러한 의미에서도 옛 '천상계' 혹은 '천국'은 더는 존재하지 않는다. 이를 감안한다면 불트만은 20세기 신약학의 비평적인 합의를 적절한 선에서 끌어냈다고 봐도 무방하다. 근대의 방식으로 신학을 연구한 사람들은 영속적인 메시지인 '알맹이'와 낡은 옛 세계관에서 비롯한 신화의 '껍데기'를 구별하라고 배웠다. 복음의 메시지가 처음으로 세상에 등장했을 때는 현대 과학이 도래하기 훨씬 이전이었기에 메시지와 철 지난 세계관을 구분해야 한다고 여긴 것이다. 하지만 이러한 틀에서는 천국이나 하늘에 대한 성서의 구절들 역시 불필요한 껍데기나 단순한 포장으로 여길 때가 많다. 이것들을 단순한 껍데기로 간주하면 우리는 천국이 지금, 여기에 어떠한 차이를 만들어 내는지에 귀 기울이지 못하게 된다. 이것이 바로 불트만을 대표로 하는 20세기의 유산을 다시 생각해 봐야 하는 중요한 이유다.

익숙한 천국

물론 우리가 교회 안에 있다 해서 천국이나 하늘에 관한 담론을 독점할 수는 없다. 예수가 활동하던 시대보다 300년이나 앞선 시대에 이미 아리스토텔레스나 플라톤은 하늘에 관한 글을 남겼다(오늘날에도 여러 철학자가 이 글을 연구하고 있다). 행성 천왕성Uranus의 이름은 하늘을 뜻하는 그리스어 우라노스에서 유래했다. 아리스토텔레스에 따르면, '우라노스'는 삼라만상을 덮고 있는 주변부의 "가장 바깥쪽 지역"이며 "바로 이곳이 우리가 흔히 말하는 신적인 모든 것이 존재하는 곳이다".[2] 그에 따르면 하늘을 말한다는 것은 곧 우주를 말하는 것이다. 하늘의 바깥쪽 가장 먼 곳에 있는 이 영역은 높은 곳에서 끊임없이 순환하는 영원

---

[2] Stuart Leggatt (ed.), *Aristotle: On the Heavens I&II* (Warminster, Wiltshire: Aris & Phillips, 1995), 278b11, 88~89.

한 (땅, 공기, 불, 물이라는 네 원소와는 구별되는) 에테르αιθέρα가 있다.[3] 아리스토텔레스의 우주론은 그의 신학과 일치하고, 신적인 것the divine에 관한 그의 이해와 궤를 같이한다.

아리스토텔레스가 자신의 우주론에서 제시한 하늘 이야기를 들어 보면 고대인들이 하늘을 어떻게 생각했는지를 추정해 볼 수 있다. 그들은 하늘을 지상에 호를 두르고 있는 상층부의 에테르 영역으로 여겼다. 고대 문헌 속 여러 전승도 이런 통념을 담고 있고, 창세기에 포함된 전승이나 성서의 몇몇 대목에서 이와 유사한 부분을 발견할 수 있다. 고대의 우주론 세계관에서 하늘은 지상에 있는 것과 구별되는 저 위에 있는 무언가를 가리킨다. 이때 '하늘'heaven과 '땅'earth은 대비를 이룬다.

그러나 오늘날 사람들이 '천국'이라는 말을 들었을 때 가장 떠오르는 것은 드높은 창공이라기보다는 죽음 이후의 삶일 것이다. 천국과 관련해 쓰이는 말들('내세'afterlife, '저세상'hereafter, 혹은 '머지않아 기뻐하며 만날 그곳'the sweet by and by)은 이를 잘 보여준다. 이런저런 말들이 하늘을 두고 뒤엉키는 이유 역시 고대에 뿌리를 두고 있다. 고대인들은 땅에서 더 높이 올라갈수록 불멸에 가까워진다고 생각했다. 아우구스티누스Augustine는 가장 높은 천국을 "영원에 참여"하는 것이라고 썼다.[4] 단테는 축복받은 영혼들이

---

[3] 위의 책, 270b20, 58~59.

[4] Augustine, *Confessions*, XII, 9. "가장 높은 하늘" 역시 창조에 속하기 때문에, 아우구스티누스는 물질보다 "지적인", 영원에 참여하는 하늘과

화살처럼 위로 솟구쳐 천국의 열 번째 최상층, 지고천으로 올라가는 이야기를 쓰면서, 이들을 이곳까지 이끌어 온 동력이 "해와 별들을 움직이게 하는 사랑"이었다고 고백한다.[5] 이 경우 하늘은 우리가 죽어서 가는, 저 높은 곳에 자리한 좋은 곳이며 지옥hell이나 불구덩이inferno, 혹은 나쁜 곳과 구별되는 뜻을 지닌다. 첫 번째 사례들에서는 "하늘"과 "땅"이 대비를 이룬다면, 여기서는 "천국"과 "지옥"이 대비를 이룬다.

이러한 사례들을 보았을 때 우리는 고대인들이 천국, 혹은 하늘을 창공과 연관시키고 땅과 대비를 이루는 곳으로 이해했음을 알 수 있다. 또한, 천국을 죽음 이후의 복된 삶과 연관시키면서 내세에서 겪는 심판의 장소인 지옥과 대비를 이루는 곳으로 보기도 한다. 성서 역시 두 용례를 모두 담고 있다. 오늘날에도 사람들은 소소한 삶을 살아가는 가운데 극도로 기쁜, 행복한 순간을 맞이할 때 '천국 같다', 혹은 '천국에 있는 것 같다'고 말하곤 한다.

천국이 지닌 심상의 변천사를 다룬 현대 연구서들은 주로 천국에 얽혀 있는 개념이나 언어에 집중한다. "상위 세

하느님의 영원하며 고유한 삼위일체를 구분한다. 『고백록』(대한기독교서회).

5 Dante Alighieri, *The Divine Comedy: Paradiso*, XXXIII, 145. 『신곡』(열린책들).

계”upperworld,[6] “죽음 이후에 일어나는 일”,[7] “존재의 상태”state of being,[8] “인간 갈망의 충족”fulfillment of human longing 등은 그 대표적인 예다.[9] 이런 연구서들은 지식과 정보를 다양하게 담고 있어서 당시 시대상과 사고방식이 담겨 있는 서사들과 신화들을 자세히 설명해 준다. 그러나 복음의 소식에 따라 천국에 관한 생각들을 검토하고, 무엇이 천국에서 들려오는 소리에 신실하게 임할 수 있게 해주는지를 평가하지는 않는다. 이를 검증하는 건 교의학의 과제다.[10]

낯선 천국

언젠가 타임지 표지에는 한 남자가 뭉게구름이 떠 있는 하늘을 응시하는 모습을 담고 이러한 문구가 실린 적이 있다. “천국

---

6 J. Edward Wright, *The Early History of Heaven* (New York: Oxford University Press, 2000).

7 Colleen MChurch Dogmaticsannell, Bernhard Lang, *Heaven: A History* (New Haven: YaleUniversity Press, 1988).

8 Carol Zaleski, Philip Zaleski(eds.), *The Book of Heaven: An Anthology of Writings from Ancient to Modern Times* (New York: Oxford University Press, 2000).

9 “하느님을 보고자 하는 인간의 갈망”은 다양한 심상으로 전개되었다. 여러 그리스도교 저작들에 담긴 이 심상들을 보려면 여기를 참조하라. Jeffrey Burton Russell, *A History of Heaven: The Singing Silence* (Princeton: Princeton University Press, 1997). 또한, 다음을 보라. Alister E. McGrath, *A Brief History of Heaven* (Oxford, UK: Blackwell,2003).

10 다음을 참조하라. Christopher Morse, *Not Every Spirit: A Dogmatics of Christian Disbelief* (New York: T.&T. Clark/Continuum, 2nd edn, 2009).

은 존재하는가?"[11] 그러나 복음이 증언하는 천국 혹은 하늘은 저 푸른 하늘이나 죽음 이후의 삶과는 무관하다. 성서에서 언급되는 횟수가 어림잡아도 675번인데도 불구하고, 천국을 물리적 하늘이나 사후 세계로 환원해 해석할 수 있는 경우는 거의 없다. 이 증언을 들어 보면 천국은 죽음에서 시작되지도 않고, 죽음으로 끝나지도 않는다. 그런데도 '천국'이라는 단어를 듣자마자 하늘이나 내세가 즉각적으로 떠오른다면 그건 우리네 사고방식이 그만큼 타임지 표지의 세계에 순응했음을 보여줄 뿐이다. 우리는 천국이라는 말을 들을 때 떠오르는 그림에 어떤 의미가 담겨 있는지를 다시 생각해 보아야 한다. 적어도 분명한 사실은 그리스도교인인 우리는 성서, 찬송, 신조, 기도를 통해 천국, 하늘에 관한 이야기를 꾸준히 듣는다는 것이다. 그리고 그때 그 말들에 담긴 의미가 꼭 불트만이 말한 "하늘이란 말의 옛 의미"와 일치하지는 않는다. 요즘 들어 누구나 입에 담는 "포스트모더니즘"이라는 용어가 쓸모가 있다면, 그것은 유서 깊은 담론 안에는 낡은 세계관이나 이른바 근대의 세계관이 독점할 수 없는, 현재와 관련된 의미들이 들어 있음을 가르쳐 준다는 점이다.

복음이라는 소식을 들을 때 우리는 기존의 관습과는 궤를 달

---

[11] David Van Biema, 'Does Heaven Exist?', *Time*, March 24, 1997, 70~78. 또한, 다음의 글도 눈여겨보아야 한다. *Newsweek*, August 12, 2002, 44~51. 여기서 리사 밀러Lisa Miller는 표지 기사에서 천국에 대한 다양한 심상들을 소개하면서 "당신이 어떤 형태를 꿈꾸더라도" 천국에 대한 "오늘날의 대다수 시각과 다르지 않을 것"이라고 주장한다.

리하는 천국의 용례를 접하게 된다. 복음에 가만히 귀를 기울여 보라. 우리가 흔히 아는 천국에 관한 이야기와는 전혀 다른 이야기가 웅성거리고 있다. 복음, "좋은 소식"εὐαγγέλιον이라는 맥락에서 울려 퍼지는 천국은 우리가 가는 장소가 아니라 우리에게 오는 무언가, 죽고 나서 가는 내세가 아니라 지금 그리고 이곳에서 누리는 생명에 관한 무언가다. 그리고 무시간적인 정적 상태가 아니라, 때에 따라 발생하는 역동적인 사건이다. 이 좋은 소식에 귀를 기울이면 천국은 단순히 우리의 마음과 관련된 용어, 고통 없는 행복, 영적인 수행이나 훈련으로 도달할 법한 고양된 의식 정도로 축소될 수 없다. 천국의 핵심 내용을 결정하는 것은 단어가 아니라 이 단어를 둘러싸고 있는 고유한 준거 틀이다.

성서를 읽더라도, 교회 예배에 참여해 봐도 천국과 하늘의 의미는 하나의 개념이나 획일적인 관점으로 가두기 어렵다. 용례를 면밀하게 검토해 보면 천국, 혹은 하늘은 분명 새로운 '생명'(삶)의 소식과 깊은 관련이 있다. 이 생명은 '우리를 향해 오고 있는' 생명을 말한다. 4세기 니케아 신경이 확언했듯, 이 "다가올 세상의 생명"은 지상에서 맞이하는 죽음 너머에 있지만, 동시에 하늘에서 이 땅에 있는 우리를 향해, 우리 '가까이' 도래한다. 이를 그리스도교에서는 도래하는 나라 혹은 '바실레이아'βασιλεία라고 표현한다. '바실레이아'는 복음서에서 워낙 다채롭게 선포되므로 흔히들 말하는 "마음의 상태"로 한정할 수 없다. 내면의 영역을 포괄하는 것도 사실이지만 말이다. 교회는

"나라가 오게 하시며", 하느님의 뜻이 바로 지금 "하늘에서와 같이 땅에서도 이루어지게 하소서"라고 기도한다. 여기에는 하늘이 '가까이' 도래할 때라야 진정한 현실 세계가 개방된다는 매우 파격적인 의미가 있다.

이 천국, '도래하는 하늘'로서의 천국은 "땅"이나 "내세의 지옥"이 아닌, (사도 바울의 표현을 빌리면) "사라질 이 세상의 형체('스키마'σχῆμα)"(1고린 7:31)와 대비를 이룬다. 여기서 들려오는 천국에 관한 소식, 우리가 교회에서 예배를 통해 고백하고 있는 하늘에 귀 기울여 보라. 이 하늘은 땅으로, 지옥의 밑바닥으로 도래한다.

> 그는 지옥으로('아드 인페르나'ad inferna, 혹은 '아드 인페로스'ad inferos) 내려가셨다.

그렇게 사도신경은 "하늘에서 내려온 이"(요한 3:13)로 선포되는 그분을 다시금 확언한다.[12] 이는 관습에서 말하는 천국과는 전혀 다르다. 여기서는 지금 실현되고 있는 사건으로서 '천국'과 장차 사라질 이 세상의 형체가 대비를 이룬다.[13] 그리고 이 방식은 앞

---

[12] 사도신경의 본문은 이곳을 참조했다. Jaroslav Pelikan, Valerie Hotchkiss(ed.), *Creeds and Confessions of Faith in the Christian Tradition*, Vol.1 (New Haven and London: Yale University Press, 2003), 669.

[13] 시편에 따르면 하늘 자체는 "지나가 버리는 것"이다. "옷을 갈아입히듯" 하늘은 영원한 하느님의 말씀과는 다르게 땅처럼 바뀔 수 있다(시

서 언급한 '하늘과 땅', '천국과 지옥'이라는 통념을 새롭게 짝짓는 길을 열어 준다.

사고 실험을 감행해 보자. 이 세 번째 길에서 천국은 "이제 가까이 있고 현실에서 일어나는 사건"이자 "사라질 이 세상의 형체"와 대립한다. 이를 복음의 준거점으로 삼아 '하늘과 땅', '천국과 지옥'에 관한 이야기들에 귀를 기울인다면 어떤 통찰을 얻을 수 있을까? 우리가 아는 이 "현실 세계"를 고민하고 맞닥뜨리고 살아가는 데 어떤 의미를 길어 올릴 수 있을까?

도래하는 천국

복음의 핵심은 하늘에 있는 바실레이아가 "가까이"('엥구스'ἐγγύς) 왔다는 소식이다. 복음서 증언의 맥락상 그리스어 바실레이아는 '통치'를 뜻하며 영어로는 '나라'kingdom, '다스림'이나 '영역'으로 번역하는 편이다. 행여나 제국주의 함의가 스며들까 봐 '연방'commonwealth이란 번역을 선호하는 경우도 있다(나처럼 버지니아에서 나고 자란 사람은 '올드 도미니언 연방'The Commonwealth of the Old Dominion이라는 버지니아주의 별명 때문에 연방이란 번역어가 그리 낯설지 않다). 바실레이아는 지금 우리 가운데서 일어나고 있는 통

편 102:25~28). 동시에 복음은 "새 하늘"과 새 땅이 오리라는 약속을 제시한다(마태 24:35, 2베드 3:12~13, 계시 21:1~2, 이사 34:4, 57:6, 65:17, 66:22 참조). 여기서 도래하는 하느님의 새 창조 가운데 등장하는 새 하늘, 그리고 "지나가 버리는", 하느님의 옛 창조 가운데 존재했던 이전 하늘의 대조는 그대로 남아 있다.

치를 말한다. 기존 질서의 통치와는 전혀 다른 이 새로운 통치는 덧없이 사라지는 이 세상의 형체 가운데서 이미 시작되고 있다. 간단히 말해, 이 바실레이아는 손에 닿을 듯 가까이 있지만, 손에 잡힐 수는 없는 것으로 새롭게 나타난다.

좀 더 흔한 표현으로는 "하느님의 바실레이아" 곧 '하느님 나라'를 들 수 있다. 이 표현은 신약 어느 곳에서나 쉽게 볼 수 있는데, 마태오 복음서, 마르코 복음서, 루가 복음서에는 51번이나 나온다. 물론 마태오 복음서에서는 독특하게 "하늘나라"라는 용어가 28번 나오긴 하지만, 신약은 이구동성으로 하느님께서 다스리시는 나라가 하늘로부터 오고 있다고 일관되게 말한다. 이는 하느님에게서 오는 것을 표현하는 성서의 화법이다. 이러한 용법을 오늘날에는 더는 의미가 없는 표현이라고 무시하는 것은 본문의 문맥을 깡그리 무시하겠다는 것과 다를 게 없다. 다시, 이 용법을 생각해 보면 하느님께서 일으키시는 모든 일의 '발원지'는 분명 하늘이다. 그러나 천국, 혹은 하늘에서 일어나는 모든 일이 향하는 곳은 바로 우리의 터전인 '땅'이다. 그분의 나라와 관련해 우리는 그 나라가 하늘에서 내려와 이제 우리 곁에, 우리 가까이에 있다는 놀라운 소식을 듣는다. 바울도 거의 같은 이야기를 한다. 그는 필립비인들에게 보낸 편지에서 주님께서 하늘로부터 오실 것을 기대하며 외친다.

> 주님께서 가까이 오셨습니다. (필립 4:5)

로마인들에게도 바울은 말한다.

> 낮이 가까이 왔습니다. (로마 13:12)

야고보의 편지 저자도 말한다.

> 주님께서 오실 때가 가깝습니다. (야고 5:8)

'천국이, 하늘이 가까이 왔다.' 이 놀라운 선포는 천국에 대한 우리의 통념에 균열을 일으킨다. 오늘의 그리스도교 신학은 이 "가까이"라는 표현을 정면으로 마주해야만 천국과 하늘이란 주제에 들어 있는 물음들을 제대로 다룰 수 있다.

오늘날 천국이라는 주제에 관심을 기울이는 이들도 이 소식을 다시 들어야 한다. 내가 '들음'과 '다시 들음'을 강조하는 이유는 이 방식이 앞서 제안한 사고 실험과 여러모로 관련이 있기 때문이다. 16세기 종교개혁가 장 칼뱅John Calvin이 제대로 꿰뚫어 보았듯, 복음 혹은 그의 언어로는 "생명의 언약"이 만민에게 선포된다 한들 누구나 그 소식을 귀 기울여 듣지는 않는다. 또한, 그는 하느님의 말씀이 순수하게 선포되고 성사들이 올바르게 거행될 뿐 아니라 선포된 말씀이 올바르게 들릴 때라야 참된 교회가 나타난다고 이야기했다.[14] 칼뱅의 이 이야기는 "믿음이 들음에서 생기며, 들음은 그리스도를 전하는 말씀에서 비롯"(로마 10:17)된다는 사도 바울의 이야기를 반영한다. 우리가 아는 신약 정경이 완성되기 전인데도 바울은 이런 생각을 갖고 있었다. 히브리인들에게 보낸 편지의 저자 역시 "들은 바를 더욱 굳게 간직하라"(히브 2:1)고 말한다.

복음이 실제로 기쁜 소식으로 전파된다고 가정해 보자. 이 말의 그리스어 원어가 가리키듯이 복음이란 '좋고'('유'εὐ) 복된 내용을 지닌 '소식'('앙겔리아'αγγέλια)이지 않은가. 그렇다면 이 소식은 무언가 새로운 것을 포함하고 있을 것이다.[15] 기쁜 소식을 듣는다는 것은 지금껏 들어 보지 못한 새로운 무언가를 듣는다는 뜻이다. 너무 당연한 말인가? 그렇게 보일 수 있다. 하지만 이는 매우 중대하다. 소식은 역사가 아니다. 그러나 소식은 역사를 만들고, 역사가 되기도 한다. 특정 소식을 보도하는 일은 그 소식을 둘러싼 삶의 자리와 관련이 있다는 점에서 역사와 관련이 있다. 그러나 그 소식이 보도되었다고 해서 보도 내용이 그 삶의

---

[14] John Calvin, *Institutes of the Christian Religion*(1559), III,21, 1 그리고 IV,1, 9. 『기독교강요』(CH북스).

[15] 놀랍게도 이 소식은 "끝이 없는" 주님의 한결같은 사랑이다. 예레미야애가 3장 22~23절은 이를 "아침마다 새롭다"고 묘사한다. 마찬가지로 예언자 이사야는 말한다. "전에 예고한 일들이 다 이루어졌다. 이제 내가 새로 일어날 일들을 예고한다. ... 새 노래로 주님을 찬송하여라. ..."(이사 42:9~10). "새 노래로 주님을 찬송하여라"라는 부름은 시편에서 줄곧 반복된다(시편 33:3, 40:3, 96:1, 98:1, 144:9, 149:1 참조).

자리로 한정될 수 있을까? 그렇지 않다. 소식의 의미는 소식이 보도된 역사적 배경을 연구하는 방법으로 결정되지 않는다. 이처럼 복음을 기쁜 소식으로 '듣는 것'과 과거에 존재했던 일련의 본문들의 조합으로 '읽는 것'은 전혀 다르다. 천국, 하늘에 관한 복음의 내용을 고대라는 삶의 자리로 제한해 버린다면 복음을 이 땅에서 울려 퍼지는 좋은 소식이라는 본래의 맥락에서 벗어나게 하는 것과 다름없다. 하늘에 관한 본문을 맥락을 고려해 들어야 한다는 이야기는 바로 이를 염두에 두고 있다.

더욱이 '들음'과 '다시 들음'은 이중의 의미를 지니고 있다. '들음'이라는 말은 정의상 소리를 감지하는 행위 일반을 뜻한다. 그렇지만 유의해야 할 점이 있다. '들음'에 해당하는 영어 '히어링'hearing은 법정 재판에서 증언의 신빙성을 평가할 때도 쓰인다. 마찬가지로 들음을 표현할 때 영어권에서는 '오디팅'auditing이란 말을 쓰기도 하는데, 이는 어떤 강의를 들어 본다는 뜻에서 '청강하다'라는 말이기도 하고 재고 조사를 위해 '회계 감사를 실시하다'라는 말이기도 하다. 그러므로 천국, 혹은 하늘에 관한 복음의 증언을 오늘날 다시 들어야 한다고 했을 때 여기에는 증언을 새롭게 심리하고 묵혀둔 의미를 빠짐없이 검토하며 들음의 새로운 차원을 열어젖히겠다는 의도가 모두 담겨 있다. 그리고 이러한 과정에서는 자연스럽게 보도의 신뢰성에 대한 질문이 나오기 마련이다. 신학은 여기에 답해야 할 책임이 있는데, 이 문제는 2장에서 좀 더 자세하게 다룰 것이다.

몇 가지 반향들

이 책에서 "복음 이야기"the Gospel talk나 "복음의 증언"the Gospel testimony은 신약성서에서 울려 퍼지는 소식을 뜻한다. 신약의 묘사에 따르면, 이 소식은 예수 그리스도의 제자들이 위임받아 그들이 전파했지만, 그들의 전유물은 아니다. 이 소식은 신약을 통해서 전해지듯이 교회가 승인한 구약을 통해서도 전승된다. 이 소식은 신약의 문을 여는 복음서들, 즉 마태오 복음서, 마르코 복음서, 루가 복음서, 요한 복음서에만 해당하지 않는다. 바울은 고린토 교회의 교인들에게 "내가 여러분에게 전한 복음", 말 그대로 "여러분에게 전파한 복음"을 일깨운다(1고린 15:1). 비슷한 주제가 다른 서신들에도 나타난다. 달리 말하면 이 소식은 신약 어디에서나 울려 퍼지고 있다. 요한계 본문들은 대체로 "복음"gospel이라는 말 대신 "말씀"이라는 표현을 쓰지만, 요한의 첫째 편지처럼 "여러분에게 전하는 소식"(1요한 1:5)이라는 표현을 쓸 때도 있다.

이 복음 이야기는 관련 본문의 기원이나 장르가 무엇이든, 믿고 따르는 이들이 이야기를 신뢰할 때만 하느님의 기쁜 소식으로 들린다. 그래야만 복음 이야기는 '지금, 여기'를 향한 '소식'이 될 수 있다. 들리지 않는 선포는 낭보이든 비보이든 소식이 아니다. 하늘에 대한 복음 이야기는 일종의 뉴스 보도다. 기쁜 소식으로서 하늘에 관한 복음 이야기는 여기저기 자잘하게 쪼개진 본문 조각들이 아니라 한 몸을 이루어 '지금, 여기'서 그 소식에 응답할 것을 요구하는 일관된 메시지다. 신약에서는 이에 응답한 이들을 "부름받은 이들"로 표현하며, 영어로는 '교회'라고 번역한다.

복음은 하늘에서 온, 하늘에 관한 소식이기에 이 땅에서 이 소식을 전하는 이들은 이 독특한 이야기의 파급력을 미리 재단할 수 없다. 들리는 것은 인간이 만드는 대상이 아니다. 어느 고상한 학문도, 교회의 권위도 이를 통제할 수 없다. 돌이켜 보면 너무도 놀라운 일이다. 세상이 만나보지도, 감당하지도 못한 기이한 사태가 벌어졌고, 학문의 영역에서든 종교의 영역에서든 이 소식을 담당한다고 자처하는 이들은 혼란스러워했다. 우리가 들은 바에 따르면 "하늘나라를 위하여 훈련을 받은 율법학자는 ... 자기 곳간에서 새것과 낡은 것을 꺼내는 집주인과 같다"(마태 13:52). 그리고 예수와 니고데모가 나눈 대화에 따르면, "하늘의 일"(요한 3:12)이란 바람이 부는 소리를 듣는 것과 비슷하다.

> 바람은 불고 싶은 대로 분다. 너는 그 소리는 듣지만, 어디에서 와서 어디로 가는지는 모른다. (요한 3:8)

예수는 제자들에게 말했다.

> 너희는 새겨들으라. (마르 4:24, 루가 8:18).

이러한 특별한 용법을 우리는 늘 명심해야 한다. 천국에 대해 우리가 공언할 수 있는 것은 어디까지나 하늘에서 들려오는 반향에 대한 지식이며, 이 반향의 파장에 관한 지식이다. 쉽사리 증명하고 확정할 수 있는 사실에 대한 지식이 아니다.

시인 에밀리 디킨슨Emily Dickinson이 시의 언어로 포착한 저 너머의 세계를 보라. 이 세계가 감히 닿지 못하는 곳, 저 너머에 있는 곳은 눈에 보이지 않지만 "소리처럼, 확실하게 존재한다". 디킨슨이 펼친 시의 세계가 이 책의 논지와 완전히 일치한다는 식으로 무리수를 두고 싶진 않다. 다만 그녀의 군더더기 없이 맑고 산뜻한 시에서 나는 이곳저곳을 유랑하며 떠다니는 천국에 관한 파편들을 하나로 모을 수 있는 시금석을 발견했다.

> 이 세상은 끝이 아니다.
> 죽은 후에도 한 종족은 살아남는다 –
> 음악처럼, 보이지 않아도 –
> 소리처럼, 확실하게 존재한다 –
> 그 종족은 매혹적이지만 – 분명치 않아 –
> 철학도 그 정체를 밝히지 못한다 –
> 끝까지 수수께끼이고 –
> 도무지 알 수가 없다 –
> 그 종족을 추측하다 학자들은 당황하고 –
> 그 종족이 되기 위해, 인간은

알려진 대로, 여러 세대에 걸친 경멸과

십자가를 견뎌야 한다 –

신앙은 실언을 하고 – 웃고 집회를 열고 –

얼굴 붉히는 모습을 보이고 –

사소한 증거의 가지들에 집착하며 –

풍향계에 길을 묻는다 –

설교의 몸짓들 –

크게 울려 퍼지는 할렐루야 –

마취제로는 영혼을 갉아먹는 이빨을

진정시킬 수 없다.[16]

복음을 전하는 성서의 전승들에 다시 귀 기울이다 보면 하늘과 관련된 네 가지 반복되는 소리를 감지할 수 있다. 디킨슨의 표현을 빌리면 이 세상이 끝나도 살아남을 종족, 매혹적이면서도 분명치 않은 그것을 감지할 수 있다. 천국과 관련된 네 가지 반향은 서로 연관이 있지만, 구별할 수 있다. 이들은 각각 이런 특징을 보여주고 있다. (1) 천국, 하늘은 하느님이 하늘로부터 땅으로 오시는 길, (2) 하느님의 피조물이며, (3) 공동체로 존재하며, 우리가 짧게나마 살펴보았듯 (4) 지금, 우리 '가까이'에 온 나라다.

---

[16] Emily Dickinson, 'This World is not Conclusion', *The Complete Poems of Emily Dickinson* (Little, Brown and Company, 1955), #501, 243. 『에밀리 디킨슨 시 선집』(을유문화사).

1. 하느님께서 오시는 길

하늘을 하느님의 거처로 언급하는 성서 구절들은 하느님이 하늘이라는 공간에 계신다는 의미보다는 하느님이 이 땅을 향해 활동하신다는 방향성을 부각한다. 따라서 하늘이라는 공간에 초점을 둔 내용을 들을 때는 언제나 하느님께서 땅을 향해 무언가를 하시리라는 뜻으로 들어야 한다. 이런 특징은 열왕기상의 한 대목에 잘 드러난다. 하느님께 기도하던 솔로몬은 하늘을 "당신이 계신 곳"으로 고백한다. 그러나 동시에 그렇게 계신 곳조차 하느님을 가둘 수 없음을 분명히 인정한다.

> 저 하늘, 저 하늘 위의 하늘이라도 주님을 모시기에 부족할 터인데 ... (1열왕 8:27)[17]

그의 기도에서 하느님은 이런 분으로 고백된다.

> 주님께서는, 주님께서 계시는 곳 하늘에서 들으시고, 그 이방인이 주님께 부르짖으며 간구하는 것을 그대로 다 들어 주셔서, 땅 위에 있는 모든 백성이 주님의 이름을 알게 하시고, 주님의 백성 이스라엘처럼 주님을 경외하게 하시며 ... (1열왕 8:43)

---

[17] 다음을 함께 보라. 2역대 2:6, 6:18.

하늘이라는 거처는 “땅 위에 있는 모든 백성”을 위해 활동하시는 하느님의 장소다. 달리 말하면 하느님께서 활동하시는 길이다. “하늘에서 듣고 땅에서 행하신다”는 주제는 하느님께 간구하는 성서의 모든 기도 전반에 흐르고 있다.

성서는 하느님에게서 오는 모든 것을 ‘하늘에서 온다’고 말한다. 저 높은 하늘에서 이 낮은 땅으로 오시며 하느님은 듣고 말씀하고 활동하신다. 만나는 광야에서 하느님께서 주시는, “하늘에서 내려온 양식”(출애 16:4)이다. 예수는 요한 복음서에서 제자들에게 말하며 이 만나를 언급한다.

> 하느님의 빵은 하늘에서 내려와 세상에 생명을 주는 것이다.
> (요한 6:33)

하늘에서 내려오는 이 생명의 양식은 상하지 않으나 보관할 수도 없다. 광야를 유랑하던 이스라엘 백성은 이 하늘 양식을 미리 받지 못했다. 내려주신 때가 지나면 따로 쟁여 둘 수도 없었다(출애 16:4 참조). 신약은 이 하늘의 빵이 “우리의 일용할 양식”(마태 6:11)이라고 말한다. 하늘을 외치는 다채로운 복음의 음성을 들어 보라. 소리는 제각각 달라도 하늘은 우리를 향해 오는 생명과 늘 함께한다는 메시지로 모인다. 그 뜻을 어떻게 규정하든 간에, 이 땅에서 이루어지는 우리네 일상에서 날마다 새롭게 하늘의 사건이 벌어지다니, 이 얼마나 놀라운 소식인가.

복음의 증언에 담긴 하느님의 활동 방향에 관심을 기울인다면, 땅에서 하늘이 이루어지는 사건을 어떤 의식의 고양이나 벅찬 감격과 동일시하려는 시도는 단호히 거부된다. 하늘을 보라. 축복을 머금은 소낙비가 내려오지만, 진노와 심판이 서린 천둥이 치기도 하고, 때로는 먹구름이 잔뜩 끼어 있다. 이와 유사하게, 하늘에서 내려오는 자비는 하느님의 의로운 심판과 늘 짝을 이룬다. 하느님의 진노는 하늘로부터 나타난다(로마 1:18). 시편을 들어 보라. "만나를 비처럼 내리시어 하늘 양식을 그들에게 주신"(시편 78:24) 주님은 "이 땅에서 억눌린 사람들을 구원하시려고" 하늘에서 "심판을 내리셨다"(시편 76:8~9). 종교적인 관습이나 영적인 기술에 아무리 능숙해진다 한들 이 땅에서 하늘을 만들어 내지는 못한다.

특히 중요한 대목이 있다. 복음서의 증언에 따르면, 예수 그리스도의 선재부터 십자가 사건을 거쳐 파루시아(재림)에 이르는 거대한 생의 여정 전체는 늘 하늘과 연관되어 일어난다. 하느님께서 하늘에서 오시는 사건은 수난과 십자가의 죽음, 음부 강하로 표현된다. 또한, 수태고지, 탄생, 요한에게 세례를 받으심, 지상 활동, 부활, 승천 역시 그 못지않게 하늘과 관련이 있다. 복음은 태초에 "하느님과 함께 계셨고" 또 "하느님이셨던"(요한 1:1) 말씀으로 시작해 예수 생애의 다양한 국면을 하나씩 증언한다. 그리고 그 국면 하나하나는 모두 하늘에서 이 땅으로 오시는 하느님의 활동, 약속, 음성, 권능과 연관이 있다. 예수가 주고, 파송하고, 심판하고, 치유하고, 일으키고, 기도를 들으시는 숱한 행동들도 늘 이 땅에 출현한 하늘과 연동되어 있다. 요한 복음서는 말한다.

> 내가 내 뜻을 행하려고 하늘에서 내려온 것이 아니라, 나를 보내신 분의 뜻을 행하려고 왔기 때문이다. (요한 6:38)

십자가에 달린 이 예수가 부활했다고, 그는 마지막 심판 때 영광 가운데 산 자와 죽은 자를 심판하러 하늘에서 오실 분이라고 성서는 전한다. 아름답고 영광스러운 하늘에 바치는 찬미의 송가가 들리는가. 하느님이 오신다고 증언하는 복음의 소리를 따라가 보면 깨닫게 된다. 이 찬가는 이 땅에서 겪을 수 있는 가장 극심한 고통과 가장 잔인한 배반을 알 때만 부를 수 있다는 것을. "이 사람 외에는 하늘로 올라간 이가 없으니" 바로 그가 "하늘에서 내려온 이 곧 인자"다(요한 3:13). 땅에서 일어나는 일은 하늘에서 일어나는 일과 분리될 수 없다. 십자가에 달린 그리스도의 승천을 노래하는 《면류관 가지고》라는 찬송이 들려주듯, "저 상처들은 위에서도 보이며, 영광 중에 아름답게 빛난다".[18] 이 땅과 음부에서 입은 상처는 하늘의 아름다움과 영광으로 인

---

[18] 'Crown Him with Many Crowns', words by Matthew Bridges, 1851, Godfrey Thring, 1874. 이 찬송의 가사는 요한계시록 19장 11, 13절을 암시한다. "그는 피로 물든 옷을 입으셨고, 그의 이름은 '하느님의 말씀'이라고 하였습니다."

해 사라지지 않는다. 천국, 하늘이 이 땅의 가혹한 현실을 부정하는 상태가 아니라는 소식에 우리는 당혹감을 느낄지 모른다. 천국은 종교 마케팅에 써먹기 좋은 향정신성 약품이 아니다. 하늘은 디킨슨이 일침을 가한 "설교의 몸짓들"이나 디트리히 본회퍼Dietrich Bonhoeffer가 이야기한 "값싼 은혜"가 창궐하는 데 도움을 줄 생각이 없다.[19]

하늘에 대해 살펴본 첫 번째 특징은 하늘이 하느님이 땅으로 오셔서 활동하신다는 방향을 상징한다는 점이다. 이로써 우리는 하늘과 천국을 일종의 공간으로 보는 생각을 잠시 접어 두게 된다. 이러면 하강 이야기 못지않게 공간의 심상을 활용한 상승 이야기도 달리 들을 수 있다. 이를테면 예수가 "하늘을 우러러 보시고"(마태 14:19), "하늘로 올라가신"(사도 1:2)다는 구절이 그렇다. 예수가 단순히 하늘을 올려다보고 저 하늘로 올라갔다는 이야기와 예수가 지금 우리를 향해 다가오는 바로 그 생명을 바라보고 그 속으로 올라갔다는 이야기는 듣는 이에게 전혀 다른 울림을 준다. 상승 이야기를 다시 들어 보는 것은 예수를 "길이요 진리요 생명"(요한 14:6)으로 고백하는 복음의 메시지를 염두에 두면 특히 의미가 있다. 복음, 기쁜 소식은 이러한 방식으로 우리에게 다가온다. 예수는 우리 가운데 생생하게 다가온 하늘의 길이자 진리이자 생명이며, 사라지지 않고 실현되고 있다. 사도

19 Dietrich Bonhoeffer, *The Cost of Discipleship* (New York: The Macmillan Company, 1937, 1963), 45~60. 『나를 따르라』(복 있는 사람).

행전의 승천 장면을 보면, 예수가 구름 속으로 올라가는 동안 제자들은 "하늘을 쳐다보고 있다"(사도 1:10). 그런데 느닷없이 근처에 있던, 흰옷을 입은 두 사람이 질문을 던진다.

> 갈릴리 사람들아, 어찌하여 하늘을 쳐다보면서 서 있느냐? 너희를 떠나서 하늘로 올라가신 이 예수는, 하늘로 올라가시는 것을 너희가 본 그대로 오실 것이다. (사도 1:11)

제자들이 하늘과 맺고 있는 방향성을 어떻게 묘사하고 있는지에 주목해야 한다. 제자들은 저 물리적 하늘을 올려다보거나 이 땅을 내려다보아서는 안 된다. 오히려 그들이 서 있는 이곳으로 약속된 것이 끝내 오리라는 대망을 품고서 시선을 위와 아래가 아닌 앞으로 고정해야 한다. 그래서 제자들은 예루살렘 성으로 돌아온다. 오순절, 그곳에서 제자들은 "갑자기 하늘에서 세찬 바람이 부는 듯한 소리"(사도 2:2)를 듣는다. 이 소리가 울려 퍼지더니 "예루살렘이 살고 있는 세계 각국의 경건한 유대인들"은 제자들이 자신들이 이해할 수 있는 말로 하느님의 큰 일들을 말하는 것을 듣는다(사도 2:1~13). "사람들은 모두 놀라 어쩔 줄 몰랐다." 이 모든 일은 그들의 귓전에 닿은 천국의 소리 때문이었다(사도 2:12). 디킨슨의 표현을 빌리면 그 소리는 "매혹적이지만 분명하지 않다".

에페소인들에게 보낸 편지에 나오는 예수의 모습도 마찬가지다. 이 본문에 따르면 하느님께서는 예수를 "하늘에서 자기의 오른쪽에"(에페 1:20) 앉히셨다. 그러나 이를 설명할 때 공간의 은유는 쓰이지 않는다. 하늘에 있는 예수는 단순히 땅에서 높임을 받는 분이 아닌, "모든 정권과 권세와 능력과 주권 위에, 그리고 이 세상뿐만 아니라 오는 세상에서 일컬을 모든 이름 위에 뛰어난"(에페 1:21) 분으로 높임을 받는다. 더 나아가 저자는 이 편지를 전해 받는 에페소의 청중을 향해 "하느님께서 그리스도 예수 안에서 우리를 그분과 함께 살리시고, 하늘에 함께 앉게 하셨"(에페 2:6)다는 소식을 전하기까지 한다. 이 소식은 에페소의 청중이 놀라워할 법한, 기이하고도 벅찬 소식이다. 너희들 모두가 그리스도와 함께 하늘에 "앉아 있다"라니. 이 소식에 힘입어 에페소의 청중은 지금 그리고 여기에서 일어나 서로를 사랑하며 "걸어가고"(에페 5:2), "주어진 삶의 기회를 허투루 쓰지 않으며"(에페 5:16), 어둠의 세계와 모든 통치자와 권세와 기꺼이 맞서 "싸우고" 승리한다(에페 6:12). 그들이 하늘에 "앉아 있다"라는 소식은 이 땅에 '서서' '싸우라'는 격문이 되어 그들을 전장으로 나서게 한다(에페 6:12~14 참조). 이 소식은 어떤 문제든 핵심은 우리가 어디에 서 있느냐, 우리의 권력 기반과 사회적 신분이 어떻게 되느냐에 달려 있다는 정치 관련 격언에 완전히 새로운 의미를 준다.

천국에 관한 소식을 그저 창공, 내세, 또는 내면의 행복감이 아닌, 하느님이 오시는 과정으로 듣는다면 "하늘 앞에 죄를 지었다"는 고백 역시 전혀 다른 음색을 지니게 된다. 루가 복음서에서 아버지를 떠난 아들은 먼 나라에서 유산을 탕진한 뒤 정신을 차리고 집으로 돌아와 아버지에게 말한다.

> 아버지, 내가 하늘과 아버지 앞에 죄를 지었습니다. 이제부터 나는 아버지의 아들이라고 불릴 자격이 없습니다. (루가 15:21)

여기서 하늘은 단순한 수사가 아니다. 하늘을 거스르는 것이 저세상 일이 아니라 지금 우리 곁으로 다가오는 생명을 거스르는 것이라면 "죄"는 명확한 뜻을 갖게 된다. 지금 우리 곁으로 오는 하느님의 생명을 거역하는 것은 자신을 거부하고 본인이 얻을 수 있는 최고의 수혜를 등지는 길이자 이 생명과 관계 맺고 있는 모든 이가 받는 수혜마저 내치는 아둔한 짓이다. 이런 뜻에서 길에서 이탈하는 것은 하늘 앞에 짓는 죄가 된다.

마지막으로, 하느님께서 오시는 과정으로서의 하늘 소식을 들으며 우리는 새 하늘 새 땅을 향한 간절한 기다림의 소리 또한 듣게 된다. 이 기다림이 잘 드러난 곳은 베드로의 둘째 편지다. 저자는 주님께서 오시리라는 약속을 업신여기면서 왜 그리 더디 오냐며 조롱하는 자들을 겨냥한다. 도래하는 새 하늘 새 땅은 "정의가 깃들여 있는 집"(2베드 3:13)으로 묘사된다. 다른 증언을 살펴보자. 요한계시록에서 요한이 받은 환상을 보라. "새 하늘 새 땅"을 보는 대목이 나오는데, "이전의 하늘과 이전의 땅이 사라지고 바다도 없어졌다"고 묘사한다. 환상은 요한에게 더 놀라운 광경을 보여주면서 이렇게 말한다.

> 하느님의 집('스케네'σκηνή, 주거하는 장막)이 사람들 가운데('메타 톤 안트로폰'μετὰ τῶν ἀνθρώπων, 사람들과 함께) 있다. (계시 21:3)

다소 다르게 표현하긴 했지만, 앞에서 살펴본 열왕기상처럼 도래하는 천국은 하느님께서 거하시는 곳, 그리고 그분 관심의 초점과 연관이 있다. 또한, 여기에는 이사야의 예언이 일종의 배경으로 깔려 있다. 그가 외친다.

> 내가 지을 새 하늘과 새 땅이 내 앞에 늘 있듯이, 너희 자손과 너희 이름이 늘 있을 것이다. (이사 66:22)

새 하늘과 새 땅을 펼쳐 보이는 환상이 오늘날 우리 귀에는 철 지난 공상과학 소설처럼 들릴지도 모르겠다. 하지만 이렇게 들릴 수도 있다. 현재나 미래에 어떤 상황이 펼쳐진다 해도, 시편 기자가 말하는 "밤에 찾아드는 공포와 ... 백주에 덮치는 재앙"(시편 91: 5~6)이 들이닥친다 해도 새 하늘 새 땅이 올 때까지 하느님께서는 우리를 고아로 버려두지 않으신다는 소식으로 말이다.

> 나는 너희를 고아처럼 버려두지 아니하고, 너희에게 다시 오겠다. (요한 14:18)

거론한 구절들의 본문상 차이점을 무시하고 애써 하나로 조화시키지 않아도, 우리는 각 구절의 외침 속에서 메아리치는 "집"이라는 소리를 들을 수 있다. 집은 새 하늘 새 땅이 도래하며 펼쳐지는 새로운 세상을 뜻한다. 집은 하느님이 몸소 우리와 함께 거하시는 곳이다. 새 하늘 새 땅의 증언을 듣는 사람은 무심한 창공과 막연한 내세와 내면의 기쁨에 머물지 않고 새 하늘과 새 땅을 응시하며 기다린다. 새 하늘과 새 땅은 결국 이렇게 외치고 있는 것이다. '하느님께서 오셔서 몸소 새롭게 활동하심으로써 우리와 함께 거하실 집을 마련하실 테니, 그곳은 우리에게 다함 없이 안락한 쉼터일 것이다.' 이 소식을 흑인 교회 전통에서는 이렇게 표현한다.

> 하느님은 길이 없는 곳에서 길을 여신다.

2. 하느님의 피조물

복음에서 들려오는 두 번째 소리는 하느님께서 천국, 하늘을 창조하셨다고 이야기한다. 이 내용이 등장하는 곳은 누구나 알다시피 창세기를 여는 첫 문장이다.

태초에 하느님이 하늘과 땅을 창조하셨다. (창세 1:1).[20]

하늘의 창조는 이사야서와 시편에도 자주 나온다. 이사야서에서는 기도 가운데 하느님을 "하늘과 땅을 만드신 분"(이사 37:16)으로 고백하며, 주님을 "하늘을 창조하신"(이사 42:5, 45:18) 분으로 묘사한다. 앞서 자세히 살펴보았듯 그분은 "새 하늘 새 땅"(이사 65:17, 66:22)을 창조하실 것이다. 시편도 노래한다.

주님은 말씀으로 하늘을 지으시고, 입김으로 모든 별을 만드셨다. (시편 32:6).

신약성서는 시편 기자가 전한 "주님의 말씀" 곧 하늘을 만드신 말씀이 예수 그리스도 안에서 육신이 되신 말씀임을 확인해준다. 요한 복음서의 첫 구절은 이렇다.

태초에 말씀이 계셨다. 그 말씀은 하느님과 함께 계셨다. 그 말씀은 하느님이셨다. … 모든 것이 그로 말미암아 창조되었고 … 그 말씀은 육신이 되어 우리 가운데 사셨다. (요한 1:1,3,14)

골로사이인들에게 보낸 편지는 그리스도를 이렇게 표현한다.

---

20 신개정표준판NRSV 번역은 이 구절의 핵심을 잘 보여준다. "태초에 하느님이 하늘들heavens과 땅을 창조하셨다." (창세 1:1)

> 만물이 그분 안에서 창조되었습니다. ..., 모든 것이 그분으로 말미암아 창조되었고, 그분을 위하여 창조되었습니다. (골로 1:16)

히브리인들에게 보낸 편지 저자 역시 자기만의 방식으로 하느님의 아들을 가리키며, 하느님께서 "그를 통하여 온 세상을 지으셨다"(히브 1:2)고 말한다. 그다음 그는 시편 102편 25절("하늘을 손수 지으신 분")을 예수 그리스도에게 적용한다.

> 주님께서는 태초에 땅의 기초를 놓으셨습니다. 하늘은 주님의 손으로 지으신 것입니다. (히브 1:10)

따라서 구약뿐만 아니라 신약에서도 우리는 하늘이 창조되었다는 소식을 듣는다. 훗날 사도신경으로 발전된 고백과 관련된 최초의 자료를 남긴 역사가 루피누스Rufinus of Aquileia에 따르면 아버지 하느님이 "하늘과 땅을 만드신 창조주"라는 신앙 고백은 사도신경이 있기 전부터 존재했으며, 이후 성자, 예수 그리스도 안에 있는 하느님의 말씀을 통해 만유가 창조되었다는 소식이 선포되고 성문화되었다.[21]

성서는 피조 세계 전체를 표현할 때 "하늘과 땅"이란 말을

[21] Rufinus of Aquileia, *A Commentary on the Apostles' Creed* (Maryland: Newman Press, 1955), 36~37.

쓰며 간혹 "바다"를 언급할 때도 있다(사도 4:24, 14:15, 계시 10:6, 14:7, 21:1). 창세기 도입부는 하늘과 땅을 하느님 자신이 아니라 하느님이 불러낸 만물이라고 이야기한다. 하느님은 유일무이한 창조주로서 명하신다.

생겨라! (창세 1:3)

우리가 땅, 바다, 하늘이라고 부르는 물리적 우주를 뜻하신 대로 지으셨듯, 땅에 사는 모든 존재와 사람들도 하느님께서는 자신의 뜻대로 지으셨다. 특히 인간은 자신의 형상을 닮도록 지으셨다고 성서는 전한다. 더 나아가 복음은 하늘과 땅을 지으신 그분이 "보이는 것들과 보이지 않는 것들, 왕권이나 주권이나 권력이나 권세"(골로 1:16)마저도 창조하셨다고 말한다.

우리는 창세기 첫 장에서 하늘과 땅이 짝을 이루는 창조 이야기를 듣는다. 아우구스티누스는 『고백록』에서 이 이중의 창조에 관한 자신의 "잠정적 이해"provisional understanding를 제시한 바 있다. 그에 따르면 "태초에"라고 시작되는 1절의 첫 창조는 보이지 않는 하늘과 땅의 창조임이 틀림없다. 혼돈하고 공허하며 어둠으로 덮여 있다고 묘사하고 있기 때문이다. 5절에는 낮과 밤의 창조, 즉 빛과 시간의 창조가 나온다. 이어서 6~10절에는 하늘과 땅의 창조에 관한 두 번째 기사가 나온다. 이 두 번째 기사는 눈으로 볼 수 있고 시간이 부여된 하늘을 광활한 창공으로 묘사한다. 창공은 물을 위아래로 가르고 드러난 뭍을 반구형半球形 곧 돔처럼 감싼다.[22] 아우구스티누스는 보이지 않는 하늘의 첫 번째 창조를 묘사하기 위해 "하늘 위의 하늘"(신명 10:14, 느헤 9:6), "가장 높은 하늘"(시편 113:6, 148:3)이라는 표현을 적용한다. 그러나 하늘과 땅이 함께 창조된 것에 대한 아우구스티누스의 "잠정적 이해"는 창세기 저자, 혹은 편집자의 의도와 정확히 일치한다고 말할 수 있을까? 아우구스티누스는 확신하지 못했다("학자들도 추측해 보지만 다들 헷갈려 한다").[23] 그는 기도로 자신의 사색을 마치며 이런 본문들을 듣고 또 들으면서 하나씩 드러나는 내용을 이해하다 보면 주님의 뜻이 환히 드러나리라고 굳게 믿었다.[24]

오늘날 천국 소식을 듣는 이들은 아우구스티누스처럼 4세기 신플라톤주의 사변을 받아들이지 않고서도 그처럼 신실한 이해를 위해 기도할 수 있다. 복음이 하늘에 관해 증언하는 내용보다 더 많은 지식을 갖고 있지 않아도, 우리는 하늘이 창조되었다는 이야기 자체 안에서 많은 소리를 들을 수 있다. 이 틀과 하느님께서 오시는 과정으로서 천국, 혹은 하늘을 함께 생각해 보자. 오시는 하느님이 하늘에 계신다고 말하는 것, 동시에 하늘에 계

---

22 Augustine, *Confessions* (Oxford: Oxford University Press, 1991), xiii, 16, 253. 번역자 헨리 채드윅Henry Chadwick은 여기서 플로티누스Plotinus와 포르피리우스Porphyry가 아우구스티누스의 사유에 영향을 미쳤다고 기록한다. 위의 책, 249~259 참조.

23 위의 책, xxiv, 33, 264.

24 위의 책, xxxii, 43, 271.

시는 분이 오신다고 말하는 것은 그분이 피조물에 속하지 않으면서도, 동시에 피조 세계 안으로 오시는 과정을 밟는다고 말하는 것이다. 그렇다면, 천국, 하늘은 하느님의 창조물인 세계에서 도망치거나 떠나서, 혹은 그 무엇을 통해 도달할 수 있는 곳이 아니다. 또한, 피조 세계인 이 우주가 하늘을 포함한다 해도, 하늘은 우리가 보고 느끼는 사물들의 세계, 바울의 표현을 빌리면 "사라지는 형체"(1고린 7:31)를 지닌 이 세상과 동일시될 수 없다.

복음에 따르면, 하느님께서는 피조물들을 도구로 쓰셔서 세계를 다스리신다. 어떤 형태로든 그리스도교 교회 전통은 오랜 기간 이를 가르쳤다. 하느님께서 천국, 하늘 또한 창조하셨다는 소식을 이 가르침과 함께 듣는다면 하느님의 창조는 우리 눈에 보이는 것보다 훨씬 더 많은 것을 포함한다는 깨달음을 얻을 수 있다.

애석하게도 우리는 이 모든 것을 감지하면서도 이 소식이 우리의 생사를 쥘 만큼 중요하다는 메시지는 놓치고 만다. 시편 기자는 가눌 길 없는 기쁨에 휩싸여 "우리의 도움이 천지를 지으신 주님의 이름에 있다"(시편 124:8)고 외쳤지만, 우리는 그 외침을 제대로 듣지 못한다. 천국, 하늘에서 울려 퍼지는 소리를 듣고 우리가 사나 죽으나 의지해야 할 이가 누구인지 깨닫지 못한다면, 어떤 고담준론에 빠져 있다면 우리는 분명 핵심을 놓치는 것이다.

옛 우주론과 현대 우주 과학 사이에서 어느 편에 선다 해도,

'땅을 하늘이 반구형으로 덮고 있다'는 소리와 '이 땅은 그 무엇도 침해할 수 없는 사랑과 자유로 다스려지고 있다'는 소리는 명백히 다르다. 그리고 후자가 바로 복음에 담겨 있는 창조 이야기에서 나오는 것이다. 땅은 "하늘 아래서" 사는 만물의 터전이다(신명 4:19, 사도 2:5). 하느님께서는 "하늘 아래 있는 모든 피조물"(골로 1:23)에게 희망을 약속하셨다. 천국은 그분의 "보좌"(시편 11:4, 이사 66:1, 마태 5:34)라 불리며, "사랑"(1요한 4:8)이자 "자유"(2고린 3:17)이신 그분의 보좌는 하늘에 "든든히 세워져"(시편 103:19) 있다. 이 사랑과 자유의 통치를 거부하려는 시도는 결국 예수 그리스도의 십자가에 못 박힌다. 요한계시록은 이런 시도가 이미 패배하여 하늘로부터 쫓겨났음을 실감 나는 필치로 묘사한다. 1세기 후반, 박해에 시달리거나 무관심의 미혹에 빠진 사람들은 이 소식을 듣고 하늘에서 하느님의 통치는 그 무엇의 방해도 받지 않음을 확신했을 것이다.

> 하늘에서 전쟁이 일어났습니다. 미가엘과 미가엘의 천사들은 용과 맞서서 싸웠습니다. 용과 용의 부하들이 이에 맞서서 싸웠지만, 당해 내지 못하였으므로, 하늘에서는 더는 그들이 발붙일 자리가 없었습니다. 그래서 그 큰 용, 곧 그 옛 뱀은 땅으로 내쫓겼습니다. 그 큰 용은 악마라고도 하고, 사탄이라고도 하는데, 온 세계를 미혹하던 자입니다. 그 용의 부하들도 그와 함께 땅으로 내쫓겼습니다. (계시 12:7~9)

에페소인들에게 보낸 편지는 작지만 단호한 목소리로 청중에게 그들이 "하늘에 있는 악한 영들을 상대로"(에페 6:12) 싸움을 벌인다고 말한다. 하지만 동시에 청중을 하늘의 전장으로 끌고 간 힘이 그리스도의 부활에서 비롯했고, 그 힘은 모든 권세 위에 있음을 강조한다. 이 강력한 능력에 힘입어 청중은 "악마의 간계에 맞서며" 지체하지 않고 "악한 자가 쏘는 모든 불화살을 막아 꺼버린다"(에페 6:10~16). 그렇다면 이렇게 결론 내릴 수 있다. 적어도 이 소식을 진리로 받는 사람들에게는 예나 지금이나 시편 기자의 고백이 단순히 뜬구름 잡는 허탄한 소리로 들리지 않을 것이다. 믿거나 말거나, 이 시는 분명한 메시지를 전한다. 이 땅에서 맞닥뜨리는 상황이 아무리 위협적이고 파괴적이라 해도 우리는 주님의 이름으로 도움을 받을 것이다. 그분은 사랑과 자유의 통치가 주춤하며 물러나는 상황을 허하실 분이 아니기 때문이다.

3. 공동체

천국, 하늘과 관련해 복음이 들려주는 세 번째 소리는 하늘이 하나의 공동체나 사회처럼 존재한다는 것이다. 그곳에서 하느님은 홀로 계시지 않고 천상의 피조물과 함께하신다. 우리는 현대인이다 보니 옛 시대의 사정을 보여주는 이런 이야기는 고색이 완연한 철 지난 신화라며 듣는 둥 마는 둥 할 수도 있다. 하지만, 현대 상황과 현실 세계, 우리네 삶이 나아가야 할 바로 듣고 몸과 마음에 새길 수도 있다. 어느 관점으로 저 소리를 듣든, 적어도 천국이 어떤 공동체나 사회로 들린다는 것은 분명하다. 성서에 따르면, 하늘에 계신 하느님께서 땅으로 통치권을 행사하실 때마다 천상의 피조물이 함께하는데 이들은 "하늘의 무리"라고 불린다. "해와 달과 별들"(신명 4:19)이 바로 이 무리의 일원이며, 여기에는 "천사들"과 하느님의 뜻을 수행하는 모든 천상의 피조물도 포함된다(시편 103:21). 예언자들은 환상 가운데서 주님의 말씀을 듣는다.

> 주님께서 보좌에 앉으시고, 그 좌우에는 하늘의 모든 군대가 둘러 서 있다. (2열왕 18:18)

천국 보좌를 증언하는 다니엘에 귀 기울여 보라.

> 수종 드는 사람이 수천이요, 모시고 서 있는 사람이 수만이었다. (다니 7:10)

이 소리는 주마다 반복되는 송영 찬송을 타고 옛 개신교 교인들의 삶으로 흘러들어 갔다.

> 만복의 근원 하느님
> 온 백성 찬송 드리고

저 천사여 찬송하세
찬송 성부 성자 성령

대다수 그리스도교 교회가 예배 때 부른 송영 찬송에도 비슷한 내용이 담겨 있다.

그러므로 천사들과 천사장들과 하늘에 있는 무리들 다 함께
주의 영광스러운 이름을 찬송하고 높여드리나이다.

하늘의 무리를 어떻게 묘사하든, 성서나 예배 가운데 일관되게 흐르는 주제는 따로 있다. 바로 이 무리는 하느님의 영광을 드러낼 뿐, 감히 그분을 참칭해 예배를 받는 자리에 오르지 않는다는 것이다. 하늘이나 땅이나 범신론의 자리는 없다. 열왕기하와 이와 병행하는 역대기하는 "하늘의 별들"을 "숭배"하는 행위를 우상 숭배로 정죄한다(2열왕 17:16, 21:3~5, 23:4~5, 2역대 33:3~5). 오히려 시편 기자는 이렇게 노래한다.

주님, 하늘은 주님이 행하신 기적을 찬양하게 하여 주십시오.
거룩한 회중은 주님의 신실하심을 찬양하게 하여 주십시오.
저 구름 위의 하늘에서 주님과 견줄 만한 이가 누가 있으며,
신들 가운데서도 주님과 같은 이가 누가 있습니까? (시편 89:5~6)

느헤미야서에 기록된 에스라의 기도는 이 소식의 진의를 가장 선명하게 들려주는 진술이라 할 만하다.

> 주님만이 홀로 우리의 주님이십니다. 주님께서는 하늘과, 하늘 위의 하늘과, 거기에 딸린 별들을 지으셨습니다. 땅과 그 위에 있는 온갖 것, 바다와 그 안에 있는 온갖 것들을 지으셨습니다. 주님께서는 이 모든 것에게 생명을 주십니다. 하늘의 별들이 주님께 경배합니다. (느헤 9:6)

바울은 필립비인들에게 보낸 편지에서 그리스어 '폴리테우마'πολίτευμα를 사용해 하늘이 지닌 공동체적 특징을 표현했다.

> 그러나 우리의 시민권은 하늘에 있습니다. 그곳으로부터 우리는 구주로 오실 주 예수 그리스도를 기다리고 있습니다. (필립 3:20)

'폴리테우마'는 같은 어원을 지닌 그리스어 '폴리테이아'πολιτεία와 함께 "시민권"citizienship이나 "연방"commonwealth으로 번역할 수 있다. 둘 다 정부와 관련된 말이며 여기서 '정치'politics라는 말이 나왔다. 어떤 식으로든 복음이라는 맥락에서 들으면 독특한 의미의 결을 갖게 된다.

가령, "우리의 '연방'은 하늘에 있습니다"라고 생각해 보자.

이 선포를 들으면, 하느님이 어딘가 외딴곳에 홀로 계신 것이 아니라 함께 하시기로 택하신 축복받은 피조물들과 함께 계신 것처럼 들린다. 이런 사고방식은 하늘의 무리를 언급하는 구약 본문과도 궤를 같이한다. 여기에 더해 바울은 청중으로 하여금 자신들이 어떠한 상황 가운데서도 하늘 연방 소속임을 깨닫게 한다. 그렇다면 "우리의 시민권은 하늘에 있습니다"라는 소식으로 들으면 어떨까. 그렇게 되면 청중은 자신들의 권리와 책임이 어디에서 기원하는지를 몸과 마음에 새기게 될 것이다. 청중이 이 땅에서 살아갈 권리, 그리고 그들의 존재 이유와 존재 기원이 그들을 이 땅에 두신 하느님께 있다. 즉, 이들의 존재에 정당성을 부여할 수 있는 곳은 이 땅의 어떤 권세가 아니라 오직 하늘이다.

갈라디아인들에게 보낸 편지에도 이와 비슷한 내용이 나온다. 이에 따르면 복음을 신실히 따르는 이들의 참된 자유는 이 땅의 예루살렘이 부여하는 권위나 지위가 아닌, "하늘에 있는 예루살렘"에서 나온다. 하늘에 있는 예루살렘이라는 공동체는 마치 사라처럼 이 땅에서 하느님의 약속을 따르는 신실한 자를 낳고 자녀로 세운다. 이 같은 맥락에서 바울은 하늘에 있는 예루살렘을 "우리의 어머니"(갈라 4:26)라고 부른다.[25] 그때나 지금이나 정사와 권세에 의해 정당한 삶의 권리를 부정당하거나 위협

[25] J.Louis Martyn, *Galatians*, The Anchor Bible Vol.33A (New York: Doubleday, 1997), 441~443, 462~466. 『앵커바이블 갈라디아서』(CLC).

받는 이들은 늘 존재했다. 그런 이들에게 이 선언은 기쁜 소식으로 들렸고, 여전히 그렇게 들릴 것이다.

'폴리테우마'와 '폴리테이아'라는 단어에서 엿볼 수 있듯 천국, 하늘이 어떤 정치의 변화를 빚어낸다는 것은 분명해 보인다. 하지만 그 변화가 구체적으로 무엇인지는 그리스도교 역사에서 의견이 분분했다. 이를테면 에페소인들에게 보낸 편지는 종들에게 땅의 주인에게 순종하라고 요구하면서도, 동시에 주인들에게는 종들과 더불어 "여러분의 주님이신 분께서 하늘에 계신다"는 점을 일러주면서 "주님께서는 사람을 차별하여 대하지 않으신다"는 점을 일깨운다(에페 6:5,9). 그렇다면, 지금까지 이야기한 복음의 소리에 귀 기울이며 필립비인들에게 보낸 편지 본문을 보라. 바울은 하늘이 시민권을 부여하는 연방이란 점을 하늘 시민권자가 이 땅에서 자유로이 살아갈 방법과 연결하고 있음을 발견할 수 있을 것이다. 필립비인들에게 보낸 편지가 낭독되었을 때 초기 그리스도교 교인들은 번역본으로는 헤아리기 힘든 그리스어의 동사형을 들었을 것이다.

> 여러분은 오로지 그리스도의 복음에 합당하게 생활하십시오('폴리테우에스타이'πολιτεύεσθε). (필립 1:27)

지금까지 다룬 내용의 연장선에서 이 구절을 보면, 그리스도의 기쁜 소식에 합당하게 살라는 부름은 "하늘의 통치에 따라 여러분의 삶을 다스리십시오"라고 번역할 수도 있다. "하늘에 계신 주님"이 진정 이 지상의 모든 지배와 순종을 다스리신다고 믿으면, 저 구절은 현재 지상의 모든 지배 및 지배 관계를 근본적으로 뒤집는 이야기로 들린다.

이후 3세기 무렵, 익명의 저자는 초기 그리스도교인을 옹호하는 저서인 『디오그네투스에게 보내는 편지』Epistle to Diognetus에서 필립보인들에게 보낸 편지에서 등장한 "시민권" 은유를 활용했다. 그는 그리스도인에 대해 이렇게 설명한다.

> 그리스도인은 그리스와 이교도의 도시에 살면서도, 각자에게 주어진 운명에 따라 의복과 음식과 모든 면에서 현지의 관습을 따르면서도 자신들의 시민권이 지닌 경이롭고도 낯선 특징을 드러내며 살아갑니다. ... 그리스도인의 운명은 "육체 가운데" 던져졌으나 결코 "육체를 따라" 살아가지 않습니다. 그들은 땅에서 시간을 보내지만, 하늘의 시민권을 지니고 있습니다.[26]

공동체로서의 천국에 관한 다양한 이야기들을 관통하는 흐름은 바로 하늘이 현재 이 땅에서 일어나고 있는 일과 밀접하게 연관되어 있다는 것이다. 이 점을 놓쳐서는 안 된다. 보통 천국이나 하늘을 말할 때는 내심 "머지않아 기뻐하며 만날 그곳"인 듯

---

[26] 'The Epistle to Diognetus', Ch.5, vs.4, 8~9, *The Apostolic Fathers* (Cambridge: Harvard University Press, 1950), 358~361. 『디오그네투스에게』(분도출판사).

이야기하지만, 하늘의 무리는 지금 그리고 여기에서 벌어지고 있는 일에, 그것도 적당히 발을 담그는 수준이 아니라 깊숙이 개입한다.

이렇게 하늘과 땅이 교차하는 곳에서 우리는 "천사"에 관해 듣는다. 히브리인들에게 보낸 편지는 "나그네 대접하기를 소홀히 하지 마십시오"라고 권고하면서 그 이유를 이렇게 설명한다.

> 어떤 이들은 나그네를 대접하다가, 자기들도 모르는 사이에 천사들을 대접하였습니다. (히브 13:2)

흥미로운 점은 히브리인들에게 보낸 편지가 청중에게 자기도 모르는 사이에 천사를 만날 수 있다고 이야기해 주기는 하나, 본문의 맥락에서 천사들은 별다른 주목을 받지 않는다는 것이다. 어떻게 상상하든 간에, 본문에서 천사들은 하늘의 대리자로서 자신을 대변하기보다는 하늘의 주님, 그들과 함께 장차 오실 하늘의 주님을 증거한다. 이러한 면에서 칼 바르트Karl Barth가 천사들을 하늘의 "대사들"ambassadors로 이루어진 하느님의 "수행원"entourage이라고 부른 것은 적절하다.[27] 천사를 알아보지 못한

---

[27] Karl Barth, *Church Dogmatics*, III,1, *The Doctrine of Creation* (Edinburgh: T.&T. Clark, 1958) #51, "하느님의 대사들과 그들의 적대자들"The Ambassadors of God and their Opponents, 369~531. "하느님을 보좌하는 수행원들"the entourage accompanying God에 대한 언급은 486을 참조하라. 『교회교의학』(대한기독교서회).

다는 내용은 천사를 시적 구상이나 상상력의 산물로 치부하려는 우리의 경향을 반박하는 것처럼 보인다. 천사를 가리키는 '앙겔로스'ἄγγελος가 소식을 뜻하는 '앙겔리아'ἀγγελία와 어원을 공유한다는 점은 천사가 소식을 전달하는 역할, 선포하는 역할을 수행함을 암시한다. 간단히 말하면, 천사는 하느님이 오신다는 소식을 전하는 천상의 피조물이며 하늘과 땅 사이를 "오르락내리락"하면서 하느님의 뜻을 이루는 데 봉사하는 중재 역할을 한다(창세 28:12, 요한 1:51 참조).

복음은 악한 천사도 언급한다. 이들은 하느님의 뜻을 거역하는 원수이며 하늘을 중재하는 권한을 박탈당한 처지다. 요한계시록의 환상은 하늘과 관련해 이들과 관련된 중요한 부분을 알려 준다. 그들은 미가엘 및 그의 천사들과 싸우다 패배했으며 "하늘에 더는 그들이 발붙일 자리가 없"(계시 12:8)다. 그들은 땅으로 내쫓기는 바람에 땅만 해할 뿐 하늘에서는 무력하다. 베드로의 첫째 편지에 따르면 이 원수 악마는 "우는 사자 같이 삼킬 자를 찾아 두루 다니고 있다"(1베드 5:8). 유다의 편지에 따르면 악한 천사들은 "자기들의 통치 영역에 머물지 않고 그 거처를 떠"나 영원한 "심판의 사슬"에 매이게 됐다(유다 1:6). 베드로의 둘째 편지는 죄를 지은 천사들이 "지옥"('타르타로사스'ταρταρώσας)에 던져졌다고 말한다(2베드 2:4). 신기하게도 이 성서 본문들은 하늘에서 무리를 지은 천사들과 지옥에서 무리를 이룬 천사들은 서로 균형을 이룬다고 말하지 않는다. 하늘과 지옥은 동등한 짝

이 아니다. 하늘에서 온 것들과 달리 악마의 시간은 "얼마 남지 않은 것"으로 묘사된다(계시 12:12). 그러므로 지옥은 바울이 말한 "사라질 이 세상의 형체"(1고린 7:31)처럼 들린다. 땅과 달리 지옥은 하늘에 대응하지 않는다.[28] 하늘은 땅을 '제어'하고 지옥을 '제압'한다.

4. 지금, 우리 가까이 온 나라

이제 우리는 복음의 메시지에서 들려오는 하늘의 소리 중 가장 강렬한 소리를 살펴볼 차례다. 복음은 천국이 '왔다'고, '가까이' 왔다고 선포한다. 이 네 번째 소리는 소리의 파장이 가장 넓어 앞서 들었던 세 가지 소리를 남김없이 끌어안는다. 하늘은 하늘에서 땅으로 오는 하느님의 길이자, 하느님의 피조물이자 공동체다. 이 모든 소리는 이제 네 번째 소리 안에 모여 화음을 만들어 낸다.

다시 한번, 하늘이 우리 곁으로 임함으로 인해, 그 나라가 가까이 있음으로 인해 일어나는 상황에 주목해 보자. 마르코 복음서에서 하느님의 하늘나라가 가까이 왔다는 선포는 "때가 찼다"(마르 1:15)는 말과 함께 시작된다. 하느님과 이웃을 사랑하는 것이 번제와 희생 제사보다 중요하다고 말하는 율법학자를 향해

---

28 이것은 임마누엘 칸트Immanuel Kant가 『이성의 한계 안에서의 종교』에서 비판적 도덕의 의미에 부여한 요점이다. 여기를 보라. *Religion within the Limits of Reason Alone* (New York: Harper Torchbooks Ed. 1960), 53. 『이성의 한계 안에서의 종교』(아카넷).

예수는 말한다.

> 너는 하느님의 나라에 멀리 있지 않다. (마르 12:34)

루가 복음서에는 예수가 70명을 임명해 둘씩 짝을 지어 그가 가려는 모든 고을과 모든 곳으로 앞서 파송하는 이야기가 나온다. 그들을 보며 예수는 이렇게 선포하라고 일러준다.

> 하느님 나라가 너희에게 가까이 왔다. (루가 10:9,11).

바리사이파 사람들이 하느님의 나라가 언제 오냐며 물을 때, 예수는 대답한다.

> 보아라('이두'ἰδοὺ). 하느님의 나라는 너희 가운데에('엔토스 휘몬'ἐντὸς ὑμῶν) 있다. (루가 17:20~21).

가까이 온 하느님 나라가 하늘에서 온 나라로 증언된다는 점을 고려한다면, 하늘이 땅과 가까이 있다는 점은 복음이 전하는 천국의 으뜸가는 특징으로 보아야 마땅하다.

하지만 이 부분은 좀 더 진지하게 파고들 필요가 있다. 신약성서는 그 나라의 '가까이 있음'을 말할 때 우리가 흔히 생각하는 근접성 개념과 전혀 다르게 접근한다. 어찌 보면 그래서 오늘날 천국, 하늘 소식을 듣는 것이 더 매력적이고 그만큼 낯선 일인지도 모르겠다. 신약성서는 분명 하늘에서 온 그분의 나라가 이 땅에, 너무나도 가까이 왔다고 분명하게 외친다. 이 소식은 역설적으로 하느님의 나라는 지금 사건으로 일어나고 있기에 우리 손에 잡힐 수 있는 사태나 상황과 비슷하지도, 일치하지도 않음을 알려 준다. 하늘의 소식은 철학적 실증주의의 전체 역사에 의문을 제기한다. 또한, 이 소식은 살과 피를 지닌 피조물인 우리의 모든 지적 능력에도 의문을 제기한다. 우리는 어떤 식으로든 일정한 틀을 통해 이 나라를 개념으로 욱여넣으려는 성향이 있기 때문이다. '가까이 있음'은 수치화할 수 없다. 정직한 철학자 이사야 벌린Isaiah Berlin은 죽기 직전 1997년에 이와 같은 말을 남겼다.

> 천국은 우리가 알고 있는 어떤 개념 체계로도 포착할 수 없다.[29]

이 세계에 있는 그 어떤 형체도 돌입해 오는 하늘나라를 감당하지 못한다.

우리는 다양한 방식으로 이 소식을 듣는다. 루가 복음서에서 예수는 말한다.

---

[29] Aileen Kelly, 'On Isaiah Berlin(1909-1997)', *The New York Review of Books*, December 18, 1997, 12.

> 하느님의 나라는 눈으로 볼 수 있는 모습으로 오지 않는다. (루가 17:20)

하늘나라는 우리 가운데 있으니, "여기에 있다, 또는 저기에 있다"(루가 17:20~21)고 말할 수 없다. 바울은 고린토인들에게 보낸 첫째 편지에서 말한다.

> 살과 피는 하느님 나라를 유산으로 받을 수 없고, 썩을 것은 썩지 않을 것을 유산으로 받지 못합니다. (1고린 15:50)

이 모든 이야기는 요한 복음서에 나오는 예수의 말로 요약될 수 있다.

> 내 나라는 이 세상에 속한 것이 아니다. (요한 18:36).

하늘나라가 이 세계에 있는 우리에게 오지만, 이 세계의 일부가 아니라는 소식은 모순이라 혼란스러워 보일 수 있다. 자연스레 디킨슨의 시어가 다시 생각난다.

> 끝까지 수수께끼이고 –
> 도무지 알 수가 없다 –

이렇다 보니 어떤 이들은 하늘에 관한 증언들을 오직 내면세계, 사람의 마음과 영혼 속에서 일어나는 일로 듣자고 제안했다. 근대 그리스도교의 영향력 있는 해석자였던 아돌프 폰 하르낙Adolf von Harnack은 1900년 이런 글을 썼다.

> 이러한 관점에서 보면 외적, 역사적 함의를 지닌 극적인 것은 모두 사라졌다. 미래를 향한 외적인 희망마저도 덩달아 사라지고 말았다. 하느님의 나라는 한 사람 곁으로 와서는 그의 영혼으로 들어가 영혼을 사로잡는다. ... 그 나라는 천사와 악마, 왕권과 권세에 관한 문제가 아니라 하느님과 영혼, 영혼과 그 영혼의 주인인 하느님과의 문제다.[30]

하르낙, 그리고 그와 노선을 같이하는 학자들은 하느님 나라의 내면성을 강조하는 내용을 복음의 '알맹이'로 받아들였다. 내면성을 강조하는 길이 근대정신에 더 부합한다고 판단했기 때문이다. 하늘나라가 내면이 아닌 외면, 역사와 어우러진다는 소리는 모조리 거추장스러운 껍데기로 밀려났다.

그러나 요한 복음서 18장 33~36절을 비추어 보면 하늘나라를 내면에 뿌리내리자는 제안은 받아들일 수 없다. 예수는 말한다.

---

[30] Adolf Harnack, *What Is Christianity?* (New York: Harper & Brothers, 1957), 56. 『기독교의 본질』(한들).

내 나라는 이 세상에 속한 것이 아니다.

이 말은 "왕권과 권세", 그리고 하르낙이 "외적, 역사적 함의를 지닌 극적인 것"으로 일축한 것에 귀를 막으라고 하지 않는다. 오히려 이 본문은 하늘의 정의와 땅의 정치의 관계성을 분명하게 보여 준다.

본문의 맥락을 다시 보자. 이 이야기에서 예수는 본티오 빌라도의 법정에서 유대인의 왕을 참칭했다는 혐의에 관해서 심문을 받고 있다. 한 통치자가 자신의 통치 권한 아래 서 있는 예수를 보며 심문하자 그는 "내 나라는 이 세상에 속한 것이 아니다"라고 답한다. 이어지는 요한 복음서 본문은 예수의 답을 이렇게 풀어 준다. '예수의 나라가 이 세상에 속한 것이라면, 예수를 따르는 자들은 그를 넘겨주지 않고 싸우겠지만, 그 나라는 이 세상에 속하지 않았다'(요한 18:33~36 참조). 그러나 세상은 그의 나라의 목적지다. 요한 복음서에서 하늘에서 왔다고 고백하는 이는 본티오 빌라도 앞에 서 있다. 그가 홀로 서 있게 되는 상황은 시간, 공간, "천사와 악마, 왕권과 권세"가 뒤엉킨 이 땅의 사태와 별도로 일어난 일이 아니다. 한 영혼의 내면에서 일어나는 드라마가 아니다. 그의 나라가 진실로 이 세계에 속하지 않다는 것은 하늘이 이 땅으로 들어오면서 원수들이 훼방하더라도 원수들이 동원한 계획과 방법에 휘말려 들어가지 않으며 그런 방식의 교전에 일절 응하지 않는다는 뜻이다. 그러나 동시에 이 나라는 빌라도가 통치하는 영역, 곧 이 세계의 역사를 뜻대로 주무르는 현존 권력이 심문을 벌이는 곳에서 원수들과 맞선다. 이런 맥락에서 하늘나라는 적의 방식에 매인 채로는 절대 오지 않는다. 하지만 동시에, 이 나라는 내면과 역사, 세상이라는 차원 전체를 망라하는 적들의 구역으로 들어온다.

이러한 틀에 비추어 보면, 영혼의 내적 죽음뿐만 아니라 모든 파괴적인 힘을 지닌 이 땅에서의 죽음은 이제 하늘에서 오는 것에 굴복한다. 바울은 말한다.

> 맨 마지막으로 멸망 받을 원수는 죽음입니다. (1고린 15:26)

복음은 천국이 저세상이나 내세에 갇히지 않고 지금, 이 땅, 일상에서 일어나는 일들과 가까이 있다는 소식을 전한다. '하늘이 온다, 죽음 너머의 생명을 가지고 온다.' 천국은 죽음 이후 시작되지 않으며, 죽음으로 끝나지도 않는다. 복음에서 들려오는 천국의 생명은 모든 사망 권세를 능가한다. 따라서 이 생명은 죽고 나서 내세에서야 얻을 수 있는 것이 아니며 마음의 내면에 한정된 것도 아니다. 하늘에서 오는 것은 이제 땅에서 사라질 것을 압도한다는 선포가 울려 퍼진다. 이것이 바로 복음을 듣는 이들이 현재 살고 있는 현실 세계다.

예수는 하늘이 가까이 왔으나 수중에 넣을 수 없다는 소식을 비유로 풀어냈다. 그는 청중에게 그들이 살아가는 친숙한 일상이 하늘의 표징으로 전혀 보이지 않는 상황에서 이를 빌려 하늘의 중요성을 지적했다. 마태오 복음서에서 그는 말한다.

> 내가 그들에게 비유로 말하는 이유는, 그들이 보아도 보지 못하고, 들어도 듣지도 못하고 깨닫지도 못하기 때문이다. (마태 13:13)

천국이 도래하는 일은 씨 뿌리는 자, 한 알의 겨자씨, 빵 속에 들어 있는 누룩, 밭에 숨겨 놓은 보물, 좋은 진주를 구하는 상인, 고기를 잡아 올리는 그물, 자기 종들과 셈을 가리려는 왕, 일꾼을 고용하려는 포도원 주인, 결혼 잔치에 손님을 초대하는 임금, 등불을 들고 신랑을 만나러 간 열 처녀처럼 평범한 이 세상의 일상과 비슷하다고 예수는 말한다.[31] 그러나 동시에 하늘에서 일어나는 일과 땅에서 일어나는 일, 그리고 현재 상황에 대한 비유에서 하늘은 청중이 자신들이 이해하고 있는 현실 세계와 어떠한 유사성도 없는 것처럼 들린다. 하느님의 나라가 당장 나타날 줄 아는 청중을 향해 예수는 다시금 모호한 비유를 든다(루가 19:11). 이 비유를 들으며 어떠한 궁금증이 생기든 간에, 천국이 우리 가운데서 일어나며 예수의 비유가 이야기하듯 친숙하고, 우리와 가까이 있으면서도 동시에 우리 선입견에 전혀 들어맞지 않는다

---

[31] 마태 13:18, 23, 20:1, 22:2 이하를 참조하라.

면, 비유의 의미는 그때나 지금이나 청중에게 놀라운 소식으로 다가올 수밖에 없다. 이에 관해서는 3장에서 다시 한번 깊이 다룰 것이다.

지금까지 살펴본 대로라면 이런 결론을 내릴 수 있을 것이다. 그리스도교에서 이야기하는 하늘, 천국은 우리가 실제로 살아가고 있는 현재 상황을 겨냥한다. 지금 일어나고 있는 '현실 세계'를 두고 하늘에 비추어 말하는 방식이 신뢰할 만하다고 생각할 수도 있고, 그렇지 않다고 생각할 수도 있지만, 성서라는 맥락에서 펼쳐지는 천국, 하늘에 관한 소식은 우리가 마주한 현실, 피할 수 없는 현실, 높음과 깊음에 관계없이 우리 앞에 펼쳐진 현 상황에 관한 선포다.

오늘날 천국과 하늘에 관해 듣는 것이 어떤 의미를 갖는지를 살핀 이 장은 심도 있는 질문과 검토를 위한 일종의 밑거름이라 할 수 있다. 여기서 다룬 하늘의 네 가지 특징은 우리에게 천국이 드높은 물리적 하늘이나 사후 세계, 그리고 내적인 충만함이나 행복감으로 환원할 수 없음을 알려 준다. 천국, 하늘에 관한 소식은 의문을 불러일으키고 "설교단에서 흘러나오는 숱한 몸짓들"을 일으킨다. 복음의 전승들 자체가 이를 요구한다. 요한의 첫째 편지 저자는 말했다.

> 사랑하는 여러분, 어느 영이든지 다 믿지 말고, 그 영들이 하느님에게서 났는가를 시험하여 보십시오. (1요한 4:1)

바울도 데살로니카의 교인들에게 호소했다.

> 모든 것을 분간하십시오. (1데살 5:21)

디킨슨도 말했다.

> 마취제로는 영혼을 갉아먹는 이빨을
> 진정시킬 수 없다.

하늘에 관한 복음 소식을 검증하고 분간하려면 전환이 필요하다. 듣고, 분별하고, 반향을 감지하는 촉을 단련하여, 단순히 듣는 데서 그치지 않고 들은 것의 무게를 달아 보아야 한다.

제2장

천국의 신학

"믿음은 신뢰할 뿐 질문하지 않는 거라네"라는 노랫말이 담긴 찬송이 있다.[1] 이 찬송은 복음이라는 소식에 대한 잘못된 증언이다. 복음은 말 그대로 소식이기에 언제나 질문을 일으키고, 질문의 대상이 된다. 소식의 내용은 신뢰할 수 있는가? 진실일까? 진실이라면 어떤 측면에서 진실일까? 학문으로서 신학은 신뢰성을 깊이 고민할 수밖에 없다. 신학은 참된 예언과 거짓 예언을 가리는 성서 전통에 발맞추어 공적인 고백(이것이 '교리'dogma의 본래 뜻이다)을 면밀히 검토하며 신뢰할 수 있는 것과 신뢰할 수

---

1 'Alleluia, Sing to Jesus', words by Samuel S. Wesley, 1868.

없는 것을 세심히 가려낸다. 이 비판적 검증을 담당하는 영역을 그리스도교 신학에서는 '교의학'dogmatics이라 부른다.

바울은 복음에 귀 기울이는 로마인들에게 물었다.

> 그렇다면, 이런 일을 두고 우리가 무엇이라고 말할 수 있겠습니까? (로마 8:31).

우리도 복음이라는 소식, 하늘과 관련된 소식을 들으면 물어야 한다. 하늘이 여기로 오고, 가까이 있다는 말을 오늘날 어떻게 신뢰할 수 있는지 생각해 보아야 한다.

먼저 알아야 할 사실이 있다. 19세기 끝 무렵 신학 분야에서 이를 두고 일정한 탐구들이 이어졌고, 그 결과 20세기의 가장 중요한 신학 유산에 해당하는 응답들이 나왔다. 그리고 이 응답들은 각기 일정한 궤적을 그린다. 이 장에서는 이 응답 중 네 가지 (첫째는 천국이나 하늘을 성서가 말하는 '문자 그대로' 듣자는 견해, 둘째는 '신화'myth로 들어야 한다는 견해, 셋째는 '사화'saga로 들어야 한다는 견해, 넷째는 '약속'promise으로 듣자는 견해)를 살펴볼 것이다. 신학을 배우는 이라면 각 답변을 보자마자 친숙한 학자의 이름이나 이들의 신학을 분류하는 명칭을 떠올릴지 모르겠다. 하지만 여기서는 기존에 붙은 진부한 꼬리표나 교과서를 따르지 않고, 이와 관련된 이들이 제기하는 문제를 주목한 다음, 논의를 다시금 진지하게 검토할 것이다.

19세기 말 천국, 하늘과 관련해 문제를 제기한 이들은 요하네스 바이스Johannes Weiss(1863~1914), 알베르트 슈바이처Albert Schweitzer(1875~1965), 프란츠 오버베크Franz Overbeck(1837~1905)였다. 이들은 각기 하늘나라가 가까이 왔다는 신약 속 예수의 선포는 무슨 뜻인지, 그리고 이 선포가 다음 세대까지 이어지지 못한 사정이 무엇인지를 파고들었다. 그리고 그들은 복음의 핵심인 천국, 하늘에 대한 잘못된 기대를 두었기 때문이라고 결론 내렸다.[2] 20세기에 등장한 네 가지 궤적은 모두 이 충격적인 제안에 대한 반응이라 할 수 있다.

하늘 소식에 관한 유죄 판결

한 세기 전, 하늘에서 하느님 나라가 이 땅에 가까이 왔다는 복음의 증언을 어떻게 받아들여야 하냐는 문제는 개신교 신학계를 뜨겁게 달구었다. 대다수 학자는 하느님 나라가 예수가 전한 가르침의 핵심이라는 데 동의했다. 그러나 하느님 나라 혹은 통치라는 개념, 하느님 나라가 현재 하늘에서 와 이 땅의 "현실 세계"를 전복한다는 사고방식을 성서학자들은 초기 그리스도교 복음 선포의 특징으로 여겼을 뿐 신뢰할 만한 소식으로 여기지는 않았다. 당시 그리스도인들이 기대한 대로 세상이 종말을 맞이하지 않았기 때문이다. 이 진단을 받아들인 신학자들은 하느

---

[2] 다음을 참조하라 Karl Barth, *Church Dogmatics*, II,1, *The Doctrine of God* (Edinburgh: T.&T. Clark, 1957), 636~638.

님 나라가 하늘에서 임한다는 증언은 유명무실하다고, 적당한 퇴로를 찾아야 했다고 생각했다. 우선 성서학자들은 이 증언을 싸고 있는, 덕지덕지 달라붙은 외적 세계관의 껍데기는 모두 벗겨내야 한다고 생각했다. 그래야만 이 껍데기 안에 담긴 알맹이, 인간의 내면과 영적인 면과 관련된 진리를 오늘날에 맞게 살려낼 수 있다고 믿었다. 천국, 혹은 하늘에 관한 소식은 하느님이 개인의 영혼에 오는 것, 그리하여 하느님이 신자들의 마음과 의지를 통치하는 것을 뜻한다고 해석했다. 이제 천국, 하느님 나라는 철학자 임마누엘 칸트Immanuel Kant가 주장했던 "순수하게 내적인" 도덕적 자율권의 측면으로 이해되었고, 이 땅에서 하늘이 이루어진다는 소식은 한 사회가 "윤리 공동체"로 실현되고 있다는 뜻으로 이해되었다.[3] 이렇게 하늘나라의 '가까이 있음'에 대한 해석의 범주는 우주론에서 인간학으로 전환되었다.

천국이 도래했다는 복음이 인간의 내면에만 해당하며 인간 자아를 둘러싼 광대한 세계에 무심하다면 어떨까. 복음의 소식을 '종교'라는 일반 범주에 맞추는 이런 해석은 그 소식의 폭을 제한할 뿐 아니라, 그 소식의 내용을 완전히 뒤틀어 버린다.[4] 화

---

[3] Immanuel Kant, *Religion Within the Limits of Reason Alone*, 91.

[4] 신약에서 '종교'religion로 번역된 용어를 보려면 다음을 참조하라. '데이시다이모니아'δεισιδαιμονία는 사도 17:22~23, 25:19, '트레스케이아'θρησκεία는 사도 26:5, 골로 2:18, 야고 1:27, 긍정적 함의를 지닌 '에우세베이아'ευσεβεια는 1디모 2:2, 4:7~8, 3:16. 그리스도교 신학에서 종교라는 일반 명칭에 대한 거부는 주 하느님 외에 "다른 신은 없다"(신명 4:35)는 신명기의 고백을 인정하는 것으로 표현된다. 이는 "하느님은 일반적인 존

이트헤드Alfred North Whitehead가 종종 언급했듯 "종교는 개인이 ... 자신이 신적인 것으로 여기는 것을 고려하며, 이와 관계 맺는 가운데 고독을 누리는 것이다".[5] 같은 맥락에서 윌리엄 제임스William James는 1902년 말했다.

> 종교란 ... 개인이 신적인 것으로 여기는 무언가와 관련된 자신의 감정, 행위, 그리고 경험을 의미한다.[6]

바이스, 슈바이처, 오버베크는 각기 다른 방식으로 복음을 "하느님과 영혼"의 관계로만, 개인 내면의 영적, 혹은 도덕 세계에만 적용한다면 복음이 상상한 "현실 세계"를 온전히 포괄할 수 없다고 주장했다. 요하네스 바이스는 1892년에 이런 기록을 남겼다.

> 예수가 생각한 하느님 나라는 결코 주관으로 흡수되거나 내면을 향하지 않으며 영적인 영역에 갇히지 않는다. ... 그 나라는 언제나 객관적으로, 즉 구체적으로 존재한다. 이 나라는 누군

재로 존재하시지 않는다"Deus non est in genere라는 토마스 아퀴나스의 신학 공리와 공명한다. Thomas Aquinas, *Summa Theologiae* 1a.3, 5.

5 Alfred North Whitehead, *Religion in the Making* (New York: Meridian Books, 1960(초판은 1926)), 16. 『종교란 무엇인가』(사월의책).

6 William James, *The Varieties of Religious Experience* (New York: The Modern Library, 1936(초판은 1902)), 31~32. 『종교적 경험의 다양성』(한길사).

가가 들어오는 영토, 혹은 공유할 수 있는 터전, 하늘에서 내려 오는 보물로 묘사된다.[7]

바이스는 예수가 가르친 하늘나라는 인간의 윤리적 노력으로 세울 수 있는 왕국이 아니라고 힘주어 말했다. 이는 칸트나 그의 장인丈人인 리츨Albrecht Ritschl이 내놓은 해석과는 전혀 다른 해석이다. 바이스는 과감하게 말했다.

인간의 윤리적 행위로 '하느님의 통치를 실현'한다는 생각은 예수가 생각한 초월적인 나라와는 완전히 다르다.[8]

바이스에 따르면, 이 나라는 교회든 사회든 기존에 확립된 어떤 문화적 산물과 동일시될 수 없다.

우리네 현대 개신교와 원시 그리스도교의 세계관을 가르는 결정적 차이는 바울이 말한 그 태도, … "이 세상의 형체는 사라집니다"(1고린 7:31)라는 태도가 우리에게 없다는 점이다.

---

7 Johannes Weiss, *Jesus' Proclamation of The Kingdom of God* (Minneapolis: Fortress Press, 1971), 133. 『예수가 선포한 하나님 나라』(수와진).

8 앞의 책, 135. 이와 관련하여 영향력 있는 저작으로는 임마누엘 칸트의 『이성의 한계 안에서의 종교』(1793~94)와 알브레히트 리츨Albrecht Ritschl의 3권으로 구성된 『칭의와 화해에 관한 그리스도교 교리』The Christian Doctrine of Justification and Reconciliation(1870~1874)가 있다.

바이스에 따르면, 근대정신은 더는 천국, 하늘나라를 "이 세대"('아이온 후토스'αἰών οὗτος)에 반대하는 힘, 대항마로 여기지 않는다.[9] 이는 분명 설득력 있는 이야기다. 바이스뿐 아니라 슈바이처도 근대의 세계관을 받아들이는 태도는 예수가 전한 복음에 들어맞는 태도라 할 수 없다고 여겼다. 하지만 그럼에도 그들은 그러한 태도가 그리스도교인으로서 결격 사유라고 생각하지는 않았다. 그 결과 예수의 가르침과는 달리 하느님 나라가 임한다는 소식은 더는 하늘에서 실제로 일어나는 일로 믿을 수 없게 되었으며 "반드시 실현되어야 하는" 윤리의 문제로만 믿을 수 있게 되었다.[10] 1892년, 바이스는 복음이 증언하는 하느님 나라에 관련해 오늘날 우리는 이 나라를 "예수가 본래 뜻했던 바와 다르게 사용할 수밖에 없"으며 "조직신학의 핵심은 하느님 나라에 관한 그의 생각이 아닌 하느님의 자녀들이 종교를 통해, 윤리를 통해 나누는 교제와 관련된 그의 생각"에서 찾아야 한다고 이야기했다.[11] 슈바이처도 예수에 대해 이렇게 말했다.

그가 기대했던 일은 일어나지 않았다.[12]

---

[9] 앞의 책, 135.

[10] Albert Schweitzer, *The Kingdom of God and Primitive Christianity* (New York: Seabury, 1968), 183.

[11] Johannes Weiss, *Jesus' Proclamation of The Kingdom of God*, 135.

[12] Albert Schweitzer, *The Kingdom of God and Primitive Christianity*, 115.

너무나도 느닷없는 반전이었다. 바이스가 보기에, 칸트와 그를 따르던 당대 최고의 신학자들은 하늘나라에 대한 근대적 해석을 내놓았지만, 이 해석은 복음이 전하는 메시지와 날카롭게 대립했다. 그렇지만 바이스는 현대를 사는 그리스도인이라면 이런 해석을 받아들이는 것 말고는 마땅한 대안이 없음을 인정했다. 앞에서 언급한 불트만은 훗날 이 바이스와 함께 공부했다.[13]

오버베크는 바이스보다 훨씬 급진적인 입장이었다. 그가 볼 때, 하늘을 근대정신에 맞추는 것은 불가피할지라도 이는 복음의 근원과 복음을 복음답게 만드는 특징을 없애버리는 일이나 마찬가지라고 생각했다. 복음은 분명 세상의 종말을 선포했다. 하지만 종말이 일어나지 않자 참된 그리스도교가 종말을 맞이했으며 애초에 선포한 바와는 전혀 다른 것, 우리가 "그리스도교"라고 부르는 것이 역사에서 전개되었다고 그는 생각했다.[14]

---

13 이를테면 다음을 참조하라. Rudolf Bultmann, *Jesus Christ and Mythology* (Charles Scribner's Sons, 1958), 11~13. 『예수 그리스도와 신화』(지우). 그리고 다음을 참조하라. Schubert M. Ogden(ed.), 'Autobiographical Reflections'(1956), *Existence and Faith: Shorter Writings of Rudolf Bultmann* (New York: Meridian Books, 1960), 283~288.

14 Frans Overbeck, *Christentum und Kultur: Gedanken und Anmerkungen zur modern Theologie* (Basel: Benno Schwabe, 1919), 289. "나는 현대 그리스도교에서 그리스도교의 최종성을 입증하는 것 외에는 어떤 것에도 관심이 없다." 이와 관련해서는 다음을 참조하라. Ulrich H. J. Körtner, *The End of the World: A Theological Interpretation* (Westminster/John Knox, 1995), 9. 또한, 다음을 보라. Franz Overbeck, *How Christian is Our Present-Day Theology?* (London: T.&T. Clark/Continuum, 2005).

그리스도교라는 이름 아래서는 역사적으로 단 한 번도 그리스도의 ... 그리고 그가 제자들에게 심어 준 신앙이 존재한 적이 없다.[15]

오버베크에게는 그리스도교의 등장 자체가 복음에 바탕을 둔 신앙과의 단절을 의미했으며, 이런 관점에서 보면 2세기 이후 이어진 그리스도교 시대는 사이비 그리스도교 시대였다. 훗날 칼 바르트는 오버베크의 이 도발적인 사유에 자신이 빚을 지고 있음을 인정했다.[16]

여기서 요하네스 바이스, 알베르트 슈바이처, 프란츠 오버베크의 이름을 다시 꺼낸 이유는 20세기 초반, 이른바 근대정신이 표방한 "현실 세계"는 하느님의 하늘나라가 가까이 왔다는 복음 속 "현실 세계"와 전혀 다름을 상기하기 위함이다. 세 신학자는 이를 감지했다. 그러나 둘의 차이를 강조했음에도 불구하고 그들은 세상을 해석하는 근대의 방식을 부정하지 않았다. 오히려, 그들은 근대 세계의 표준적 사고방식이 유일하게 신뢰할 만

---

15 Franz Overbeck, *Christentum und Kultur*, 9~10. 이 문장에 대한 바르트의 인용은 다음을 참조하라. Karl Barth, *Theology and Church: Shorter Writings 1920-1928* (New York: Harper&Row, 1962), 61.

16 Karl Barth, 'Unsettled Questions for Theology Today'(1920), *Theology and Church:Shorter Writings 1920-1928*, 57~58. "우리는 오버베크의 계시 개념과 마주한다고 해서 놀라지 않는다. 이 책은 우리에게 외려 기쁨을 선사한다. 그간 외로웠던 우리에게 동지가 되길 바라는 마음으로 이 책을 반갑게 맞이하고 싶다."

한 방식이라고 여겼다. 역사의 현장에서 하늘이 펼쳐질 때 여기서 나오는 땅에 대한 강력한 저항은 예수의 육성을 들었던 청중에게 강한 인상을 남겼을 것이다. 그러나 2,000년이 지난 지금, 하늘이 횡행하는 권세들에 맞선다는 생각은 오늘날 상황에 맞지 않는다고, 그런 생각이 "현실 세계"를 대표할 수는 없다고 결론 내렸다. 바울이 살던 시대와 달리 우리는 '사라지는 것'을 생각할 때 "이 세상의 형체"가 아니라 덧없이 사라지는 개인만을 떠올릴 뿐이다.

지난 세기 비판적이면서도 (어떤 면에서는 여전히) 통찰력 있는 이들은 결국 다음과 같은 질문을 던졌던 셈이다. '오늘날 기준에서 볼 때, 천국과 하늘에 관한 복음의 이야기 중 믿을 수 있는 것, 그리고 믿을 수 없는 것은 무엇인가?' 하지만 이제 우리는 이 질문을 뒤집어서 다시 물어봐야 한다. '천국과 하늘에 관한 복음이라는 기준에서 볼 때 근현대의 이야기 중에서 믿을 수 있는 것, 그리고 믿을 수 없는 것은 무엇인가?"

바이스의 책, 『예수가 선포한 하느님 나라』Jesus' Proclamation of the Kingdom of God의 끝머리에서 그가 "우리의 현대 개신교 세계관"을 어떻게 특징짓는지를 살펴보면 의심까지는 아니더라도 질문이 피어오르기 마련이다.[17] (앞에서도 인용한 바 있지만) 바이스는 말했다.

---

[17] Johannes Weiss, *Jesus' Proclamation of The Kingdom of God*, 135~136.

> 예수가 생각한 하느님 나라는 결코 주관으로 흡수되거나 내면을 향하지 않으며 영적인 영역에 갇히지 않는다. … 그 나라는 언제나 객관적으로, 즉 구체적으로 존재한다. 이 나라는 누군가가 들어오는 영토, 혹은 공유할 수 있는 터전, 하늘에서 내려오는 보물로 묘사된다.

그런데 뒤이어 바이스는 이런 말을 남긴다.[18]

> 우리는 더는 '당신의 은총이 임하고 세상은 사라지게 하소서' 라고 기도하지 않는다. 우리는 이 세상이 이제부터 영원까지 하느님 백성의 터전이 되리라는 기쁨에 찬 확신을 품고 우리의 삶을 살아간다. … 세상은 앞으로도 지속되나 우리 개인으로서 곧 세상을 떠날 것이다. … 우리는 하느님 나라가 하늘에서 땅으로 임해 이 세상을 폐허로 만들기를 기다리지 않는다. 우리는 예수 그리스도의 교회와 함께 하늘나라로 들어가 모두 함께 하기를 소망한다.

이 진술은 질문을 일으킨다. 바이스가 말하는 "세상"이라는 용어는 도대체 무슨 뜻일까? 그가 글을 쓰고 있던 19세기 후반과 1차 세계대전이 발발하기 전인 20세기 초, 문화적 교양이 충만

---

18 앞의 책, 135~136. 바이스가 인용한 기도의 출처는 『디다케』The Didache 10.6이다. 『열두 사도들의 가르침: 디다케』(분도출판사).

했던 그 시절 세상을 말하는 걸까? 아니면 에페소인들에게 보낸 편지 6장 12절에서 말하듯 "통치자들과 권세자들"이 주무르는 세상을 말하는가? 이 세상이 하늘이 오기 전 사라질 일은 없을 테니 복음이 그런 내용을 선포하는 것은 잘못되었다는 "현대 개신교 세계관"의 주장은 도대체 무슨 뜻인가? 이렇게 되면 우리에게 덩그러니 남게 되는 하늘은 어떤 사건이 아니라 개개인이 죽고 나서 가는 내세나 교인들이 모이는 곳에 불과하지 않은가? 이것이 진정 오늘날 복음으로 울려 퍼지는 소식인가?

바이스를 비롯해 지난 세기의 근대성에 투철했던 이들은 복음의 메시지가 애당초 잘못된 기대에 빠졌음을 인정하면서 이렇게 주장했다. "우리는 하느님 나라가 하늘에서 땅으로 임해 이 세상을 폐허로 만들기를 기다리지 않는다." 이런 주장은 오랜 기간 진짜 "현실 세계"를 살아가고 있는 이가 누구인지를 판단하고, 유죄 판결을 내리는 근거가 되었다. 그러나 21세기인 오늘날에는 다시금 종말과 묵시의 시나리오가 들끓고 있으며 대중 일반의 상상력을 사로잡고 지정학적 영향력을 행사하고 있다. 이러한 시대에 사람들이 천국을 기다리는 그릇된 기대에 빠져버린 게 복음의 태생적 오류라고 말하는 것이 온당한가. 이는 단순히 바이스, 슈바이처, 오버베크의 유산을 받아들이냐 마냐의 문제일 수는 없다. 다만 우리는 비판받고 있는 복음의 오류에 대한 물음을 다시 열어보고 진정한 오류가 어디에 있는지를 살펴야 한다.

천국 소식에 대한 재검토

1장에서 나는 기존의 권위 있는 증거에 기대지 않고 성서에 바탕을 둔 천국, 하늘 소식 담론들을 다시 검토하자는 제안을 한 바 있다. 지금까지 살폈듯 천국이 이 땅에 임하는 것이라면 천국은 자신을 스스로 드러내고 입증할 것이다. 하지만 그렇다고 해서 우리의 사고 실험이 아무런 의미도 없는 것은 아니다. 적어도 우리는 천국을 포함한 복음의 소식을 듣는 것이 어떤 차이를 빚어내는지를 증언하고, 그 변화를 설명할 수 있다. 1장에서 제시했듯 그리스도교가 전하는 천국과 하늘에 관한 증언이 어떤 의미를 담고 있는지를 충분히 의식한다면, 천국 및 하늘에 관한 기존의 이해와는 상당히 다름을 알 수 있다. 이를 알고 복음을 듣는다면, 하늘이 일으키는 변화에 무심해질 수는 없을 것이다.

1892년 바이스가 처음 연구 결과를 발표한 이래 한 세기 동안 그리스도교 신학계에서는 천국, 하늘을 복음서가 어떻게 언급하고 있는지에 대한 수많은 책과 논문이 나왔다. 대립각을 이루는 진술들이 쏟아지고 신학 논쟁을 벌이며 각각의 입장을 대변하거나 심화하는 학술 문헌들이 쏟아졌다. 어떠한 문헌이든 성서 증언의 종말론, 묵시의 차원을 언급할 때는 바이스, 슈바이처, 오버베크의 논의를 언급하며 그 중요성을 다루곤 한다. 이러한 궤적을 따라가다 보면 종말론은 크게 "실현된 종말론", "미래의 종말론", "초월적 종말론"으로 나뉜다. 이 개념들은 각기 하느님이 약속하고 선포하신 천국에 관한 다른 견해를 대표하며 지금 우리 곁으로 온 하느님 나라가 과거로부터 점진적으로 진화하는 나라인지, 미래에서 현재로 개입하는 나라인지, 역사에 원래 내재하는 나라인지, 임박한 나라인지, 영혼 안에 터 잡은 나라인지, 영혼 밖에 있는 나라인지, 역사의 발전과 연속성이 있는 나라인지, 아니면 연속성이 없는 나라인지에 대한 나름의 견해를 담고 있다. 그러한 와중에 바이스, 슈바이처, 오버베크처럼 종말론, 묵시가 예수 본인의 가르침인지, 아니면 후대 신약성서 편집자들이 예수의 지혜로운 말들에 덧붙인 것인지 의문을 제기하는 비평가들도 있었다.

그러나 일반 대중 영역에 커다란 영향력을 행사하는 것은 이러한 신학의 논의들이 아니다. 최근 수십 년 동안, 평범한 사람들의 일상 영역에서는 말세론과 근본주의의 세례를 받은 표상들이 창궐했다. 말세를 생생하게 그려준다는 책과 영화와 인터넷 사이트들이 넘쳐났고, 다들 이 땅에 도래하는 천국을 이 세상, 곧 '남겨진 사람들'left behind이 있는 이 땅을 깡그리 진멸하는 나라로 그렸다.[19] 대단히 선정적이면서도 자극적인 이러한 묘사들은 이른바 "현대 개신교 세계관"이나 천국에 대한 복음의 언급을 내면화하려는 시도 모두를 거부하고 다니엘서와 공관복음, 요한

[19] 제리 B. 젠킨스Jerry B. Jenkins와 팀 라헤이에Tim LaHaye가 쓴 『남겨진 사람들』left behind은 수백만 부가 팔렸다. Jerry B. Jenkins, Tim LaHaye, *Left Behind* (Illinois: Tyndale House, 1995). 『레프트 비하인드』(홍성사). 이 책과 후속 시리즈에 관해서는 다음을 보라. Gershom Gorenberg, *The End of Days: Fundamentalism and the Struggle for the Temple Mount* (Oxford: Oxford University Press, 2000), 30~54.

계시록에 담긴 묵시적 환상들을 세계사 속에서 문자 그대로 실현될 예언으로 여긴다.[20] 여기서 성서의 예언은 곧 일어날 사건들에 대한 예측이다. 이를 믿는 이들은 일정한 역사적 기간, 혹은 "세대"dispensations, 세대를 걸치며 일어난 사건들을 통해 죄로 물든 세상의 근본악이 드러날 것이며, 죄악으로 가득한 이 땅은 멸망하고 요한계시록 20장에 나오는 천년왕국이 도래하기 직전 그리스도의 임박한 재림을 마주하게 될 것이라고 생각한다.

천국에 대한 이러한 근본주의, 전천년설, 세대주의 해석의 지적 토양을 심은 이는 19세기 영국의 존 넬슨 다비John Nelson Darby였다. 하느님의 개입을 역사 속 "세대들"로 도식화하는 그의 방식은 미국에서 복음주의 부흥 운동에 매진하는 일부 집단, 그리고 1900년대 초 비평학에 기반한 현대 신학과 대립하는 진영에 빠른 속도로 확산되었다.[21] 그중 가장 널리 알려진 예는 한 비평가가 "20세기 후반 가장 많이 팔린 책"이라고 평한 『대유성 지구

---

20 마태 24:4~36, 마르 13:5~37, 루가 21:8~36을 함께 보라. 묵시적인 동기는 신약의 다른 곳에서도 두드러진다. 데살로니카인들에게 보낸 첫째 편지 4장 17절에는 그리스도께서 하늘에서 내려오시면 살아있는 사람들은 "구름 속으로 이끌려 올라가서, 공중에서 주님을 영접"하게 될 것이라는 이야기가 나온다. 문자주의자들은 이 말이 '휴거'the rapture를 가리킨다고 강조했다.

21 다음을 참조하라. George M. Marsden, *Fundamentalism and American Culture: The Shaping of Twentieth-Century Evangelicalism 1870-1925* (New York: Oxford University Press, 1980). C. I. 스코필드C. I. Scofield는 부흥사로 다비의 세대주의를 미국 전역에 전파하고 다녔다. 그의 이야기에 관해서는 다음을 참조하라. C. I. Scofield, *Rightly Dividing the Word of Truth* (New York: Fleming H. Revell, 1909).

의 종말』The Late Great Planet Earth의 저자 핼 린지Hal Lindsey가 책에서 제시한 전천년설 서사다.[22]

법정에서 재판을 하고 재심을 하기 위해서는 사건 기록에 대한 지식이 필요하다. 그리고 이 지식을 바탕으로 평결을 내려야 한다. 위에서 언급했듯 천국, 하늘과 관련된 복음에 대한 해석은 무수히 많고, 종말론 및 묵시론도 다채롭기 그지없다. 여기서는 하늘나라 소식을 어떻게 신뢰할 수 있느냐는 질문에 대한 응답으로 20세기에 등장한 네 가지 대표적인 방법을 살펴보도록 하겠다.

1. 천국 소식을 문자 그대로 듣는 방식

천국, 하늘 복음에 대한 초기 반응은 이 소식을 문자 그대로 받아들이거나 그러지 않는 것이었다. 두 경우 '문자 그대로'가 무엇을 의미하느냐에 따라 달라지겠지만, 신학사에서 '문자 그대로'의 의미는 우리가 흔히 사용할 때처럼 뜻이 명확하지 않다. 이 말은 '문자에 따라'라는 문구에서 나왔는데, 일반적으로 본문 안에 담긴 '영'spirit이 전달하는 암시적인 의미, 혹은 우의적 의미와는 달리 문자에서 명시적으로 드러나는, 평범하고 상식적인 의미를 뜻한다고 간주한다. 고대 호메로스의 신들에 관한 이야

22 Gershom Gorenberg, *The End Of Days: Fundamentalism and the Struggle for the Temple Mount* (Oxford: Oxford University Press, 2000), 55. Hal Lindsey, *The Late Great Planet Earth* (Grand Rapids: Zondervan Publishing House, 1970). 『대유성 지구의 종말』(생명의말씀사).

기를 해석하던 이들이 이른바 문자 그대로의 의미와 영적인 의미의 구분을 했으며 그리스도교 신학에서는 3세기 알렉산드리아의 오리게네스Origen of Alexandria가 이 구분을 본격적으로 사용했다.[23] 그의 영향 아래 중세 학자들은 성서 해석을 할 때면 늘 본문의 문자 그대로의 의미를 영에 따르는 윤리적 의미, 또는 우의적 의미와 대조하곤 했고, 표면에 있는 문자는 일이나 사건을 전한다고 여겼다.[24] 즉 문자는 사실을 전달한다고 본 것이다.

오늘날 성서 문자주의는 성서 본문에 담긴 모든 일을 역사에서 실제로 일어난 사건으로 가정한다. 분명 그리스도교 전통에서는 '문자 그대로의 의미'를 '역사적 의미'historical sense라 부르기도 했다. 그러나 이때 역사는 언제나 오늘날 사람들이 역사라고 부르는 조건에 부합하지는 않는다. 하지만 문자주의자들은 어떤 일이 일어났는지에 대한 성서의 보도가 그 정황과 무관하게 동일한, 단일한 의미의 사실을 전달하는 것이라고 여긴다. 그리고 이 사실은 맥락을 넘어 불변의 가치를 지닌 것으로 간주한다. 이를테면 창세기에서는 야곱이 꿈에서 천사들이 사다리를 오르내리는 모습을 보는데(창세 28:12), 이는 실제로 천사들이 사다리를 오간다는 뜻으로 봐야 한다는 식이다. 이 연장선에서 천국이

23 Origen, *On First Principles*, Bk. 4. 『원리론』(아카넷).

24 루터 주석의 중세적 배경을 이해하고 싶다면 빌헬름 파우크Wilhelm Pauck가 약술한 소개 글을 보길 바란다. Martin Luther, *Luther: Lectures on Romans*, The Library of Christian Classics, Vol.XV (Philadelphia: The Westminster Press, 1961), xxvii – xxviii. 『루터: 로마서 강의』(두란노).

온다는 소식이 참이 되려면, 그 소식은 허구가 아닌 역사적 사실이 되어야 한다고 문자주의자들은 생각한다. 이때 진리는 허구가 아니며 사실이다. 핼 린지는 성서에 담긴 예언들을 "반드시 역사에서 일어나는 일들에 대한 예언들"로 보고, 예언들에는 "당시의 청중이 받아들인 일반적인 의미"가 담겨 있으므로 "문자 그대로" 성취되리라고 말한다.[25] 그러한 면에서 문자주의자들에게 "반드시 역사에서 일어난다"는 생각은 천국에 관한 복음을 들은 과거 사람들에게나, 오늘날 이 소식을 듣는 사람들에게나 동일하게 적용되는 규범이다. 이러한 규범 아래 전천년주의자들은 1840~1841년 영국에서 '문자주의자'The Literalist라는 이름으로 일련의 출판물들을 펴냈고, 천국의 도래를 세계사에서 일어난 격변이나 사건으로 해석했다.[26] 그들에게 천국 복음이란 일정한 사실을 보고하고 예측하는 것이다. 여기서는 하늘나라가 이 땅에 와 "사라질 이 세상의 형체"를 대체하거나 폐지하리라는 말이 하늘에서 유성이 저 우주에서 날아와 지구를 멸망시킬 것이라는 말과 동일하다. 이처럼 문자주의자들은 "문자 그대로의 의미"를 "단일한 의미"로 여긴다. 이는 오늘날 대중에게도 가장 친숙한 성서 이해 방식일 것이다.

하지만 초기 그리스도교 신학자들은 "문자에 따른" 증언을 단일한 방식으로 이해해서는 안 된다는 점을 알고 있었다. 어떤

---

[25] Hal Lindsey, *The Late Great Planet Earth*, 10, 165.

[26] The Literalist, Vols.1~5 (Philadelphia: Orrin Rogers Publisher, 1840~1841).

증언은 비유, 약속, 혹은 은유로 이루어져 있으며 특정 상황이나 사건에 딱 들어맞지 않았기 때문이다.[27] "당신을 내 가슴에 담아 두겠습니다"라는 말은 가슴을 갈라 당신을 내 안에 넣겠다는 뜻이 아니다. 앞에서 언급한, 야곱이 꿈에서 본 사다리에서 천사가 오르내리는 모습은 실제로 천사가 사다리를 한 칸씩 올라갔다는 말이 아니다. 이런 성서의 표현 방식은 '문자를 따르지만' 사실을 있는 그대로 언급하는 게 아니다. 문자 그대로의 의미도 곱씹어야 하는 미묘한 어감이 있다. 명백한 사실을 언급하든, 은유를 빌려 이야기하든 '문자 그대로의 의미'를 파악하려면 저자의 의도를 알아야 한다. 그리고 이는 '문자 그대로의 의미'에 대한 또 다른 정의다. 즉 저자가 애초에 역사적 사실을 전하기보다는 은유, 유비, 비유, 혹은 우의를 전하려 했다면 그 의도와 방식대로 본문을 파악하는 것, 거기서 길어 올려지는 뜻이 '문자 그대로의 의미'다. 이 같은 맥락에서 토마스 아퀴나스Thomas Aquinas는 하느님이 하늘에서 오신다는 소식을 곧이곧대로 이해해야 한다는 생각을 거부했다.[28] 그는 그분의 오심을 제대로 설명하려면 본문에

[27] 보수적인 프린스턴 신학자 찰스 하지Charles Hodge는 성서 본문의 "명백한 역사적 의미"를 "그 시대와 그 말씀을 듣는 사람들이 붙인 의미"로 정의했다. 하지는 『문자주의자』The Literalist의 전천년주의 작가들이 "이 평이한 의미"를 단 하나의 "문자 그대로의 의미"와 동일시하고 있다고 비판한다. Charles Hodge, *Systematic Theology*, In Three Volumes, 1871~1873 (Grand Rapids: Wm. B. Eerdmans Publishing Company, 1986), Vol.1, 187, 그리고 Vol.3, 865~868.

[28] Thomas Aquinas, *Summa Theologiae*, 1A. 13, 15.

담긴 저자의 의도를 파악해야 한다고, 그러한 의미로서 성서의 '문자 그대로의 의미'에 충실해야 한다고 생각했다. 그런데 토마스 아퀴나스는 좀 더 나아가 성서가 우리에게 하느님의 가르침을 전하는 한, 그리하여 신앙을 세우는 한 우리는 성서의 궁극적인 저자는 하느님이라 고백해야 한다고 주장하기도 했다. 성서 본문이 하느님이라는 저자의 의도를 담고 있다면, 그 '문자 그대로의 의미'는 제한된 인식을 지닌 인간 저자의 의도를 넘어선다.[29] 같은 맥락에서 후대 해석자들은 성서 본문의 지향성tendency은 인간 저자가 본래 지니고 있던 의도로 환원될 수 없다고 이야기했다.[30] 이처럼 전통적인 그리스도교에서 천국에 관한 소식으로서의 '문자 그대로의 의미', 혹은 '평이한 의미'를 받아들인다는 것은 상황에 영향을 받지 않는 단일한 의미를 파악하는 것뿐 아니라 저자의 의도, 무엇보다 궁극적인 저자인 하느님이 당신의 가르침을 듣는 이들에게 의도하신 바가 무엇인지를 헤아려 보는 것을 의미했다.

'문자 그대로의 의미'가 지닌 세 번째 정의는 본문이나 담화가 고유한 맥락, 사고 규범 '안에서' 전달되는 뜻이라는 것이다. 모든 언어는 고유한 문법의 규칙을 준수함으로써 소통하고, 의미를 나눈다. 그러므로 천국에 관한 복음의 '문자 그대로의 의

---

29 앞의 책, 1A. 1, 10.

30 다음을 참조하라. Jürgen Moltmann, *Theology of Hope* (New York: Harper&Row, 1967), 242~243, 270. 『희망의 신학』(대한기독교서회).

미'는 그 독특한 화법에 녹아 있는, 본문 안에 있는 용례와 기호들이 상호 작용 하며 만들어 내는 의미다. 이 경우 '문자 그대로의 의미'는 사실에 부합하는지의 여부, 저자의 의도와 같은 본문 밖에 있는 요소에 종속되지 않는다.[31] 이러한 '문자 그대로의 의미'에 대해서는 나중에 사화saga를 다룰 때 좀 더 자세히 살펴보겠다.

근본주의, 혹은 문자주의를 내세우는 이가 신학 분야에만 있는 것은 아니다. 법학도 마찬가지다. 이른바 "완고한 구성주의자", 혹은 자신을 스스로 "본문주의자"라고 부른 미 대법원장 앤터닌 스컬리아Antonin Scalia는 그 대표적인 예다. 이들은 헌법의 문자 그대로의 의미만을 강조하며, 헌법이 상황의 변화에 따라 본연의 의미를 드러낸다고 여기고 이를 유연하게 해석하는 이들과 논쟁을 벌이곤 한다.[32]

천국, 하늘과 관련된 복음의 소식을 '문자 그대로' 받아들여야 한다는 입장의 가장 큰 문제점은 '문자 그대로의 의미'를 '단 하나의 의미'로 받아들인다는 점이다. '현대인으로서 우리는 하느님 나라가 하늘에서 땅으로 임해 이 세상을 폐허로 만들기를

---

31 다음을 보라. Frank McConnell(ed.), 'The 'Literal Reading' of Biblical Narrative in the Christian Tradition: Does it Stretchor Will it Break?', *The Bible and the Narrative Tradition* (New York: Oxford University Press, 1986), 36~77.

32 이 책과 비교해 보길 바란다. Antonin Scalia, *A Matter of Interpretation: Federal Courts and the Law* (New Jersey: Princeton University Press, 1997).

기다리지 않는다'고 말한 요하네스 바이스나 하느님이 이 세상을 폐허로 만들기를 기다리는 근본주의자들은 입장은 다르나 이 소식이 맥락이나 상황에 좌우되지 되지 않는 '단 하나의 의미'를 가정하고 있다는 점에서는 동일하다. 천국이 실제로 오냐 마냐에 대해서는 갑론을박을 벌이지만 정작 근본적인 질문, 복음이라는 틀에서 그러한 '사건'이 어떻게 들리는지를 놓치고 있는 셈이다.

하나의 뜻만을 고수하는 문자주의를 1장에서 제시한 하늘의 네 가지 소리와 비교해 보자. 하늘에 관한 증언은 네 가지 소리를 들려준다. 하늘이 하늘에서 땅으로 오시는 하느님의 길이며 사라질 형체로는 감히 담을 수 없는 나라이자 통치라면, 올 것과 사라질 것, 일어날 일과 이미 사라진 일이라는 묵시적 구분은 에른스트 트뢸치Ernst Troeltsch가 1898년 "역사적 사건들의 일의성"univocity of historical events이라 부른 것에 부합하지 않는다.[33] "이 세상의 풍조"(에페 2:2)는 하늘에서 땅으로 오는 하느님의 방향성을 따르지 않는다. 복음서를 기록한 이들의 말을 들어 보라. "때가 차고", 하늘이 땅으로 임하는 사건이 벌어진다면 이 사건은 어김없이 하늘이 땅에 충만한 사건이지 땅에서 비롯된 현상이 아니다. 마찬가지로 하늘을 여러 무리가 함께하는 창조된 공동체 혹은 '폴리테이아'로 듣는다면, 창조된 하늘과 이곳에 함께하

---

[33] Ernst Troeltsch, 'Historical and Dogmatic Method in Theology'(1898), *Religion in History* (Minneapolis: Fortress Press 1991), 17.

는 우리는 이 땅에, 이 땅에 있는 시공간이라는 조건에 예속되지 않음을 알 수 있다. 오히려 하늘에서 열린 시간과 공간이 도래하고 땅은 그 시간과 공간의 지배를 받는다. 복음은 이 땅에 임하는 하늘이 실제로 사라지는 모든 것을 앞지른다고 선포한다. 오늘날에도 이러한 소식이 들려온다면 이 땅과 이곳을 터 삼은 만민에게는 실로 천국처럼 들리지 않을까.

천국에 관한 소식에서 가장 특별한 점은 하느님이 하늘을 통해 당신의 압도적인 힘을 펼치시며 이로써 다스린다는 것이다. 복음은 천국과 지옥을 동등하게 보지 않는다. 성서는 하늘과 땅이 모두 하느님의 피조물이라고, 하늘 아래 땅이 있다고 말한다. 그리고 다가올 천국의 열쇠를 얻기 전에 구원이 임하고 지옥이 무력해진다고 이야기한다(마태 16:18~19 참조). 많은 사람은 자신이 내린 결단에 따라 천국에 갈 수도, 지옥에 갈 수도 있는 것처럼 이야기한다. 선택에 따라 달라지는 죽음 이후의 상태로 여기는 것이다. 하지만 이와 달리 사람들이 세상에 닥쳐올 일들을 예상하고 무서워서 기절할 때, 하늘의 세력들이 흔들릴 때 예수는 말한다.

> 너희의 머리를 들어라. 너희의 구원이 가까워지고 있기 때문이다. (루가 21:28)

그리스도께서 하늘에서 오실 때 일어나는 일은 헬 린지의 문자주의가 제안하듯 "수소 폭탄이 폭발하는 가운데 불타버릴 것들에게 일어날 일"이 아니다.[34] '하나의 뜻'에 집착하는 문자주의가 보는 바와 달리, 일어나는 일과 사라지는 일은 같은 층위에서 일어나는 일이 아니다. 일어날 사건으로서 천국은 심판과 희망의 형태를 띠고 사라지는 모든 것을 기습한다. 바울은 주님이 하늘에서 땅으로 강림할 때 이러한 일이 일어날 것이라고 이야기한다.

> 주님께서 오실 때까지 살아남아 있는 우리가, 이미 잠든 사람들보다 결코 앞서지 못할 것입니다. 주님께서 호령과 천사장의 소리와 하느님의 나팔 소리와 함께 친히 하늘로부터 내려오실 것이니, 그리스도 안에서 죽은 사람들이 먼저 일어나고, 그 다음에 살아남아 있는 우리가 그들과 함께 구름 속으로 이끌려 올라가서, 공중에서 주님을 영접할 것입니다. 이리하여 우리가 항상 주님과 함께 있을 것입니다. (1데살 4:15~17)

여기서 남겨진 사람들의 휴거에 대한 언급은 전혀 나와 있지 않다. 이처럼 천국 소식을 문맥과 상관없이, 불변하는 문자 그대로의 의미로 받아들이는 방식은 신뢰하기가 어려운 데다가 복음의 내용과도 맞지 않는다.

---

[34] Hal Lindsey, *The Late Great Planet Earth*, 164.

2. 천국 소식을 신화로 듣는 방식

한 뜻을 고수하는 문자주의에 대한 대안 중 20세기에 가장 널리 받아들여진 입장은 천국과 관련된 복음을 신화로 보자는 입장이었다. 하지만 첫 번째 입장에서 '문자 그대로의 의미'가 뜻하는 바가 생각보다 분명하지 않듯, 두 번째 입장에서 이야기하는 '신화'의 의미도 생각만큼 명확하지 않다. 대다수 현대 신학자는 하나의 뜻을 고수하는 문자주의에 반대한다는 점에서는 의견을 모으지만, 하늘의 소식을 전하는 데 신화가 필요한지에 대해서는 의견이 갈린다. 이와 관련해 가장 영향력 있는 사람을 꼽으라면 루돌프 불트만과 폴 틸리히Paul Tillich를 들 수 있을 것이다. 하지만 불트만은 신화가 부정적인 역할을 한다고 주장한 반면 틸리히는 긍정적인 역할이 크다고 주장했으니, 둘은 상반된 제안을 한 셈이다.[35]

고대 그리스에서 신화를 뜻하는 뮈토스μῦθος는 신들에 관한 최초의 이야기를 뜻했다. 철학자들은 이 이야기에서 신인동형론의 면모를 축소하면서 좀 더 합리적이고 신뢰할 수 있는 보편 원리를 추출하려 했다. 이를테면 아리스토텔레스는 넥타르(불로不

---

[35] 현대 신화에 대한 이러한 논의의 선례는 슈트라우스David Friedrich Strauss(1808~1874)로 거슬러 올라간다. 슈바이처는 슈트라우스 "이전에는 신화의 개념이 제대로 이해되지도 일관되게 적용되지도 않았다"고 말했다. 다음을 보라. Albert Schweitzer, *The Quest of the Historical Jesus* (New York: The Macmillan Company, 1959), 78. 이 용어에 대한 근대의 용례에 대해서는 다음의 저서를 참조하라. Gary Dorrien, *The Word as True Myth: Interpreting Modern Theology* (Louisville: Westminster John Knox Press, 1997).

老를 가능케 하는 신들의 음료)와 암브로시아(불사不死를 가능케 하는 신들의 음식) 이야기를 가리킬 때 '신학'이라는 단어를 사용했으며 헤시오도스Hesiod와 같은 시인들은 불멸의 존재를 특징짓는 이야기(신화)와 사물의 궁극적 본질을 추론하는, 인과관계를 다루는 최상의 이론(형이상학)에 대해 이야기할 때 '신학'이라는 단어를 썼다.[36] 17세기, 본문에 대한 역사비평이 등장하면서 '신화'라는 말은 점점 역사적으로 사실이 아닌 성서 이야기를 가리키는 말로 쓰였다. 학자들은 이 땅의 시공간에 명확히 자리 잡고 있지 않은 성서 속 모든 사건을 신화로 분류했다. 그리고 여기에는 하느님께서 활동하셨다는 보도, 하늘에서 무언가가 일어났다는 보도 역시 포함되었다. 이러한 관점에서 하느님이 천지를 창조하셨다는 창세기의 기록은 신화이며, 새로운 나라가 이 땅에 임한다는 이야기 역시 당연히 신화로 간주된다. 그리스도교 신경의 대다수 진술도 마찬가지다. 이러한 관점에서 신경에서 역사로 입증이 가능한 유일한 내용, 그러므로 신화가 아닌 유일한 진술은 예수가 본티오 빌라도에게 고난을 받았다는 부분뿐이다.

양식비평은 구약과 신약의 담화들에, 이들과 상호 병행하면서 한편으로는 이 담화들이 유래한 고대 문화의 신화적 표현들 사이에 유사성이 있음을 밝혀냈다. 가령 복음서에 들어 있는 초기 선포kerygma를 보자. 1941년 불트만이 말했듯 이 양식은 1세기

36 Aristotle, *Metaphysics*, Bk. B 1000a 9, Bk. E 1026a 10~20, Bk. K 1064b 3. 『아리스토텔레스의 형이상학』(서광사).

중동 지역에 널리 퍼져 있던 유대 묵시 문학과 영지주의 구원 신화를 반영한다.[37] 두 세계관이 깊이 배어 있는 성서의 양식은 천국과 관련된 복음을 대상화된 우주 곧 삼층 세계관에서 최상층에 해당하는 영역으로 밀어 넣기 때문에 그 소식의 진면모를 왜곡한다고 그는 판단했다. 불트만에 따르면, 선포는 청중에게 '당신은 우주의 방관자가 아니라 살아있는 주체이니 하늘을 대상화하면서 얻는 거짓 안정감을 버리고 "저 너머 미지의 세계에 계신 하느님께 참된 안정을 구하라'"고 호소한다.[38] 그에게 인격의 결단을 내리고 새로운 자기 이해로 투신하라는 복음의 요청은 객관적 세계관에 단순히 동의하는 것과는 전혀 다른 차원의 참여를 요구하는 것이었다. 그러므로 불트만은 "신화는 우주론으로 해석하기보다는 인간학으로, 더 나아가 실존적으로 해석해야 한다"고 주장한다.[39] 하늘 소식의 내용은 문자 그대로 순수한 역사적 사실은 아니라 할지라도 "삶에 관한 진실", 인격적인, 혹은 실존적인 의미에서 가장 역사적인 진리를 담고 있다. 이것이 바로 선포에 담긴 실존적 진리다. 초기 그리스도교는 이 선포를 우주를 대상화한 신화적 세계관과 이 세계관에 바탕을 둔 대상화된 우주론으로 형식화했고, 그 결과 복음은 오늘날 살아 있는 주체로서의 청중에게 가려져 있다. 그러므로 복음의 참된 내용, 진

---

37 Hans Werner Bartsch(ed.), *Kerygma and Myth* (London: SPCK, 1960), 3.

38 Rudolf Bultmann, *Jesus Christ and Mythology*, 40.

39 Hans Werner Bartsch(ed.), *Kerygma and Myth*, 10.

정한 천국과 하늘에 관한 소식을 듣기 위해서는 복음과 복음의 형식을 구별해야, 불트만의 가장 유명한 용어를 빌려 말하면 복음의 메시지를 "탈신화화"해야 한다.

오늘날에도 탈신화화를 옹호하는 이들은 크게 세 가지 측면에서 탈신화화의 중요성을 강조한다. 우선, 탈신화화는 성서 본문이 '문자 그대로의 의미', 달리 말하면 단 하나의 뜻만을 지니고 있다는 입장에서 벗어나야 한다고 이야기한다는 측면에서 '탈문자화'deliteralize를 뜻한다. 이 부분에서 불트만과 틸리히는 의견을 같이한다. 이 관점에서 1세기 우주 신화의 형태로 표현된 천국에 관한 복음을 표현된 그대로 받아들이는 건 이 소식의 진면모를 착각하는 것이다.

둘째, 탈문자화는 천국과 하늘에 관한 복음을 신화로 대상화된 세계관에서 끌어내 대상화될 수 없는 인격적 실존에 대한 자기 이해로, 다시 말하면 우주론적 사건에서 실존적 사건으로 다시 써내는 행위를 요구한다. 신화는 하늘과 땅 아래 있는 지옥, 그 사이에 있는 평평한 땅이 있다는 삼층 구조를 통해 복음을 우주론적 사건으로 대상화, 시각화해 놓았다. 그러므로 이제 이 소식은 실존적인 사건으로 일어나 청중 개개인이 새로운 존재 방식과 자기 이해를 갖춘 주체로서 사건에 참여할 때만 그 진면모를 드러낸다. 천국과 하늘에 관한 소식을 다시 기술해야 한다는 주장에도 틸리히와 불트만은 의견을 같이하지만, 실존적 사건의 범위에 있어서는 의견을 달리한다. 틸리히가 표방하는 실존주의는 그리스도교 교리 전체를 체계적으로 해석하는 가운데 하느님과 피조물의 존재에 대한 상징적 기술로서 존재론을 허용하는 반면, 불트만은 그러한 체계적, 상징적 해석의 필요성을 거부하고 오직 개인 실존의 자기 이해에만 집중하며, 하느님의 활동에 대한 설명은 하느님과 인간의 인격적 만남에 대한 유비로만 제한한다.[40] 불트만에게 하느님이 하늘에서 임하신다는 말은 실존적인 의미에서 이렇게 기술해야 한다.

> 나는 예수 그리스도의 현존에 관한 소식을 들은 사람입니다. 나는 다른 무엇보다 "하늘에서 오시는"(요한 3:31) 이 말씀이 나와 함께함을 믿습니다. 그렇게 그분은 나를 부르셨고, 나란 그런 존재이며 인격으로서 이에 응답해야 함을, 그렇게 부름받았음을 믿습니다.

세 번째는 하늘의 도래에 관한 복음에 신화의 형식이 필요한가에 관한 문제인데, 여기서 불트만과 틸리히는 확실히 의견이 갈린다. 불트만은 자신의 목표가 "신화적 진술들을 제거하는 게 아니라 해석하는 것"이라고 주장하지만, 탈문자화를 거쳐 재기술을 하는 과정에서 신화적 진술은 죄다 버려도 무방한 껍데기로 전락하고 만다.[41] 불트만은 말한다.

---

[40] Rudolf Bultmann, *Jesus Christ and Mythology*, 68~70.

[41] 앞의 책, 18.

나는 그 본래 의미에서 신화를 없앨 뿐만 아니라 반드시 그렇게 해야 한다고 생각한다.[42]

이와 달리 틸리히는 탈문자화된 신화는 종교적 상징의 모판 역할을 하는, "궁극적인 것을 표현하게 해주는" 유일한 언어를 제공하기 때문에 반드시 필요하다고 보았다.[43] 그의 말을 빌리면, "성스러움에 대한 체험"은 "결코 거부해서는 안 되는" 중요한 현상이며 이 체험을 기술할 때 신화는 상징적 표현으로서 반드시 필요한 "수단"이다.[44]

천국과 하늘에 관한 복음의 의미를 실존적인 차원에서 재기술하는 것, 우주론적인 사건으로 대상화하는 것에서 벗어나 이

---

42 Hans Werner Bartsch(ed.), 'A Reply to the Theses of J.Schniewind', *Kerygma and Myth*, 102~103. 독어 원본은 다음과 같다. Rudolf Bultmann, *Kerygma Und Mythos* (Hamburg: Reich&Heidrich—Evangelisher Verlag, 1948), 135. "우리가 신화를 피할 수 있는가"라는 슈니빈트Schniewind의 질문에 불트만은 "신화 없이도 나아갈 수 있으며 신화 없이 나아가야만 한다"고 답한다. 이후 불트만의 생각을 알아보기 위해서는 다음을 참조하라. Rudolf Bultmann, *Jesus Christ and Mythology*, 68. 여기서 그는 틸리히를 직접 언급하지는 않지만 "하느님을 행위자로 말하는 것이 반드시 상징이나 심상으로 말하는 것을 의미하는 것은 아니다"라는 발언은 틸리히를 의식한 발언으로 볼 수 있다. 이와 관련해 불트만이 철학자 칼 야스퍼스Karl Jaspers와 나눈 서신에 주목하라. Karl Jaspers, Rudolf Bultmann, *Myth and Christianity: an Inquiry into the Possibility of Religion without Myth* (New York: The Noonday Press, 1958).

43 Paul Tillich, *Dynamics of Faith* (New York: Harper & Brothers, 1957), 41. 『믿음의 역동성』(그루터기하우스).

44 Paul Tillich, *Systematic Theology*, Vol.2 (Chicago: University of Chicago Press, 1957), 152. 『조직신학』(새물결플러스).

를 인간학적, 인격적인 사건으로 해석해 내는 것은 더 넓은 정치 세계, 사회를 무시한 채 '나'라는 관점으로만 복음을 이해한다는 비난을 받았다.[45] 물론 불트만도, 틸리히도 실존적인 사건을 순전히 주관적인 사건으로 보지는 않았다. (불트만은 선포로, 틸리히는 상징화로 보았던) 천국 소식은 우리 주관성의 산물이 아니며, 그렇기에 우리는 이를 창조할 수도, 통제할 수도 없기 때문이다. 그러나 둘 모두 천국 복음이 전하는 소리, 즉 하늘의 도래는 우주적 사건이자 정치적 격변이며 하느님께서 임하시는 가운데 하늘 역시 피조된 세계임이 드러나고, 그 나라는 공동체이며, 이제 그 나라가 임박했다는 소리를 거부하거나 도외시한다.

불트만에게 천국이나 하늘을 우주나 정치의 관점으로 보는 것은 하느님의 활동을 선포하는 소식을 잘못 이해하는 것이었다.[46] 틸리히 역시 "하느님이 하늘에 계신다"라는 말은 그분이 특별한 장소에 "거주한다"는, 그래서 올라가고 내려올 수 있다는 그런 뜻이 아니라 하느님이 "피조물과는 질적으로 다르다"라는 뜻이라고 이야기했다.[47] 천국, 하늘을 공간으로 그리는 신화를 머금고 있는 복음을 탈문자화해 듣고 재구성한다면 결국 이

---

[45] 불트만과 20세기 후반 불트만을 두고 이루어진 비평들을 분석한 저서 중에는 이 책이 가장 탁월하다. James F. Kay, *Christus Praesens: A Reconsideration of Rudolf Bultmann's Christology* (Grand Rapids: William B. Eerdmans Publishing Company, 1994).

[46] Rudolf Bultmann, *Jesus Christ and Mythology*, 69~70.

[47] Paul Tillich, *Systematic Theology*, Vol.1 (Chicago: University of Chicago Press, 1951), 277.

는 무언가를 경험한 "상태"state, 복을 누릴 수 있는 "기반"basis을 가리키는 상징이라고 그는 보았다.[48] 이 점에서 틸리히는 불트만과는 다르다. 그는 탈문자화된 신화는 궁극적인 것에 대한 상징이기에 반드시 필요하다고 여겼고, 그 덕분에 성서의 증언이 지닌 거대한 측면, 개인의 실존, '자아' 너머 더 넓은 사회와 세계와 연관시키는 측면에 귀 기울일 수 있었다. 이는 그의 『조직신학』Systematic Theology 3권 중 '하느님 나라'에 대한 논의에서 분명하게 드러난다. 여기서 틸리히는 "후대 사람들은 묵시 문학이 신화적 상상력을 통해 자신들의 역사적 실존을 묘사하고 있음을 깨달았다"고 말하며, 여기에는 "역사 안에서 그리스도 예수의 출현"도 포함된다고 말한다.[49] 이 3권에서 그는 탈문자화된 종말 신화를 긍정적으로 유지함으로써 하늘나라를 실존적 상징으로 규정하면서도 현세와 분리된 어떤 초월적이고 정적인 상태로 보기를 거부했다. 틸리히에게 하늘나라는 "주의 기도에서처럼 이 땅에 도래할 역동적인 힘", "교회와 제국 양 진영에서 횡행하는 마성적 세력들에 대항하는" 힘이다.[50] 그렇다면 여기서 물어야 한다. "묵시 문학이 신화적 상상"을 통해 묘사한 것을 실존적 상

---

[48] Paul Tillich, *Systematic Theology*, Vol.3 (Chicago: University of Chicago Press, 1963), 418~419.

[49] 앞의 책, 360~361.

[50] 앞의 책, 356. 이 발언은 『조직신학』 다른 곳에서 다양하게 등장하는 하늘 담론(이를테면 하늘의 신학적 속성(vol.1, 277)과 지복의 상태(vol.3, 418))을 보완한다.

징주의로 재기술하려 한 틸리히의 방법은 하늘의 도래에 관한 복음의 증언, 그 안에 담긴 서사와 약속을 적절하게 반영하고 있는가?

이렇게 결론 내릴 수 있다. 불트만과 틸리히는 서로 입장이 다르지만, 둘 다 천국, 하늘에 관한 복음의 참된 내용을 들으려면 이를 (설령 과도기 단계라 할지라도) 신화로 인식해야 한다고 보았다. 하늘의 도래, 피조물로서의 하늘, 공동체, 하느님이 통치하는 나라에 대한 성서의 내용은 종종 큰 우주론이라는 그림 아래 이 땅의 시공간을 활용한 화법으로 표현되기는 하나, 그들이 볼 때 하늘(나라)은 이 땅 위에서 이 땅의 삶에 다가온다. 그러므로 우주론처럼 표현된 부분들은 문자주의자들이 그랬듯 단 하나의 의미만을 지닌 것으로 곧이곧대로 받아들여서는 안 되며 우리 실존의 상황, 우리 존재 방식에 맞게 탈문자화되고 재기술되어야 한다.

그러나 이러한 재기술은 진정한 삶의 조건들이 무엇인지를 이야기하는 하늘의 소식에 또 다른 틀을 끼워 넣는 것 아닌가?[51]

---

51 이 물음에 대한 불트만의 관심과 하이데거의 실존 철학에 대한 관점을 보려면 다음을 보라. 1956년에 나온 Schubert M. Ogden(ed.), 'Autobiographical Reflections'(1956), 'Is Exegesis Without Presuppositions Possible?'(1957), *Existence and Faith: Shorter Writings of Rudolf Bultmann*, 283~296. 앞서 1941년 그는 "철학자들도 신약성서와 비슷한 이야기를 말했지만, 그들은 성서와 무관하게 이를 말했다"고 주장함으로써 신약성서 해석에 하이데거의 범주를 도입했다는 비난에 맞섰다. Hans Werner Bartsch(ed.), *Kerygma and Myth*, 25.

앞에서 언급했듯 고대 그리스 철학자들은 하늘에서 일어난 일에 대한 이야기를 현실(이 경우 세계의 현실이 아니라 실존적 현실)을 해석하는 일반 원칙으로 바꾸곤 했다. 불트만과 틸리히가 진행한 작업은 결국 이런 고대 그리스 철학의 현대적 변형은 아닐까? 하늘나라에 관한 소식 자체보다 상황을 토대 삼은 원리에 기대는 게 온당한 일일까? 간단히 말해, 실존적 존재론, 혹은 우리가 누구인지, 그 존재 방식에 대한 일정한 가정이 복음의 묵시적 내용에서 무엇을 들어야 하는지를 설정하는 건 아닌가? 바로 이러한 물음 아래 20세기에는 천국, 하늘에 관한 성서의 증언을 신화, 그리고 단 하나의 뜻만이 있다고 가정하는 문자주의와 구분하려는 시도가 등장했다.

3. 천국 소식을 사화로 듣는 방식

이 세 번째 입장을 대표하는 신학자는 칼 바르트다. 그는 대작 『교회교의학』Church Dogmatics에서 천국, 하늘과 관련된 성서의 증언에 커다란 관심을 보인다. 그는 천국, 하늘과 관련된 성서의 증언을 문자주의자처럼 단 하나의 뜻을 지닌 역사적 사실로 받아들인다거나 탈신화화할 신화로 받아들이는 것 모두를 거부하고 '사화'(때로는 설화legend라고 부르기도 한다)로 보자고 제안한다. 그에 따르면, "사화 개념은 '역사'뿐만 아니라 신화와도 반드시 구별되어야 한다".[52] 특별히 역사라는 말에 작은따옴표를 붙인 이유는 그가 역사를 두 가지 뜻으로 사용하기 때문이다. 저 문장에서 역사는 우리가 흔히 역사적 사실historical fact이라고 말할 때의 역사, 검증가능한 일반 역사를 가리킨다. 이와 달리 그는 특별한 사건Geschichte이 빚어내는 고유한 역사를 말할 때는 사화라는 말을 쓴다.

왜 굳이 그렇게 했을까? 바르트가 보기에 성서 본문을 사실로 여기는 문자 그대로의 해석과 탈신화화 해석은 차이점에도 불구하고 천국, 하늘에 관한 소식을 하늘의 도래라는 새로운 현실에 의지하지 않은 채 자신들의 어법으로 번역했기 때문이다. 첫 번째 어법은 세계사world history다. 트뢸치가 강조했듯 이 어법은 서로 유사하거나 단일한 유비 관계를 맺고 있는 사건들만을 실제로 일어난 일로 간주한다. 이런 이해 방식에 맞서 바르트는 일반적인 "성서의 언어 사용"을 고려해서는, "세계사에 널리 알려진 사건들"을 유비로 활용해서는 하늘의 의미를 도출할 수 없다고 이야기한다.[53]

또 다른 어법은 철학자들이 진행하는 실존의 현상학, 혹은 존재론에 기댄 실존에 관한 이론이다. 이 어법은 탈신화화에서 잘

---

[52] Karl Barth, *Church Dogmatics*, III,1, *The Doctrine of Creation* (Edinburgh: T.&T. Clark, 1958), 84, 91.

[53] 앞의 책, 11. 그리고 다음을 참조하라. Karl Barth, *Church Dogmatics*, III,3, *The Doctrine of Creation* (Edinburgh: T.&T. Clark, 1960), 374.

드러나는데, 바르트에 따르면 이 어법에 기댄 해석은 천국, 혹은 하늘을 "자연적, 혹은 영적 우주", 곧 우주론적 현상이나 실존적 현상에 적용할 수 있는 일반 원리로 재기술한다. 그러나 그는 성서는 그런 방식으로 의미를 끌어내지 않는다며 반대한다.[54] 바르트는 말한다.

> 자연에 현존하는 현실에서 일어나는 사건들만이 역사적일 수 있다. 그러나 이 시점에서 우리가 다루는 사건들은 자연의 비존재와 존재의 경계에서 일어나는 사건들이다. 그러한 사건들을 설명하려 한다면, 그 방식은 분명 '역사적'historical일 수 없다.[55]

성서가 천지가 창조되었고 천국이 매개자 천사와 함께 하느님이 통치하는 나라로서 이 땅에 임한다고 말할 때, 우리가 듣는 사건은 역사가 그러하듯 시공간에서 일어나는 현상과 관련이 있지만, 동시에 자연 질서에 따라 측정 가능한 사실적 사건에 매이지

---

[54] Karl Barth, *Church Dogmatics*, III,1, *The Doctrine of Creation*, 84. 바르트와 불트만이 천국 및 하늘과 관련된 신화의 역할에 대해 서로의 입장을 정확히 이해했는지는 40년이 넘도록 서신 교환을 했음에도 불구하고 논쟁의 대상으로 남아있다. 바르트는 둘의 사이는 소통할 수 없는 고래와 코끼리 같은 사이라고 결론 내렸다. 다음을 보라. Bernd Jaspert(ed.), *Karl Barth—Rudolf Bultmann: Letters, 1922-1966* (Grand Rapids: William B. Eerdmans Publishing Company, 1981), 105. 훗날 바르트는 에밀 브룬너Emil Brunner와의 입장 차이를 설명할 때도 이 은유를 사용했다.

[55] 앞의 책, 80~81.

않는다. 그러나 그렇다고 해서 이를 신화로 보는 건 만족스럽지 못한 대안이라고 바르트는 말한다. 자연적 존재와 비존재의 "경계에서 일어나는 사건"이 우주적 의미이든 실존적 의미이든 이 소식의 참된 가치를 전달하기에 신화는 역부족이다. 신화는 이 소식이 실제로 역사를 빚어낸다는 구체성을 결여하고 있기 때문이다. 달리 말하면, 신화는 역사를 '빚어내는 소식'을 '역사에 이미 존재하는 사례'로 일반화한다. 역사적인 일의성에 집착하는 문자주의나 신화라는 틀로 하늘과 관련된 복음을 번역하려는 시도는 결국 새 창조의 언어로 빚어진, 하늘이 도래한다는 성서의 선포를 무시하고 바울이 말한 "사라질 이 세상의 형체"로 만들어 버린다. 양쪽 모두 자신의 언어로 복음을 번역하다 복음의 핵심을 상실하는 것이다. 그래서 바르트는 이렇게 결론 내린다.

> 우리의 과제는 사화나 설화를 검증 가능한 역사Historie로 번역하는 것이 아니다. 오히려 우리의 과제는 (어떤 언어로든) 사화나 설화 자체를 되풀이하는 것, 이러한 방식의 설명들이 그리고 있는 역사Geschichte에 상응하도록 그 형태를 갱신하는 것이다.[56]

"역사"의 두 가지 뜻에 주목해야 한다.

더 간단하게 말해보자. 바르트가 '사화'라는 용어를 선호한

---

[56] Karl Barth, *Church Dogmatics*, III,3, *The Doctrine of Creation*, 375.

이유는 이 용어가 하늘 이야기가 가리키는 사건들과 잘 조응하는 언어 형식을 드러낸다고 보았기 때문이다. 성서 속 하늘 이야기들은 신화나 동화처럼 교훈을 추출할 수 있는 일반적인 생각이 아닌, 고유한 방식으로 수행되고 발발하는 특정 사건에 대해 이야기하기 때문에 역사처럼 들린다. 그러나 동시에, 이 사건들은 창조에 관한 이야기든, 하늘에서 하느님 나라가 온다는 선포든 피조 세계에서 일어나는 다른 현상들에 앞서 일어나고, 우선권을 가진 것으로 묘사되고 있는 한, 일반적인 세계사나 자연과학의 영역에서 검증할 수 있는 대상이 아니게 된다. 이 같은 맥락에서 바르트는 성서의 사화는 역사의 "선역사적 현실"pre-historical reality을 표현하고 있다고 말한다.[57] 바르트에 앞서 프란츠 오버베크는 복음에 담긴 원역사Urgeschichte를 오늘날의 세계사Weltgeschichte와 구별한 바 있다. 바르트는 이 원역사, 그의 표현을 빌리면 사화에 훨씬 풍성한 서사narrative가 있다고 생각한다. 이 같은 맥락에서 그는 말했다.

> 성서에 담긴 역사 전체는 대부분 사화나 설화로 전환된다. 천사들은 이 점을 명확히 보여준다.

[57] Karl Barth, *Church Dogmatics*, III,1, *The Doctrine of Creation*, 81. 원문에서 바르트는 "선역사적인 역사적 현실성"praehistorischen Geschichtswirklichkeit이라고 말한다.

곧이어 바르트는 이런 말을 덧붙인다.

> 그렇다고 우리가 빨간 모자 소녀와 할머니와 늑대, 어린 아기를 데려다 주는 황새, 마치 헤어the March hare(루이스 캐럴Lewis Carroll의 『이상한 나라의 앨리스』Alice in Wonderland에 등장하는 토끼), 산타클로스가 있는 영역에 속해 있다는 뜻은 아니다.[58]

사화의 유일회적 의미가 일어나려면 성서 증언의 이모저모를 지속해서 따라가고 거기에 매달려야만 하며 사화만의 고유한 용례와 내용을 본문 밖에 있는 어법으로 바꾸지 않아야 한다. 바르트가 보기에 신화나 우화와 달리 사화의 내용은 그 형식과 분리될 수 없다. 본문이나 담론이 고유한 맥락, 참조틀을 지니고 있고, 그 안에서 소통하는 가운데 그 의미를 파악할 수 있다고 본다는 점에서 바르트의 사화 이해는 앞서 언급한 '문자 그대로의 의미' 중 세 번째 정의와 유사한 측면이 있다.

독일어 '게쉬히테'Geschichte는 '역사'history, 또는 '이야기'story로 번역할 수 있기에 이후 영어권에서는 바르트가 사화에 부여한 의미를 논의할 때면 "역사 같은 이야기"history-like story나 "현실에 바탕을 둔 서사"realistic narrative라는 표현을 즐겨 사용했다. 이와 관련해 가장 영향력 있는 저서는 한스 프라이Hans Frei의 『성서 서사

---

[58] Karl Barth, *Church Dogmatics*, III,3, *The Doctrine of Creation*, 376.

의 상실』The Eclipse of Biblical Narrative이다.

프라이의 연구는 서사가 주제의 "정체성을 드러낸다"는 생각에 기초하고 있다. 이 위에서 그는 문예 비평 이론을 활용해 앞에서 언급한 세 번째 '문자 그대로의 의미'에 대한 정의, 본문 안의 의미라는 면에서 '문자 그대로의 의미'를 회복하는 데 초점을 맞춘다.[59] 프라이의 경우에는 천국, 하늘이 아닌 예수 그리스도의 정체성을 드러내는 데 관심을 집중하지만, 그의 획일적인 문자주의나 신화에 대한 비판은 바르트의 비판과 꽤 유사하다.[60]

이를테면, 예수가 악에 승리를 거두었다는 소식을 듣는다 해도 우리는 예수의 인격을 결코 파악할 수 없다는, 누구도 그를 "개념적으로 파악하거나 통제"할 수 없다는, "그 은총과 승리"를 "어떤 논리적 원리"로 파악할 수 없다는 바르트의 주장은 사화에 대한 그의 정의와 일치한다.

> '예수'를 말하기 위해서는 반드시 그의 이야기Geschichte를 말해야 한다.

---

[59] 다음을 보라. Hans Frei, *The Eclipse of Biblical Narrative: A Study in Eighteenth and Nineteenth Century Hermeneutics* (NewHaven: Yale University Press, 1974). 『성서 내러티브의 상실』(감은사). 그리고 다음을 보라. Frank McConnell(ed.), "The 'Literal Reading' of Biblical Narrative in the Christian Tradition: Does It Stretch or Will It Break?', *The Bible And The Narrative Tradition* (New York: Oxford University Press,1986), 36~77.

[60] 다음을 보라. Hans Frei, *The Identity of Jesus Christ: The Hermeneutical Bases of Dogmatic Theology* (Minneapolis: Fortress Press, 1975).

여기서 '이야기'는 검증 가능한 세계사가 아니라 "그의 역사, 곧 그가 누구이며 무엇을 했는지를 보여주는 이야기"다.[61] 이것이 바르트 진술의 특징이다. 여기서 '게쉬히테'Geschichte를 "이야기"story나 "인생-이야기"life-story로 번역하면 프라이의 핵심어인 현실에 바탕을 둔 서사도 이 안에 들어간다고 할 수 있다. 현실에 바탕을 둔 서사의 목적은 그 서사의 주제, 혹은 대상의 정체성을 표현하는 데 있기 때문이다. 그렇다면 위에서 언급한 바르트의 문장은 이렇게 풀 수 있다.

> '예수'를 말하기 위해서는 그의 삶에 대한 이야기, 그가 누구이고, 무슨 일을 했는지를 다루는 인생 이야기를 말해야 한다.

관련된 사건들을 따라가야만 그 의미를 알 수 있는 주제에는 서사가 필요하다. 그런 상황에서 서사는 다른 어법으로 바꾸거나 재기술하기 어려운 방식으로 정체성을 묘사한다. 현실주의에 기초한 소설이든 성서든, 이야기는 일정한 질서를 부여하는 방식으로 주제를 실현하고 본문 안에서 의미를 구축한다. 이는 사실로서의 역사든, 신화든 본문 외부에서 의미를 도출하는 방식이 아니다. 프라이는 말한다.

---

[61] Karl Barth, *Church Dogmatics*, IV,3, First Half, *The Doctrine of Reconciliation* (Edinburgh: T .&T.Clark, 1961), 176, 179. 또한, 여기를 참조하라. Karl Barth, *Church Dogmatics*, IV,3, First Half, 201, 205.

(서사에서) 이야기는 곧 의미다. 우화나 신화처럼 이야기를 통해 무언가를 설명하는 것이 아니다. 달리 말하면 의미는 이야기 형식에서 나온다고 해도 과언은 아니다.[62]

사화 혹은 역사 같은 현실에 바탕을 둔 서사라는 관점으로 1장에서 언급한 천국, 하늘과 관련된 소식을 바라본다면, 우리가 이 소식에서 어떤 의미를 추출하는 것이 아니라 이 소식이 의미를 빚어 냄을 알 수 있다. 즉 천국, 하늘과 관련해 울려 퍼지는 복음은 복음이 사라지리라 선포하는 이 세상의 형체를 빌려 자신이 진리라고 주장하지 않으며 그런 방식으로 의미를 전하지도 않는다. 이 제안에 따르면, 창조 이야기는 우주의 기원에 대한 과학적 설명이 아니며 우리 곁에 가까이 와 있다고 선포된 하늘나라 역시 사실을 열거하는 세계사의 자료가 아니다. 또한, 창조 이야기와 하늘나라 이야기 모두 단순히 개인이 의식으로 경험한 어떤 상태를 기록한 것도 아니다. 물론 우리는 또다시 검토해야 한다. 하늘이 임했다는 소식이 사화이며 역사를 담아낸 이야기라면 그 서사는 과연 신뢰할 만한가? 이런 이야기는 결국 천국 및 하늘과 관련된 소식이 허구임을 돌려 말하는 게 아닐까? 바르트가 말했듯 "이러한 방식의 설명들이 그리고 있는 역사Geschichte에 상응하는 형식"은 그 서사의 의미 이상은 허용하지 않는 것

[62] Hans Frei, *The Eclipse of Biblical Narrative*, 280.

일까?[63] 달리 말하면 교의학에서 이런 논의는 어떤 의미를 지니게 되는 것일까? 20세기 말 천국과 하늘과 관련된 복음을 논의한 학자들이 고민한 주제는 바로 이것이며, 그 결과 하늘에 관한 소식을 약속으로 보자는 제안이 등장했다.

4. 천국 소식을 약속으로 듣는 방식

1960년대 중반부터 부상한 '희망의 신학'은 새롭고도 도발적인 신학이었다. 이 신학은 성서 속 묵시와 종말론에 담긴 약속이 어떤 의미인지에 관심을 기울였다. 이 운동을 대표하는 신학자 중에서 가장 널리 알려진 사람은 위르겐 몰트만Jurgen Moltmann인데, 대표적인 저술로는 『희망의 신학』Theology of Hope과 1968년 4월 듀크 대학교 강연문인 「종말론으로서의 신학」Theology as Eschatology이 있다. 이 저술들을 기점으로 20세기가 저물 무렵까지 전 교회를 아우르는 국제적인 논의가 시작되었다.[64] 몰트만은 이후 여러 저서를 통해 자신의 주제 의식을 정교하게 다듬고 확장하면서 그리스도교의 주요 교리를 면밀하게 검토했다. 하지만

---

[63] 프란체스카 아란 머피Francesca Aran Murphy의 비판은 다음을 참조하라. Francesca Aran Murphy, *God is Not a Story: Realism Revisited* (New York: Oxford University Press, 2007).

[64] Jürgen Moltmann, *Theology of Hope: On the Ground and the Implications of a Christian Eschatology* (New York:Harper&Row, 1967). 『희망의 신학』(대한기독교서회). Jürgen Moltmann, 'Theology as Eschatology', *The Future of Hope* (New York: Herder and Herder, 1970), 1~50. 몰트만의 신학에 관해서는 다음을 참조하라. Christopher Morse, *The Logic of Promise in Moltmann's Theology* (Minneapolis: Fortress Press, 1979).

가장 격론을 불러일으킨 주제는 그가 초기 저술에서 제시한 약속의 의미였다.[65]

논란을 낳은 주장 중 가장 중요한 주장은 성서에서 믿음으로 듣게 되는 하나님의 말씀은 현재로 다가오는(그리하여 현재 경험과 일치하지는 않는) 미래의 소식이라는 것이다. 몰트만에 따르면, 역사적 사실이나 실존적 해석은 도래할 미래를 담아낼 수 없다. 예수의 부활 기록에서 볼 수 있듯이, 도래하는 미래의 소식은 "서사의 형식"을 입고 있으나 "사실의 진리와 실존의 진리를 구분하는 근대적" 시선에는 낯선 서사일 수밖에 없다.[66]

> 실증주의에 기반을 둔 역사주의는 역사를 시간 계산과 위치 확정이 가능한 현실로 환원하며, 이 현실을 둘러싸고 있는 가능성을 보지 못한다. ... 실존적 해석은 이미 존재하고 있던 지나간 실존의 가능성을 반복하고 재반향re-echo하는 것을 추구한다.

---

[65] 1984~85년에 행한 기포드 강연에서 몰트만은 하늘에 대한 자신의 사유를 가장 분명하게 이야기한다. 이 강연은 다음의 책으로 출간되었다. Jürgen Moltmann, *God in Creation: A New Theology of Creation and the Spirit of God* (San Francisco: Harper&Row, 1985), 158~184. 『창조 안에 계신 하나님』(대한기독교서회). 그의 저서 중 하나님의 오심을 가장 포괄적으로 다룬 책은 다음과 같다. Jürgen Moltmann, *The Coming of God: Christian Eschatology* (Minneapolis: Fortress Press, 1996). 『오시는 하느님』(대한기독교서회). 다음 책에서 몰트만은 약속의 논리 및 희망의 해석학에 관한 자신의 초기 사유를 성찰한다. Jürgen Moltmann, *Experiences in Theology: Ways and Forms of Christian Theology* (Minneapolis: Fortress Press, 2000), 86~179. 『신학의 방법과 형식』(대한기독교서회).

[66] Jürgen Moltmann, *Theology of Hope*, 188.

몰트만은 복음을 마주했을 때 우리에게 필요한 것은 "실증주의에 기반을 둔 역사주의와 실존주의를 넘어서는" 인식을 갖추고, 복음의 서사에 담긴 "미래의 의미"를 인정하는 것이다. 이 의미는 사도신경이 고백하듯 부활하시고 승천하셔서 "거기로부터 오실" 분이 선포될 때, 그 이야기가 지나간 옛이야기나 현재의 경험으로 묘사하는 실존적 묘사, 혹은 미래에 대한 역사적 예측이 아니라 하느님의 약속으로 들릴 때 일어난다. "이런 의미에서 그리스도가 죽은 자들 가운데서 일어난 사건은 오직 약속의 방식modus으로서만 이해될 수 있는 사건이며", 아직 자신의 시간을 "앞두고 있다".[67]

해석학의 탐구 주제로서 '약속'은 그리스도교 사상사 전체에서 발견할 수 있으며 현대의 논쟁은 역사의 선례들을 반영한다. 종교개혁가 멜란히톤Philip Melanchthon이 1555년에 남긴 말을 들어보면 약속이 얼마나 중요한지 알 수 있다.

> 믿음은 단순히 그리스도의 이야기를 아는 것이 아니다. ... 믿음에는 이야기뿐만 아니라 약속과 약속의 열매도 들어 있다.[68]

몰트만은 멜란히톤이 진술한 내용을 과감하게 밀어붙인다. 그

[67] 앞의 책, 189~190.

[68] Philip Melanchthon, *Christian Doctrine: Loci Communes* (New York: Oxford University Press, 1965), 158. 『신학총론』(CH북스).

는 개인이 받을 용서에 대한 약속, 회개에 합당한 열매로서의 약속을 넘어 요한계시록이 그리는 하나님, 곧 "지금도 계시고 전에도 계셨고" 미래에 "오실 분"(계시 1:4)을 가리키는 포괄적인 용어로 약속을 사용했다. 몰트만에게 약속은 성서에 바탕을 둔 증언의 핵심 의미를 드러내는 말이다. 이 묵시적 맥락에서 하늘에서 오실 예수를 향한 성서의 마지막 선포가 울려 퍼진다. "그렇다. 내가 곧 가겠다." 화답이 이어진다. "아멘. 오십시오, 주 예수님!"(계시 22:20). 몰트만은 이 증언을 구약과 신약을 아우르는 더 큰 증언의 골자로 여겼다.[69]

몰트만의 평가에 따르면 하늘의 도래를 하느님의 약속으로 들으면 미래와 현재에 대한 기존의 사고방식을 탈피하게 된다. 즉 복음 이야기를 단 하나의 역사적 의미로 축소하는 문자주의에 얽매이게 하지 않으며, 실존적으로 탈신화화해야 하는 신화로 여기게 하지도, 서사성이나 이야기 형식만을 고려하는 사화로 보게 하지도 않는다. 여기서 주목해야 할 건, 약속된 미래는 예견된 미래와 다르다는 점이다. 약속은 예견과 달리 헌신을 끌어내기 때문이다.

돌이켜 보면 몰트만의 입장에 대한 초기 반응은 그가 말하는

---

[69] 요한계시록 1장 4절에 나오는 "이제도 계시고, 전에도 계셨고, 장차 오실 이"와 17장 8절에 나오는 하느님에게 대적하는 "짐승"은 대비를 이룬다. 이 짐승은 "전에는 있었다가, 지금은 없으나, 장차 다시 나타날 것이다". 둘 모두 미래에 다시 올 것이라고 이야기하지만, 악한 "짐승"은 결국 "멸망"만이 있을 뿐이다.

'미래'에 대한 오해나 거부감에서 비롯되었고 미국에서 유독 심했다.[70] 미래라는 단어는 현재가 아닌 무언가를 연상시킨다. 몰트만은 미래를 "하느님의 존재 방식"이라고 말했는데, 이 때문에 일부 비평가들은 그가 하느님의 현존을 부정하고 지금, 여기서 일어나는 체험의 타당성을 부정한다며 비난했다. 이에 몰트만은 성서에 바탕을 둔 증언이 그리는 종말은 일반적인 미래와는 다른 미래, 단순한 미래('푸투룸'futurum)가 아니라 오심('아드벤투스'adventus)이라고 응답했다. 이것이 바로 핵심이다.

'푸투룸'Futurum은 영어 단어 '피직스'physics(물리학)의 어근 '퓌오'phyo와 마찬가지로 과거라는 잠재성에서 나오는, 생성을 가리킨다. 이와 달리 성서에서 그리는 종말론적, 묵시적 미래는 이전에 있던 것에서 추정할 수 없는 새로운 현실이 현재에 도래하는 것이다. 이사야의 예언에 담긴 약속의 말씀을 들어 보라.

> 너희는 지나간 일을 기억하려고 하지 말며, 옛일을 생각하지 말아라. 내가 이제 새 일을 하려고 한다. 이 일이 이미 드러나고 있는데, 너희가 그것을 알지 못하겠느냐? (이사 43:18~19)

여명이 비추는 부활의 아침, 무덤가 여인들의 "어처구니없는 이

---

[70] 이 초기 반응에 대해 나는 다음 책에서 더 진지하게 다룬 바 있다. Frederic B. Burnham, Charles S. McCoy, M. Douglas Meeks(ed.), 'God's Promise As Presence', *Love: The Foundation of Hope* (San Francisco: Harper &Row, 1988) 143~157.

야기"는 신약이 '미래'를 어떻게 그리는지를 보여준다. 눈부신 옷을 입은 두 사람이 여인들에게 묻는다.

> 어찌하여 너희들은 살아 계신 분을 죽은 사람들 가운데서 찾고 있느냐? (루가 24:5,11)

이를 두고 몰트만은 말한다.

> '말씀'the Word은 현실에서 새로운 가능성의 창시자가 됨으로써 자신의 권위를 증명한다. 이는 전통주의, 성서주의, 교권주의, 말씀에 대한 권위적인 이해와는 아무런 관련이 없다. 또한, 그리스도교가 선포하는 말씀을 이미 겪은 경험에 대한 상징으로 보는 종교적 자유주의와도 무관하다.[71]

미래를 '아드벤투스', 즉 오심으로 이해하면, 과거와 현재가 어떻게 될지에 대한 전망은 과거가 결정하지 않는다. 오히려 그 반대다. 약속된 미래가 과거와 현재를 결정한다. 예언된 주님의 날은 지나간 과거에서 오지 않고 앞에 놓인 미래에서 온다. 과거에서 현재로 나아가는 길이 아니라 미래에서 현재로 들어오는 길, 그 길이 바로 주님의 날이 남길 궤적이다. 성서의 예언은 과

---

71 Jürgen Moltmann, 'Theology as Eschatology', *The Future of Hope: Theology as Eschatology*, 9~16, 158.

거 사건을 "미래에 대한 기억"으로 회상한다.[72] 롯의 아내를 보라. 창세기는 그녀를 앞에 놓인 약속의 땅을 바라보지 않고 뒤를 돌아보는 우둔한 사람으로 그린다(창세 19:26, 루가 17:32). "전에 있었고 지금도 있는 것"이 무엇인지는 "장차 올 일"을 통해 드러난다.

하늘, 천국이 도래한다는 소식을 하느님의 약속으로 들으면 미래에 대한 인식이 바뀔 뿐 아니라 (좀 더 중요한 측면에서) 현재에 참여하는 방식도 바뀐다고 몰트만은 강조한다. 약속의 언어는 약속에 상응하는 현실을 현재 경험할 수 없기에 새로운 역사적 경험을 창조해 낸다. 약속은 현재에서 감히 꿈꿀 수 없는 미래를 열어젖히고 그 미래와 통하는 새로운 현실을 창조하기 때문이다. 언어 철학자들의 용어를 빌리면, 헌신을 구성한다는 점에서 약속은 단순한 정보 전달력이 아닌 수행력을 지니고 있다. 약속은 주어질 뿐만 아니라 지킴으로써, 앞으로 일어날 일이 일어남으로써 신뢰할 수 있는 것으로 드러나기 때문에 다가올 사건으로만 그 진리가 증명된다. 바울의 표현을 빌리면, 몰트만이 말한 역사의 경험은 약속된 "장차 우리에게 나타날 영광"(로마 8:18)을 위해 "현재 우리가 겪는 고난"에 참여하는 것이다.

몰트만에게는 이 약속된 영광이 현재의 고난을 회피하지 않

[72] "미래에 대한 기억"이라는 통찰력 있는 표현은 가브리엘 마르셀Gabriel Marcel의 다음 저서에서 나왔다. Gabriel Marcel, *Homo Viator: Introduction to a Metaphysics of Hope* (Chicago: H. Regnery, 1951), 53.

고 참여하도록 우리를 추동하는 힘이다. 하늘이 약속한 미래는 현재 이 땅에서 일어나는 일과 관련해서만 그 참됨을 입증한다. 마태오 복음서는 이를 강조한다. 마태오는 예수의 가르침 가운데서 인자가 천사들과 함께 영광 가운데 오리라는 약속이 지금 "지극히 보잘것없는 사람 하나"를 환대하는 사람에게 나타난다고 외친다(마태 25:40,45). 히브리인들에게 보낸 편지도 하늘의 약속을 끝까지 경청하라고 말한다. 히브리인들에게 보낸 편지의 저자에 따르면 "하늘의 고향"을 "동경"(히브 11:16)하는 태도는 이 땅과 이 땅에서 일어나는 고통을 무시하는 태도가 아니다. 오히려 그는 낯선 이들을 환대하고 투옥된 이들과 고문당하는 이들을 생각하며 자신도 함께 갇혀 있다 생각하라고, 그렇게 십자가의 길을 인내하며 걸어가라고 말한다(히브 13:1~3).

몰트만은 이렇게 결론을 내린다. 결국 복음을 신뢰하며 미래에 대한 약속에 힘입은 삶은 유토피아적 공상에 빠져 작금의 현실을 회피하지 않으며 석양 너머에 어른거리는 신기루 같은 낙원으로 줄행랑치지 않는다. 다시 오리라는 약속은 대항 현실로서 십자가 처형으로 대표되는 이 세상에 맞선다. 그리고 이는 지금 그리고 여기에서 일어나는 사건들을 통해서, 정치와 사회에서 일어나는 온갖 사건들과 역사에 대한 실존적 체험들을 통해 입증된다. 그렇게 함으로써 약속에 붙들린 삶은 다가올 미래가 현실에 충실히 참여하고 있음을 환히 드러낸다. 역사를 향한 미래의 충실함은 역사적 사실이나 실존적 현상이 아닌, 희망을 품고 약속의 땅을 향한 기나긴 도정을 인내하며 걸어가는 삶으로 실현된다.

물론 이러한 대안도 다시 검토해야 한다. 다가올 미래와 인간의 행동은 어떠한 관련이 있으며, 어떠한 책임이 있는가? 이러한 질문은 일종의 정치 윤리의 타당성에 관한 질문이라 할 수 있으며 해방신학자들이 주로 몰트만을 향해 던지곤 했다. 그들은 대부분 종말론과 관련된 몰트만의 통찰을 인정했지만, 사회에서 일어나는 억압을 고려하면 훨씬 강력하고, 구체적인 참여가 필요하다고 생각했다. 얼마 지나지 않아 생태학을 강조하는 사회윤리학자들도 비슷한 질문을 던졌다. 그들은 '현실 세계' 출현의 '임박함'imminence보다는 이러한 세계가 상호의존적인 인과 체계로 이미 이 땅에 스며들어 있다는, 범재신론의 내재성imminence을 강조했기 때문이다. 몰트만은 후속 저작들에서 초기 저작에서 표명한 약속의 의미를 유지하면서도 다채로운 수정을 통해 양 진영의 우려에 응답했다.

> "그렇다면, 이런 일을 두고 우리는 무엇이라고 말할 수 있겠는가?" (로마 8:31)

성서가 말하는 천국, 하늘의 의미를 네 가지 방식으로 검토해 보았다. 이 책에서는 의도적으로 요하네스 바이스, 알베르트 슈바이처, 프란츠 오버베크, 그리고 바이스가 말한 "현대 개신교 세계관"의 상속자들이 자신들이 받은 유산에 (긍정하는 방식으로든, 부정하는 방식으로든) 어떠한 입장을 보였는지에 주목했다. 특정한 제안들의 궤적에 초점을 맞춘 이유는 그들이 씨름했던 문제가 단지 20세기 유럽 개신교 신학의 쟁점일 뿐이라고 할 수 없으며 이런 방식의 이해가 개신교인들에게만 발견되는 것도 아니기 때문이다. 오늘날 좀 더 다양한 소리를 내고, 교회일치를 지향하며, 종교 간 대화, 다양한 문화에 관심을 기울이는 이들이 성서에 바탕을 둔 하늘, 천국의 소식을 어떻게 평가하든, 이는 어느 정도 위 방식들에 대한 비판적 평가를 수반하기 마련이다. 이 책의 목적은 바로 그 사이에서 천국과 하늘의 소식을 듣는다는 것의 의미를 스스로 성찰하는 것을 돕는 데 있지, 결정적인 규범을 제시하는 데 있지 않다.

천국이라는 주제에 관심은 있으나 근현대 신학의 역사에 대해 잘 알지 못하는 이들은 이렇게 물어볼 수 있다. '그렇다면 오늘날 천국, 하늘과 관련된 복음을 들을 때 지금까지 살핀 내용에서 우리는 무엇을 얻을 수 있는가?'

적어도 두 가지는 답변할 수 있다. 첫째, 과거 사람들이 하늘이 도래한다는 복음을 잘못 이해하고 이를 기대했다며 비판한 근현대인들의 '커다란 실수'는 하늘이 도래한다는 소식이 "현실 세계"의 시작이 아니라 끝을 가리킨다고 가정했다는 데 있다. 둘째, 천국, 하늘에 관한 복음 이야기를 달리 들으면 "현실 세계"가 무엇인지도 달리 판단할 수 있다.

첫 번째 부분과 관련해 재림('파루시아'παρουσία)의 지연 문제, 혹은 그리스도의 하늘나라가 언제 도래하느냐의 문제는 신약의 일부 구절들에서도 분명히 드러난다. 이를테면 루가 복음서와 사도행전은 마르코 복음서보다 재림을 덜 즉각적인 것으로 묘사하는 경향이 있다. 그럼에도 불구하고 하늘, 천국의 도래를 특정 시간대로 못 박는 일은 루가 복음서와 마르코 복음서 모두 금하고 있다.

> 때나 시기는 아버지께서 아버지의 권한으로 정하신 것이니, 너희가 알 바가 아니다. (사도 1:7).

그러나 그날과 그때는 아무도 모른다. 하늘의 천사들도 모르고, 아들도 모르고, 오직 아버지만 아신다. (마르 13:32, 마태 24:36 참조)

> 조심하고, 깨어 있어라. 그때가 언제인지를 너희가 모르기 때문이다. (마르 13:33)

마찬가지로, 베드로의 편지는 "만물의 마지막"이 이미 "가까이 왔다"(1베드 4:7)면서 약속된 새 하늘과 새 땅이 언제 오냐며 조롱하던 이들에게 일침을 가한다.

> 사랑하는 여러분, 이 한 가지만은 잊지 마십시오. 주님께는 하루가 천 년 같고, 천 년이 하루 같습니다. (2베드 3:8)

하늘의 소식에는 한 가지 뜻만이 있다는, 특정 역사적 사실에 대응한다는 문자주의를 고수하면 근대신학자들의 비판이 옳을 수 있다. 그렇다면 하늘에서 오는 나라가 사라져 가는 이 세상의 형체에 맞선다는 소식은 신뢰할 수 없기 때문이다. 하지만 이를 들어 하늘의 도래를 부정한 바이스의 이야기는 어떠한가.

> 이 현세가 바로 하느님의 백성이 살아갈 영원한 터전이니, 이 기쁨에 찬 확신을 품은 채 우리의 삶을 구가할 것이다.

19세기 후반 특유의 낙관주의를 반영하는 이 발언은 "현대 개신교 세계관"이 만든 세계가 얼마나 비현실적이고 신뢰할 수 없는지를 보여준다. 이런 사고방식은 하늘에서 오는 것과 이 세상의 사라질 형체, 둘의 차이를 고려하지 않은 채 양자의 위상이 동일하다는 그릇된 가정에 기대고 있다. 바울의 말을 빌려 "사라질 이 세상의 형체"에 기준을 두고서 "다가올 일의 성취"를 생각한다면, 하늘 복음의 실현에 대한 임박한 기대감은 명백히 잘못되었다고 말할 수 있다. 하지만 그렇지 않다면 초기 교회가 하늘에 관한 소식을 잘못 받아들였고 이후 그리스도교 신앙이 이 실수를 용인해야 했다는 주장은 함부로 할 수 없다.

두 번째 부분에 대해서 좀 더 이야기해 보면, 천국, 하늘에 관한 복음 이야기를 받아들이는 다양한 방식을 살핌으로써 우리는 이를 좋은 소식으로 받아들이려 하지 않는 폐쇄적인 사고방식에서 벗어날 수 있다. 하늘에 관한 소식은 "현실 세계"에 대한 닫힌 사고에 대항한다. 우리는 의식하지도 못한 채 무엇이 "진짜"인지, 무엇이 "현실 세계"인지를 강요당하는데, 하늘 및 천국에 관한 성서의 증언들은 바로 이 압력을 거부한다.

천국 및 하늘 소식을 문자 그대로, 혹은 신화로, 혹은 사화로, 약속으로 보는 신학은 이 소식이 실제 우리 삶의 중요한 문제임을 새기게 할 정도의 힘을 갖고 있지는 않다. 각 신학은 일부 질문에는 답하되 또 다른 질문에는 침묵한다(어떤 면에서 이는 적절한 일이다). 하지만 결정적인 답을 주지 못함에도 불구하고, 네 가지 관점은 하늘, 천국과 관련된 질문들에 주목하게 함으로써 이 물음들이 현실에서 차지하는 중요성을 알게 해준다. 하늘이 땅의 삶에 끼치는 영향을 섣불리 무시하거나 현재에는 불가능하다고 우리는 못 박을 수 없다. 이 깨달음은 결코 미미한 수확이 아니다. 자리를 차지하고 있던 덤불을 걷어내면 그동안 감추어진 것이 드러나기 마련이다. 천국, 하늘을 실증 가능한 것으로, 객관적인 우주론으로, 혹은 우리 실존에 대한 신화적 상징으로, 도덕으로, 인간학으로, 혹은 실재의 사회적 구성물로 여기는 현대 사상의 관습이 바로 그 덤불이다. 물론, 이에 맞서 단순히 '종말론'과 '묵시'를 강조하는 것으로는 천국과 하늘에 대한 희망, 천국과 하늘이 일으키는 희망을 온전히 설명하지 못한다. 덤불을 말끔하게 걷어내지 못하더라도 교의학 작업은 이를 위한 필수적인 단계다. 천국에 대한 냉소는 맹신만큼이나 부당하고 신뢰할 수 없음을 밝힐 수 있기 때문이다.

불트만과 바르트가 사십여 년 동안 서신을 주고받으며 나눈 이야기들은 지금껏 다룬 논의들과 현 상황을 잘 보여준다. 둘 모두 천국 및 하늘 소식을 한 뜻으로만 보는 문자주의적 해석에는 분명히 반대했으나 신화, 사화, 약속 중 무엇으로 해석해야 하는지는 합의에 이르지 못했으며, 서로의 생각을 잘 이해하지도 못했다. 편지에서 불트만은 바르트에게 이런 말을 남겼다.

> 우리가 신학을 하며 사용하는 실재, 현실, 존재, 사건이라는 개념을 어떻게 쓰고 있는지를 분명히 밝히는 게 매우 중요하지 않나 싶네. 그리고 보통 사람들뿐만 아니라 우리 신학자들이 일상에서 이 개념들을 어떻게 쓰는지, 신학에서 사용할 때와 어떠한 관련이 있는지를 분명히 드러내야 한다고 나는 생각하네.[73]

이에 관해서는 3장에서 다루어 보도록 하겠다.

---

73 불트만과 바르트는 1952년 11월 11~15일경 이 서신을 주고받았다. 다음을 참조하라. Bernd Jaspert(ed.), *Karl Barth—Rudolf Bultmann: Letters, 1922-1966*, 87.

제3장

천국의 현실성

이 책에서는 곳곳에서 '현실 세계'the real world라는 말을 쓰곤 했다. 대부분 작은따옴표를 써서 강조했는데, 사람들의 입에 자주 오르는 흔한 말이면서도, 이 말이 실제로 가리키는 바가 모호하다는 점을 부각하고 싶었기 때문이다. 다들 '현실 세계'를 두고 이런저런 말을 하고, 어떤 입장이 현실적이고 현실적이지 않은지를 두고 갑론을박을 벌인다.

일상에서 우리는 종종 순진무구하게 살거나 정신 승리에 빠져 있는 사람에게 현실 세계로 돌아오라고 충고한다. 근현대 서구 사상에 커다란 영향력을 행사한 포이어바흐Ludwig Feuerbach, 니체Friedrich Nietzsche, 마르크스Karl Marx, 프로이트Sigmund Freud와 같은 사상가들은 그리스도교 신앙을 바로 그런 눈길로 보았다. 이들은 정도의 차이는 있으나 천국이니 하늘이니 하는 이야기는 결국 마음에서, 혹은 사회에서 일어나는 억압을 투사한 것이라고, 그러므로 이러한 환상은 인간이 응당 짊어져야 하는 책임을 약화한다고 지적했다. 이 망상의 파괴자들도 다른 맥락과 준거 틀을 고려하면 비판을 피하기 어렵지만 말이다. 그 뜻이 모호함에도 불구하고, 여러 사상가는 여전히 다양한 방식으로 '현실 세계'가 무엇인지 가정하고, 논의한다. 대다수 사람은 그런 논의 가운데 지금, 여기에 천국이 임박했다는 소식이 가장 '비현실적인' 이야기라고 생각할지 모르겠다. 앞 장에서 언급한, 1952년 불트만이 바르트에게 보낸 편지에서 한 이야기도 바로 이와 관련이 있다.[1] 하늘나라가 온다는 소식은 우리의 일상과 어떠한 관련이 있는가? 이 장에서는 바로 이 물음을 다루어 보려 한다.

앞에서 살펴보았듯 바이스, 슈바이처, 오버베크는 하느님 나라가 우리 곁에 왔다는 소식에 나름의 견해를 제시했고 이 견해에 대한 반응은 20세기 신학의 유산이 되었다. 각기 다른 관점에서 신화나 사화를 옹호한 대가들도 천국이 '현실 세계'에서 갖는

[1] 학계에 통용되는 정설에 따르면, 불트만은 하이데거의 실존주의 철학이 제안한 일반 존재론의 지지자로 분류되고, 바르트는 반反 철학의 신학자로 분류된다. 보통 이런 틀 위에서 기초 존재론 혹은 존재론적 신학의 장단점을 따진다. 하지만 여기서는 이런 통념을 잠시 벗어던지고 불트만이 자신의 언어로 제시한 현실성에 대한 질문을 다루고 싶다. 복음이 선포하는 하늘이 우리네 "일상"의 말과 사유에 어떤 영향을 끼치는지가 핵심 질문이다.

참된 의미를 밝히기란 어려운 일임을 강조했다. 틸리히는 도래하는 하느님 나라가 "가장 중요하고도 난해한 그리스도교 사상"에 대한 신화적 상징이라고 말했고 현대 그리스도교의 역사에서 생명력을 잃은 점에 애도를 표했다.[2] 바르트는『교회교의학』, '하늘나라, 하느님의 대사들과 그들의 적대자들(§51)'이라는 글에서 사화에 대해 본격적으로 논의하는데, 시작부터 하늘나라의 도래와 천사라는 주제에 여러 오해가 얽혀 있음을 인정한다. 그는 말한다.

> 옛날부터 이 주제에 대해 신학자들은 갈팡질팡했고, 무익하고 기괴하며 불합리한 억측을 하곤 했다. 이에 질세라 수심에 찬 회의도 늘 따라붙었다. ... 우리가 이제부터 들어가 횡단해야만 하는 교리 영역은 그 어떤 영역보다도 놀랍고, 난해하다.[3]

정말 놀라운 사실은 하늘나라가 상상할 수 없고, 비교할 수 없고, 접근하기도, 해명하기도 막막하다며 입을 뗀 바르트가 하늘의 현실성을 설명하는 데 400쪽이나 할애했다는 것이다.[4] 또한,

---

[2] Paul Tillich, *Systematic Theology*, Vol.3, 357.

[3] Karl Barth, *Church Dogmatics*, III,3, *The Doctrine of Creation*, 369.

[4] 여기에 대한 바르트의 해명을 보려면 다음을 참조하라. Karl Barth, *Church Dogmatics*, III,3, 443. 하늘은 "접근할 수 없고 미지의 대상이며, 존재의 현실적 상황이자 맥락이다. 존재론적으로나 인식론적으로나 분명히 우리의 영역인 이 땅만큼 하늘도 고유한 방식으로 현실적이다". 다음을 참조하라. Karl Barth, *Church Dogmatics*, III,3, 437. 자세한 논의

앞에서 살펴본 바 있지만, 하늘 소식을 약속으로 보자는 몰트만의 제안 역시 작금의 현실 경험과 사회 참여를 다루기에 적절하냐는 비판에 직면한 적이 있다.

누군가는 그냥 천국이나 하늘을 "영적 현실"spiritual reality 정도로 보고 거기서 끝내는 게 낫지 않냐는 의문을 제기할 수 있다.[5] 이에 답을 하자면, 성서는 "하늘나라의 비밀"(마태 13:11)을 언급하면서 적당히 얼버무리는 법을 모른다. 이것이 실제로 복음이 전하는 바라면 우리는 천국이나 하늘을 그 정도 수준에서 멈출 수 없다. 그리고 바르트가 지적했듯 성서가 전하는 하늘 소식이 땅의 어법과 전혀 다르다면 어떻게 해야 하나? 실증할 수 있든, 우주론으로, 인간학으로, 사회 구조로 다루든, 세계의 '실제 요소'에 부합하지 않는다면 천국이 현실이라고 말하는 것은 어떤 의미가 있을까?

바로 이런 맥락에서 루돌프 불트만은 바르트에게 천국, 혹은 하늘의 실재성, 현실성에 대한 질문을 던진 것이다. 이에 바르트는 천국, 하늘이 "현실 세계"에서 갖는 의미를 명확하게 드러내

를 보려면 이곳을 참조하라. Karl Barth, *Church Dogmatics*, III,1, 1~144, III,3, 236~531.

[5] 본회퍼는 바르트를 동지로 여기면서도 그의 초기 저술들이 "계시 실증주의"라는 비판을 가했다. 본회퍼가 무슨 의미를 담아 그러한 비판을 했든 간에, 바르트가 아무런 근거 없이 그런 주장을 내세웠다고 말할 수는 없다(혹자는 근거가 너무 많다고 불만을 털어놓을지도 모른다). 문제는 본회퍼가 온 생애와 저작으로 증언했듯 그러한 "현실"을 어떻게 신실하게 설명하는가에 있다.

기 위해 사화를 제안함으로써 그 전에 불트만이 제안한 탈신화화 작업을 철저하게 다시 정의하려 했다. 이러한 가운데 그는 자신의 전체 신학과는 썩 어울려 보이지 않는 두 용어를 도입했다. 바로 "상상"imagination과 "불신"disbelief이다.

이 장에서는 바르트가 이 두 용어를 어떻게 사용했는지를 면밀하게 살펴볼 예정이다. 먼저 성서가 하늘이 침투한다는 소식을 전할 때 비유와 묵시적 증언이 어떤 역할을 하는지를 신약성서의 배경과 함께 살펴본 다음, 불트만이 던졌던, 일상에, 보통 사람들이 생각하고 말하는 실재, 존재, 사건 개념에 바르트가 해석한 하늘나라가 어떤 반향을 일으키는지 살필 것이다.

20세기 신학자 중 바르트만큼 성서가 전하는 천국 소식의 다양한 측면에 세심한 주의를 기울인 이는 없다. 그렇기에 그의 견해에 동의하든 동의하지 않든, 그의 유산은 우리가 천국에 대한 탐구를 이어 갈 수 있는 지적 교두보가 되어준다. 더 나아가, 하늘나라가 가까이 왔다는 주제에 대해 바르트만큼 저돌적이고, 도발적으로 다룬 20세기 사상가 역시 없다. 복음에 대한 기대, 하느님 나라가 가까이 왔다는 소식에 대한 기대가 명백히 잘못되었다는 근현대의 주장(바울의 표현을 빌리면 사라질 이 세상의 형체를 척도 삼아 저 소식의 성취 여부를 따지면 그렇게 보인다)에 맞서 바르트는 예사롭지 않은 문장으로 일격을 가한다.

> 가까이 임한 무언가에 대한 기대가 '성취되지 못했다'는 단정

은 아무리 자명해 보여도 아무런 설득력이 없다.[6]

끝까지 수수께끼이고 ...

아무리 자명해 보여도 아무런 설득력이 없다니. 바이스 이후 현대 신학이 보인 반응들의 궤적을 따라가다 보면 결국 디킨슨의 시구로 돌아가는 게 아닐까?

> 끝까지 수수께끼이고 –
> 도무지 알 수가 없다 –

그렇다면, 이 "수수께끼"는 우리가 처음 생각했던(어쩌면 디킨슨이 생각했던) "수수께끼"보다 더 심오한 것인지도 모른다. 초기 청중에게든 오늘날의 청중에게든, 천국 및 하늘에 대한 소식과 그 전달되는 방식은 결코 분명하지 않다. 공관복음에 기록된 예수의 여러 가르침을 보라. 천국은 손을 뻗으면 닿을 듯이 이미 가까이 왔으나 제멋대로 수중에 둘 수 없는 나라이다 보니 비유를 거쳐 전해진다. 마태오 복음서는 말한다.

> 예수께서 이 모든 것을 ... 비유가 아니고서는, 아무것도 그들에게 말씀하지 않으셨다. (마태 13:34).

---

[6] Karl Barth, *Church Dogmatics*, II,1, *The Doctrine of God*, 637. 이 문장이 담긴 독어본이 처음 나온 때는 1940년이었다.

내가 그들에게 비유로 말하는 이유는, 그들이 보아도 보지 못하고, 들어도 듣지도 못하고 깨닫지도 못하기 때문이다. (마태 13:13).

마르코 복음서와 루가 복음서도 비유의 역할에 대해서는 일관된 증언을 하고 있다. 바울의 경우 "가까이" 와서 "일어나고 있는" 것을 언급할 때면 비유보다는 묵시적 표현을 쓴다.[7] 요한 복음서도 당시 청중이 자신들의 상식에 비추어 천국의 징표로 여길 수 없는 일들을 두고 그 의미를 깨닫게 하는 부분이 자주 등장한다.

바울 학자인 J. 루이스 마틴J. Louis Martyn은 갈라디아인들에게 보낸 편지에서 바울은 이런 이야기를 하고자 했다고 설명한다.

요컨대, 종교적 기반을 잘 닦아 종교적 사다리를 잘 마련했다고 해서 사람이 그 사다리를 타고 잘못된 자리에서 의로운 자

---

[7] 이와 관련하여 철학자 조르조 아감벤Giorgio Agamben은 바울의 '메시아의 시간'에 "비유"나 "묵시"를 적용하는 것에 반대한다. 다음을 참조하라. Giorgio Agamben, *The Remains That Remains: A Commentary on the Letter to the Romans* (Stanford, CA.: Stanford University Press, 2005), 42~43, 62~64. 『남겨진 시간』(코나투스). 내가 이 용어들을 사용하는 이유는 천국, 하늘과 관련된 복음 담론과 관련된 해석학에서 비유의 중요성을 강조하기 위해서다. 아감벤이 "비유"가 하느님 나라 언어를 제한하거나 "묵시"가 마지막 날로 축소된다고 말할 때 "비유", "묵시"는 여기서 전개하는 것과는 다르다. 오히려 내가 쓰는 "비유"와 "묵시"는 아감벤이 주장한 '메시아의 시간', "현재하는 남겨진 시간으로서 모든 세상의 조건이 파기되는, 그렇게 하도록 하는 시간의 개방"과 공명하는 부분이 더 많다 (43).

리로 올라갈 수는 없다. 상황은 그 반대다. 하느님은 잘못된 영역, 즉 "이 악한 세대"(갈라 1:4)로 과감히 들어오시기로 결단하셨다. 그래서 이 악한 영역 밖에 있는 아들과 아들의 영을 악한 영역으로 보내신 것이다(갈라 4:4~6). 이 묵시적 침투를 통해 하느님은 우리를 악한 세대의 권세에서 해방시키셨다. 갈라디아인들에게 보낸 편지는 이런 바울의 기본 신념을 분명하게 증언한다. 복음은 인간이 축복(종교)으로 나아가는 것과 무관하다. 복음은 하느님이 우주를 해방하기 위해 이 땅을 침략하셨다는 소식이다.[8]

1장에서 누누이 말했듯, 하늘나라는 가까이 임했으나 누구나 알아보지 못한다. 루가 복음서가 말했듯, 하느님 나라는 "눈으로 볼 수 있는 모습으로 오지 않는다". 이 나라는 우리 가운데 자리해 있지만, 함부로 그 모습을 드러내지 않으니 "여기에 있다", "저기에 있다"는 웅성거림만 들릴 뿐이다(루가 17:20~21). 바울은 단호한 어조로 자신의 입장을 밝힌다.

살과 피는 하느님 나라를 유산으로 받을 수 없고, 썩을 것은 썩

---

[8] J. Louis Martyn, 'The Apocalyptic Gospel in Galatians', *Interpretation*, Vol. 54, July 2000, 255. 또한, 다음을 참조하라. J. Louis Martyn, *Galatians: A New Translation with Introduction and Commentary*, The Anchor Bible, Vol.33A. J. Louis Martyn, *Theological Issues in the Letters of Paul* (Nashville: Abingdon, 1997).

지 않을 것을 유산으로 받지 못합니다. (1고린 15:50)

결국 이 모든 이야기는 요한 복음서에 나오는 예수의 간명한 말로 요약된다.

내 나라는 이 세상에 속하지 않았다. (요한 18:36)

우리가 공관복음에 나오는 하느님 나라 비유를 (헤아릴 수 없는, 하느님의 우주적 침입을 전달한다는 점에서) "묵시적" 의미로 받아들인다면, 우리는 이 비유를 명백한 교훈을 전하는 이야기와 구별해야 마땅하다. 명백한 교훈을 전하는 이야기는 청중이 이미 알고 있는 바를 상기시켜 줄 뿐이다. 묵시의 내용은 이와 같을 수 없다. 하늘나라는 세상 안에서 우리에게 다가오나 세상에 속하지 않는다. 비유의 의미, 천국에 관한 소식이라는 "수수께끼"는 옛 범주에 부합하지 않으며, 동화되지도 않는다. 공관복음에 나오는 하늘나라 비유를 보라. 임박한 하늘나라는 씨 뿌리는 사람, 겨자씨 한 알, 빵 속의 누룩, 밭에 숨겨진 보물, 값진 진주를 구하는 상인, 그물, 종들과 셈을 가리려는 왕, 일꾼을 고용하려는 포도원 주인, 아들의 혼인 잔치에 손님을 초대하는 임금, 등불을 들고 신랑을 맞으러 나간 열 처녀처럼 모두 평범한 이 땅의 현실과 같다.[9] 그러나 이렇게 가까이 임한 나라를 담아낸 초상들이 곧 들이닥칠지도 모르는 하늘과 완전히 일치하지는 않는다. 임박한 하늘나라는 이 세상에 속하지 않는다. 예수는 예루살렘 가까이 이르렀을 때 사람들을 향해 하느님 나라에 관한 비유를 전한다. 이를 통해 그는 하늘나라가 그들이 생각하는 것처럼 당장에 나타나는 나라가 아니라고 일침을 가한다(루가 19:11 참조).

바이스와 슈바이처 이래 비유에 관한 본문 연구는 주로 '교리적' 해석보다는 트뢸치식의 '역사적' 해석을 선호했으며, 양식비평을 활용해 비유 본문의 원 상황과 맥락을 밝히는 데 집중했다.[10] 이 길을 택하지 않으면, 해석가는 현재를 과거에 투영한다는 비난을 감수해야 했다. 1950년대 요아킴 예레미아스Joachim Jeremias가 쓴 『예수의 비유들』The Parables of Jesus은 출간 당시 많은 찬사를 받았지만 1980년대에 들어서는 공관복음의 비유 본문들을 해석할 때 지나치게 불트만의 노선을 따랐고 실존주의 용어에 의존했다는 비판을 받았다.[11] 예수의 비유 연구 분야에서는 역사적 해석을 선호하는 입장이 주류 노선을 형성했고, 1930년대를 대표하는 C.H.도드C.H.Dodd의 『하느님 나라에 관한 비유들』The Parables of the Kingdom부터 1990년대를 대표하는 존 도미닉 크로산

---

[9] 다음 구절들을 함께 보라. 마태 13:18, 23:20~21, 22:2.

[10] Ernst Troeltsch, 'Historical and Dogmatic Method in Theology', *Religion in History* (Minneapolis: Fortress Press, 1991), 11~32.

[11] John Drury, *The Parables in the Gospels: History and Allegory* (New York: Crossroad, 1985), 42.

John Dominic Crossan의 『비유들』In Parables까지 다양한 문헌들이 쏟아졌다. 이후 포스트모더니즘 진영의 학자들은 이 주류 노선을 비판하면서 다양한 입장에도 불구하고 결국 "당대의 요구를 반영한 모형으로 예수의 비유를 해석했다"고 못 박았다.[12]

(트뢸치 시대 이후 이 구분은 더 세밀해졌으나) 역사적 해석을 선호하든 교리적 해석을 선호하든, 복음서에 나오는 비유를 다루는 대다수 현대 신약 해석자는 저 둘을 완전히 분리할 수는 없음을 인정할 것이다. 비유의 취지를 따져 보면 이를 더 확실히 알 수 있다. 비유를 듣는다는 것은 당대 친숙한 일상의 언어로 낯선 내용을 듣는다는 것을 뜻한다. 여기까지는 역사적 해석을 선호하는 이들도 모두 동의한다. 어느 신약학자는 비유를 두고 "일상에서 그 단어를 들었을 때 즉각 드러나는 의미를 넘어서는 의미"라고 이야기한 바 있다.[13] 또 다른 학자는 비유를 "영원하고 초월적인 실재들과 예수 시대 사람들에게 익숙했던 현실들을 비교하는 것"으로 표현하기도 했다.[14] 한 학자는 이를 간명하게 표현했다.

---

12 William R. Herzog II, *Parables as Subversive Speech: Jesus as Pedagogue of the Oppressed* (Louisville: Westminster/John Knox Press, 1994), 15.

13 Stephen L. Wailes, *Medieval Allegories of Jesus' Parables* (Berkeley and Los Angeles: University of California Press, 1987), 9. 여기서 웨일스Wailes는 『그리스도교 교양』On Christian Doctrine III.9에서 아우구스티누스가 한 권고("비유를 문자 그대로 받아들이지 않도록 조심하라")에 주목한다.

14 Arland J. Hultgren, *The Parables of Jesus: A Commentary* (Grand Rapids: William B. Eerdmans Publishing Company, 2000), 2.

이 땅의 그림에는 하늘의 의미가 담겨 있다.[15]

천국에 관한 묵시적 소식을 듣는 일과 관련해, 비유 연구자들은 분명히 사라지고 있는 것은 아직 분명히 다가오지 않은 것에 영향을 받고 있다는 깨달음이 비유에 깔려 있다고 지적한다. 이와 관련해 존 드루리John Drury는 말했다.

> 독자나 청자는 한 시대가 빠르게 사라지고 있지만 그 사라지는 시대 안에 다가올 시대가 감추어져 있음을 체험한다. 둘 사이에는 긴장이 있으며 이 중간에 비유가 있다. 비유는 역사의 처음과 끝을 아우르며 그 모두를 되돌아봄과 동시에 앞을 내다보는 것이다.[16]

당대에 자리를 틀고 요지부동인 권세들에게 비유는 "전복의 언어"로 기능한다.[17] 이런 중간 지대에 자리해 있는 삶이란, J. 루이스 마틴이 십자가와 관련된 바울의 묵시 신학의 특성을 기술하는 데 쓴 표현을 빌리면 "시대의 전환기에 자리한 삶"이다.[18]

복음서의 비유 전승들은 현재 실제로 어떤 일이 일어나고 있

---

15 John Drury, *The Parables in the Gospels*, 33.

16 앞의 책, 27.

17 William R. Herzog II, *Parables as Subversive Speech*

18 J. Louis Martyn, 'Epistemology at the Turn of the Ages', *Theological Issues in the Letters of Paul*, 89~110.

는지를 분별하는 능력과 깊은 관련이 있다. 비유와 관련된 복음서의 증언들은 줄곧 지금 일어나고 있는 것을 알아채느냐 못 알아채느냐를 강조한다. 또한, 지금이 어떤 때인지를 아는 것은 지금 임박한 현실을 직면하고 있는 사람이 누구인지, 외면하는 사람이 누구인지에 관한 수사들과 겹친다. 알아보느냐 놓치느냐, 이것이 비유의 핵심이다.

> 귀 있는 사람은 들어라! (마태 13:9, 마르 4:9, 루가 8:8).

예수는 제자들에게 말한다.

> 너희는, 눈이 있어도 보지 못하고, 귀가 있어도 듣지 못하느냐? 기억하지 못하느냐? (마르 8:18)

루가에 따르면 예수는 날씨는 예측해도 현재를 분별할 줄 모르는 이들에게 일침을 가한다(루가 12:54~56). 마찬가지로, 루가는 예수가 예루살렘에 입성할 때 이런 말을 했다고 전한다.

> 하느님께서 너를 찾아오신 때를, 네가 알지 못했기 때문이다. (루가 19:44).

무화과나무 교훈

복음서에 익숙한 것과 낯선 것을 나란히 배치해 하늘이 임하는 때를 말해 주는 예가 있을까? 다른 무엇보다 무화과나무의 교훈과 관련된 짧은 두 단락을 들 수 있을 것이다. 이 비유를 통해 마르코와 마태오는 인자의 도래를 말하며, 루가는 하느님 나라의 도래를 이야기한다. 세 복음서에서 예수는 말한다.

> 무화과나무에서 비유를 배워라. 그 가지가 연해지고 잎이 돋으면, 너희는 여름이 가까이 온 줄을 안다. 이와 같이, 너희도 이런 일들이 일어나는 것을 보거든, 인자가 문 앞에 가까이 온 줄을 알아라. (마르 13:28~29, 마태 24:32~33, 루가 21:29~31 참조)

무화과나무에 새잎이 돋아나는 모습은 당시 청중이라면 모를 리 없는 계절의 순리였다. 당시 사람들은 여기서 손쉽게 '계절의 자연스러운 흐름은 하늘이 임박할 때를 알려 준다'는 교훈을 끌어냈을 것이다. 가까이 있는 무화과나무를 빌린 비유, 혹은 무화과나무에 일어나는 일과 천국 소식의 유사성을 드는 건 제자들이 자신 가까이에, 혹은 임박한 일을 낯설게 느끼지 않고 일정한 교훈을 받아들일 수 있게 해주었다. 그런데 마르코 복음서와 마태오 복음서에서는 이 이야기 전에 무화과나무와 관련된 또 하나의 이야기가 나온다(루가 복음서에는 나오지 않는다). 여기서 예수와 열두 제자는 무화과나무 곁에 있다.

이튿날 그들이 베다니를 떠나갈 때에, 예수께서는 시장하셨다. 멀리서 잎이 무성한 무화과나무를 보시고, 혹시 그 나무에 열매가 있을까 하여 가까이 가서 보셨는데, 잎사귀밖에는 아무것도 없었다. 무화과의 철이 아니었기 때문이다. 예수께서 그 나무에게 말씀하셨다. "이제부터 영원히, 네게서 열매를 따 먹을 사람이 없을 것이다." 제자들이 예수께서 말씀하시는 것을 들었다(마태는 "무화과나무가 곧 말라버렸다"는 구절을 덧붙였다). (마르 11:12~14, 마태 21:18~19를 비교해서 보라)

열매 맺을 때가 아닌데 예수가 무화과나무를 탓하는 건 공정하지 않아 보인다. 이와 관련해 버트런드 러셀Bertland Russel은 1927년 런던에서 열린 영국 세속주의 협회the National Secular Society of London 초청 강연 '나는 왜 그리스도교인이 아닌가?'에서 이 구절을 두고 비아냥거렸다.

아무리 봐도 이건 좀 의아한 이야기입니다. ... 그때는 무화과나무에 열매가 열릴 철도 아니었는데 나무를 비난하다니요. ... (이런 구절을 봤을 때) 저는 그리스도가 역사 속 몇몇 인사들보다 지혜나 덕망이 그다지 높다고 보지 않습니다.[19]

---

[19] Bertrand Russell, *Why I Am Not a Christian* (New York: Simon and Schuster, 1957), 19. 『나는 왜 기독교인이 아닌가』(사회평론).

성서에 담긴 내용 중 이치에 맞지 않는 이야기를 견디지 못했던 러셀은 당연히 천국에 대한 복음 이야기도 좋게 보지 않았다. "있는 그대로의 세상"을 보았을 때 신뢰할 만한 유일한 미래는 "우리의 지성으로 창조할 수 있는 미래"밖에 없다고 그는 생각했다.[20]

나는 이 이야기를 듣는 방법이 단 하나이거나 여기서 끌어낼 수 있는 교훈이 단 하나라고 제안하고 싶지 않다. 포괄적인 본문 주석을 선보이려는 뜻은 더더욱 없다. 다만 제자들에게 너무나 익숙한 내용, 가까이서 경험할 수 있는 내용(이 경우에는 당시 누구나 알고 있던 무화과나무와 열매가 열리는 철)과 너무 낯설어 가늠할 수도 없는 하늘에 관한 내용이 어떻게 나란히 할 수 있는지를 생각해 봐야 한다고, 이 부분을 좀 더 관찰해야 한다고 나는 제안하고 싶다. 첫 번째 경우는 "인자"나 "하느님의 나라"의 임함이었다면 두 번째 경우는 예수 자신의 임함을 뜻한다. "가지에 잎이 돋는다"는 친숙한 말은 때가 되면 돌아오는 여름을 예고해 준다. 비유는 듣는 사람에게 가깝고 친숙한 심상으로 시작된다. 그러나 무화과나무 가까이에 온 그리스도는 무화과나무가 열매 맺을 철이 아니거나, 아직 오지 않았음을 드러낸다. "무화과나무에 열매가 열릴 제철도 아니었는데"라는 러셀의 말은 복음서에 겉으로 드러난 사실로 보면 맞는 말이다. 하지만 그는 심

---

[20] 앞의 책, 23.

층의 의미를 놓친다. 천국 소식은 비유를 통해 "제철"the right time을 새롭게 설정하고 그 결실의 시간을 창조한다. 이러한 맥락에서 무화과나무 이야기는 사라지고 있는 것이 아직 일어나지 않은 것에 어떤 식으로든 종속되어 있음을 가르쳐 준다. 다시 한번 존 드루리의 표현을 빌리면, 이 이야기는 "빠르게 사라지고 있지만, 그 사라지는 시대 안에 다가올 시대가 감추어져 있"다는 것과 관련이 있다. 복음서 속 비유의 세계에서, 천국을 준비하지 않는 것은 그 무엇도 열매를 맺지 못하는 것으로 드러난다. 긍정의 방식으로 표현하면, 우리 삶의 적절한 때, "제철"은 하늘에서 이 땅에 도래하는 새로운 생명이 실현됨으로써 정해진다. 그렇다면 천국, 혹은 하늘의 '현실성'에 관한 바르트의 주장은 이러한 신약성서의 배경, 해석과 어떤 식으로 연결될 수 있을까?

"예언의 상상력"과 "신실한 불신" - 바르트

바르트가 '탈신화화'를 재정의한 이유에 대해서는 앞서 살펴본 바 있다. 그는 성서가 전하는 하늘 소식을 '사화'로 규정하면서 두 가지 입장과 분명한 거리를 둔다. 하나는 천국 및 하늘에 관한 소식을 검증 가능한 역사적 사실로 보는 입장이며, 다른 하나는 불트만과 틸리히처럼 실존적 신화로 해석하는 입장이다.

하늘나라에 관한 긴 성서 주석에서 바르트는 사화가 하늘나라에 관한 이야기들이 현실 세계에서 차지하는 중요성을 전할 때는 "예언의 상상력"divinatorischen Phantasie과 "신앙에 근거한 불신의 행위"ein Akt des im Glauben begründet en Unglaubens sein, 좀 더 간결하게 번역하면 "신실한 불신"faithful disbelief을 수반한다고 주장한다.[21] 실제로 그는 탈신화화를 재정의하며 천국의 현실성을 다룰 때 저 두 표현을 늘 함께 쓰곤 했다. 그렇다면 저 두 말은 무엇을 의미하는가?

천국과 하늘이 실재한다고 주장하는 사람이 '상상력'과 '불신'이라는 표현을 쓰는 것은 얼핏 이해가 잘되지 않는다. 천국과 하늘이 실재한다는 주장은 결국 천국에 대해 '상상'하지 않고도 '신뢰'할 수 있다는 이야기로 들리기 때문이다. 그러나 바르트가 보기에 상상력과 불신은 복음서에 나오는 비유의 의미와 일치하면서도 역사비평 해석에만 근거한 비유 해석이 종종 놓치는 중요한 차원을 우리에게 열어 준다.[22]

바르트가 "사화"라는 용어를 사용할 때는 두 가지 뜻이 있다. 첫째, 그는 "연설, 가르침, 묵상, 법률, 경구, 서사시, 서정시"를 비롯해 "역사", "동화", "신화"를 아우르는 성서의 다채로운 여러 형식을 포괄하는 언어 표현을 가리킬 때 이 말을 쓴다.[23]

둘째, 2장에서 언급했듯 성서의 증언을 하나의 전체로서 신실하게 들을 때 이와 가장 일치하는 의미를 밝히고, 그 중요성을

---

[21] Karl Barth, *Church Dogmatics*, III,3, 374~375, 521.

[22] Karl Barth, *Church Dogmatics*, III,1, 94~168. 그리고 다음을 참조하라. Karl Barth, *Church Dogmatics*, III,3, 236~531.

[23] Karl Barth, *Church Dogmatics*, III,1, 83~84.

강조할 때, 이를 포괄하는 단어로 '사화'를 사용한다.

> 어떤 식으로든, 성서에서 전하는 역사는 대부분 사화, 혹은 설화로 전환된다. 천사들은 이 점을 분명히 보여준다."[24]

성서는 우리가 예언의 상상력에 기대어 시적인 상상을 발휘하도록 한다. 이 시적인 상상은 무엇이 실제로 이루어지고 있는지를 보는 방식으로써 우리가 사실성factuality을 넘어선 실제성actuality을 새길 수 있게 해준다. 그리고 이것이 사화의 특징이다. 사화로서 성서 이야기는 이를 위해 쓰였고, 오늘날에도 이런 방식으로 울려 퍼진다.

또한, 바르트가 "예언의 상상력"이라는 말을 쓰는 이유는 천국 및 하늘 사화가 역사에 대해 이야기할 때, "좀 더 자유롭게 관찰"하고 "시적 언어"을 사용함으로써 천국 및 하늘과 관련된 소식이 시간 및 공간에 예속되지 않지만, 동시에 시간과 공간 안에서, 사실로서의 역사로는 설명될 수 없는 역사를 만들어 냄을 가리키기 때문이다.[25] 시적 관찰은 여태까지 감지할 수 없었던 무언가, 달리 말하면 기존의 탐지 능력을 넘어선 무언가를 새롭게 감지할 수 있도록 이에 관한 친숙한 심상들을 구성한다. 성서도 그런 방식으로 하늘의 창조와 하늘에서 내려오는 새로운 창조를

---

[24] Karl Barth, *Church Dogmatics*, III,3, 376.

[25] 앞의 책, 374. 그리고 다음을 참조하라. *Church Dogmatics*, III,1, 81.

묘사한다. 바르트에 따르면 하늘은 "이 땅에 자연스럽게 있는 관계들, 그 과정들에 반영"됨으로써, 그렇게 땅이 하늘을 닮는 방식으로만, 땅이 하늘의 비유가 되는 선에서만 우리는 하늘을 "우주론적 의미에서 진짜"로 감지한다. 그렇기에 그는 말한다.

> 복음서의 비유들에서 하느님 나라를 알게 되거나 놓치게 되는 만큼 우리는 하늘도 알게 되거나 놓치게 된다.[26]

이러한 "직관적이고 시적인 묘사"는 (고대든 현대든) 우리가 하늘과 관계된 사건들과 이 땅에서 자연스럽게 일어나는 관계, 혹은 과정과의 유사성, 혹은 친숙함을 부각하기 위해 하는 것이 아니다. 오히려 비유는 저 낯선, 그리고 역사를 빚어 내는 사건들이 "널리 알려진 일반적인 유비들"에 부합하지 않음을 드러내는 데 그 목적이 있다.[27] 자기를 계시하는 성서의 하느님과 마찬가지로, 하늘의 창조와 도래처럼 역사를 빚어 내는 사건들은 비유를 통해 드러난다. 그리고 이는 "창조된 우주에서 이루어지는 정적이거나 동적인, 영적이거나 물질적인 상황과 동일시될 수 없다"고 바르트는 말했다. 그는 "창조된 우주의 영적인, 혹은 물질적인 상황"과는 전혀 다른 현실 세계에 대한 증언이 성서에 있다

---

[26] Karl Barth, *Church Dogmatics*, III,3, 434.

[27] Karl Barth, *Church Dogmatics*, III,1, 81. 그리고 다음을 참조하라. *Church Dogmatics*, III,3, 374.

고, 성서는 이를 천국의 "대사"인 천사들이 활동하는 천상의 현실로 묘사한다고 말한다.[28]

성서의 증언에 따르면 실제 세계는 하늘과 땅으로 창조되었다. 하느님은 그런 우주를, "질서 및 형태를 갖춘 세계"가 존재하도록 부르셨다.[29] 하늘과 땅은 분리되지 않고 함께 있으며 "구별되나 서로 연관된 두 거대한 영역"으로 하나의 "현실"과 하나의 "세계"를 구성한다. 그러나 둘을 동질 현상homogenous phenomena으로 증명할 수는 없다.[30] 바르트는 후자를 강조한다. 하늘은 땅과 유사한 방식으로 표현할 수 없고, 땅과 비교하는 방식으로 헤아릴 수도, 눈으로 볼 수도 없다. 그러므로 초자연주의자들이 잘못 가정하듯 천국, 혹은 하늘은 단순히 좀 더 높은 수준의 세계, 일종의 초자연까지 확장된 세계가 아니다. 성서가 말하는 하늘은 독특하다. 성서는 하늘이 땅을 바라보고 있고, 땅을 두르고 있다고 묘사하고, "거기로부터" 하느님이 이 땅을 향해 온다고 선포한다. 성서는 하느님이 하나의 세계, 그리고 그 가운데 서로 구별되나 연관된 두 영역을 창조하셨다고 묘사하기 때문에, 세계에서 하늘이 지닌 현실성은 존재의 단일성에 기반을 둔 일반 형이상학이나 존재론과 부합하지 않는다. 따라서 바르트는 비유를 통해 알려지는 세계의 현실을 보고 들으려면 "자유로운 시적

28 Karl Barth, *Church Dogmatics*, III,3, 485.

29 Karl Barth, *Church Dogmatics*, III,1, 100.

30 Karl Barth, *Church Dogmatics*, III,1, 3, 17~18.

언어와 관찰"로 표현되는 "예언의 상상력"이 필요하고, 그럴 때라야 우리의 눈과 귀가 "이 성서의 담화들이 그리는", 그리고 하나의 뜻에 매몰되지 않는 "이야기로서의 역사Geschichte와 일치하게" 된다고 말한다.[31] 하느님의 모든 계시와 마찬가지로, 이 일치 가능성, 곧 하느님께서 하시는 일을 우리가 알게 되는 일은 값없이 주어지는 은총의 선물이다. 우리의 해석 기술로는 이를 이룰 수 없다. 이런 점에서 하느님의 피조물로서 "현실 세계", 그리고 하느님의 말씀과 영의 활동은 자신을 스스로 증명할 뿐 다른 무언가로 증명되지 않는다. 그러나 "말씀이 육신이 되었다"는 성육신의 관점으로 본다면, 하느님의 피조물이자 하느님께서 오시는 과정으로서 하늘을 영적 현실로 확언하는 것은 하늘이 그 고유한 방식으로 물리적 실재도 포용한다는 사실을 부정하지 않는다. 처음부터 바르트는 성육신에 기대어 육체 없는 유심론spiritualism이나 물질성 자체를 거부하는 관념론을 반대하면서, "하느님의 말씀은 물질적 사건 없이 일어나지 않는다"는 주장을 고수한다.[32] "현실 세계"는 이 땅 한가운데서 하늘의 사건이 일어나는 곳이다. 성서의 사화는 신성한 상상력으로 이런 사건을 전한다고 바르트는 말한다.

1916년 초, 스위스의 한 시골 마을에서 목회할 때 바르트는

[31] Karl Barth, *Church Dogmatics*, III,3, 374~375.

[32] Karl Barth, *Church Dogmatics*, I,1, *The Doctrine of the Word of God* (Edinburgh: T.&T. Clark, 1975), 133.

우리가 성서의 세계에서 만나는 하늘, 천국이 진정한 "현실 세계"임을 유독 강조했다. 복음이 선포하는 천국은 "진짜 그랬으면 좋으련만"이란 말처럼 염원을 반쯤 머금은 푸념이 아니다. 성서는 다채로운 방식을 통해 천국을 이상 세계가 아닌 현실로 묘사한다. 하느님이 말씀하고 활동하고 약속하신 것이 이제 "때가 찼고" 혹은 "이 때를 따라" 적당한 시기에 사건으로 일어나리라고 말한다. 우리가 성서를 거침없이 파고들 때 비로소 발견하는 것을 바르트는 신학자로 본격적으로 활동하기 전에 발견했다. 그건 역사를 담고 있지만 역사가 아닌, 도덕을 담고 있지만 도덕이 아닌, 종교를 담고 있지만 종교가 아닌 "낯설고 기이한 세계"였다. 이 세계는 "새 하늘과 새 땅"이며, 이곳의 주인은 하늘에 계시지만 하늘에서 "땅으로" 임하시며 "생명과 삶을 차안과 피안으로 가르지 않으시는" 하느님이다. 이 낯설고 기이한 세계와 관련해 그는 말했다.

> (이 세계는) 새로운 인간, 새로운 가족, 새로운 관계, 새로운 정치를 말한다. 이 세계는 단지 오래되었다는 이유만으로 전통을 존중하지 않으며, 단지 거룩하다는 이유만으로 옛 거룩함을 반기지 않으며, 단지 권세가 있다는 이유만으로 옛 권세들을 따르지 않는다. ... 성령은 불의가 횡행하는 이 땅 가운데 하늘의 정의를 세우며 죽은 자들이 모두 살아나고 새로운 '세상'이 임할 때까지 멈추지도, 안주하지도 않는다. 이것이 바로 성서가

그리는 새로운 세계다.[33]

30년이 지나고 교의학 교수로 활동하며『교회교의학』에서 복음서 기록에 따른 하늘나라의 임함을 다룰 때도 그는 계속 하늘의 '현실성'을 강조했다.[34]

(하느님 나라는) 오면서 우리에게 하늘을 함께 가져온다. 그 나라는 위의 세계를 아래 세계로 옮겨 놓는다. 이 나라를 통치하는 분은 하느님이다. 하느님 나라가 임하는 가운데 보이지 않는 하늘 세계의 힘은 형태를 취하고 지상 세계로 들어와 그 안에서 활동하며, 이로 인해 일어나는 사건들의 실제 요소가 된다.

그러나 바르트는 형이상학의 범주인 '현상'phenomenon은 이 하늘이라는 새로운 현실에 적용할 수 없다고 분명히 말한다. 하늘, 천국에 관해 성서가 전하는 소식에서 신성한 상상력의 역할을 인정하는 것은 하늘이 어떤 '신뢰할 만한' 상상력의 산물이라거나 인간의 주관적인 상상력의 산물임을 뜻하지 않는다. 다만 성서가 선포하는 하늘 소식을 듣는 것은 (다수의 비평가가 바르트의 신학이 상상력을 발휘할 여지를 남기지 않는다고 비판한 것과 달리) 그

---

33 Karl Barth, 'The Strange New World within The Bible'(1916), *The Word of God and The Word of Man* (San Francisco: Harper &Row, 1957), 28~50.

34 Karl Barth, *Church Dogmatics*, III,3, 237.

소식에 상응하는 시적 감각을 필요로 한다고 그는 이야기한다. 이 시적 감각을 바탕으로 일어나는 "예언의 상상력", 혹은 환상 phantasie은 기본 악상을 자유롭게 변주하는 즉흥 연주와 유사하며 디킨슨의 시와도 연결되는 부분이 있다.

> 음악처럼, 보이지 않아도 –
>
> 소리처럼, 확실하게 존재한다 –

여기서 추가해야 할 중요한 사안이 있다. 바로 하늘나라 비유는 가까이 갈 수 없는 것에 가까이 가기 위해 시적 상상력을 갖춘 눈과 귀를 요구함과 동시에 청중에게 사라지고 있는 것을 단호히 거부하라는 적극적 태도를 요구한다는 점이다. 즉 비유를 통해 드러나는 현실은 상상뿐만 아니라 참여도 함께 일으킨다. 바르트에 따르면, 성서가 그리는 "현실 세계"의 사건들은 도래하는 하늘에 반하고 역행하려는 모든 세력을 거부하게 만든다. 이를 그는 하늘의 도래를 반대하는 세력에 대한 "축귀"exorcism라고 부른다. 하늘이 도래함을 깨달음으로써 우리는 온 마음과 몸을 다해 사라져가는 것들을 신뢰하지 않고, 거부하게 된다. 이를 바르트는 "신실한 불신"이라고 말했다.

1950년 들어 바르트는 탈신화화 논쟁을 다른 방향으로 전환한다. 그는 불트만의 탈신화화를 새롭게 정의하려 한다. 바르트가 보기에 천국, 하늘과 관련된 복음에 부합하는 참된 탈신화화는 이 소식을 단순히 우주적 사건에서 (현대인의 정신에 부합하거나, 현대인이 좀 더 믿을 수 있게끔) 실존적 사건으로 다시 기술하거나 번역하는 것이 아니라 도래하는 하늘을 반대하는 것으로 드러나는 세력을 적극적으로 불신하고, 이들에 대한 충성을 거부하는 것이다. 즉, 우리는 성서에서 악과 악마로 특징짓는 '적'을 거부해야 한다. 바르트에 따르면, 우리가 벗겨 내야 하는 신화는 낡은 우주론의 심상들이 아니라 하늘을 거스르면서 자신이 천국인 것처럼 주장하는 모조품들을 참된 "현실 세계"로 신뢰하는 태도다. 그리하여 그는 이렇게 결론을 내린다.

> 하느님과 그분의 천사들에 대한 믿음은 마귀와 악마들에 대한 탈신화화를 포함한다. 이 탈신화화는 오늘날 통용되고 있는 피상적인 형태의 탈신화화, 현상학에서 이야기하는 탈신화화는 무관하다. 이런 현대의 통념에 따르면, 천사, 심지어 하느님의 말씀 및 활동도 이제는 대체된 세계관의 유산에 불과하다. 이런 식의 탈신화화는 옳지 않다. ... 마귀와 악마들에게 실제로 타격을 입히는 탈신화화는 그들의 존재에 의문을 제기하는 것이 아니다. 올바른 신학에 바탕을 둔 축귀는 신앙에 기초해 저들을 신뢰하지 않는, 불신Unglaubens의 행위여야 한다.[35]

35 앞의 책, 521.

복음은 하늘나라에 대한 노골적인 저항이 있으리라 선언한다. 이는 십자가라는 메시지를 통해 분명히 드러난다. 그러나 동시에 복음은 이 노골적인 저항이 결국은 제압당하고 "현실 세계"로 여겨지는 모든 허상도 발가벗겨지리라고 선언한다. 이것이 분명하게 드러나는 것이 부활의 메시지다.

19세기, 프리드리히 슐라이어마허Friedrich Schleiermacher는 (바르트가 거부한) 신-의식에 기반한 인간 중심 신학을 대표하는 인물이었지만, 그조차 성서 본문을 이해할 때는 문법적 해석, 비교 해석과 더불어 "예감의 방법론"divinatory method이 반드시 필요하다고 이야기했으며 바르트도 이를 존중했다.[36] 물론 "예언의 상상력"과 "예감의 방법론"은 일정한 차이가 있다. 낭만주의 전통에 속한다고 할 수 있을 슐라이어마허와 그를 따르는 이들은 저자가 본문을 구상하고 생산할 때 품고 있던 마음을 직관으로 파악할 때 저 말을 썼다. 그래서 "예감의 방법론"은 새 하늘 새 땅의 창조와 같은 거대한 우주를 그리는 신약의 묵시적 본문들에는 적용되지 않았다.[37] 슐라이어마허에게 예감의 방법은, 우리가 이해하지 못하는 상황과 마주했을 때 그 상황에 대한 이해 과정의 첫 번째 단계였다.

---

[36] F. D. E. Schleiermacher, *Hermeneutics: The Handwritten Manuscripts* (Montana: Scholars Press, 1977), 175~214. 『해석학과 비평』(철학과현실사).

[37] 앞의 책, 226.

> 익숙한 언어에서도 우리는 익숙하지 않은 무언가를 만난다. 단어들의 조합이 분명하지 않을 때, 생각의 흐름이 우리가 생각하는 것과 닮아도 이상하다는 느낌이 들 때, 혹은 생각의 흐름 중 부분들의 연결이 불확실한 상태로 남아 불안정한 상태로 우리 앞에서 부유할 때가 있다. 이럴 때 우리는 언제나 대담하게 예감을 시작할 수 있다.[38]

바르트가 호소하는 "예언의 상상력"과 슐라이어마허의 "예감의 방법"이 어떻게 다른지는 위 인용문이 인간학, 혹은 심리학의 틀이 아닌 묵시적 틀에서 어떻게 들리는지를 관찰하면 쉽게 알 수 있다. 슐라이어마허의 표현대로 "분명하지 않은" 낯선 내용과 만나거나 "생각의 흐름이 ... 이상하다는 느낌이 들 때"나, "생각의 흐름 중 부분들의 연결이 불확실한 상태로 남아 불안정한 상태로 우리 앞에서 부유할 때"를 생각해 보라. 묵시적 틀에서 이는 단순히 주관적인 정신 상태가 아닌 "예언의 상상력"이 그려낸 하늘의 사건, 그 묵시적 차원이 비유를 통해 드러나는 것이라 할 수 있다. 이를 바르트는 한 문장으로 기술한다.

> 이렇게 하늘이 땅에서 열린다.[39]

---

[38] 앞의 책, 194.

[39] Karl Barth, *Church Dogmatics*, III,3, 485.

인지의 차원에서 개인의 마음 상태만을 고려한다면, 바르트의 저 문장은 "하늘이 나에게 열렸다"라고 해석할 수 있을 것이다. 그러나 바르트는 교의학에서 천국, 하늘이 "우주의 차원에서도 현실"임을 강조하고 있으며, 그러한 맥락에서 저 표현은 단순히 개인의 내면이 아닌, 이 땅에서 실제로 일어나는 일을 가리키는 것이다.

우주론의 틀에서 보면, '현실 세계'는 하늘이, 혹은 천국이 없는 땅이 아니다. 그건 하늘이 순전히 망상에 불과하다고 인정해야만 가능하다. 오히려 진정한 '현실 세계'는 하늘, 이 땅 가운데 자리한 '살아 있는 공간'이며 '지옥'에 대한 망상이 없는 곳이다. 여기서 '지옥'이란 천국이 도래하며 움트는 살아 있는 공간을 부정하거나 강탈하려는 모든 것을 뜻한다. 바르트의 관점에서는 땅에서 일어나는 억압을 천국에 투사해, 이에 관한 망상을 갖게 되지 않는다. 오히려 천국의 도래를 반대하는 모든 것이 이 땅에서 일어나는 억압을 통해 지옥에 대한 망상을 조장한다. 이렇게 바르트는 예언의 상상력이 깃든 사회를 신실한 불신, '신학의 축귀'와 연결한다.

천국의 반대로서 지옥에 대한 '신실한 불신'은 지옥의 존재를 낡은 신화로 부정하는 현대인의 '신앙 없는 불신'faithless unbelief이 아니다. 이와 달리 '신실한 불신'은 지옥이 "현실 세계"라고 강요하는 모든 것을 신뢰하지 않는 것이다. 바르트는 말한다.

하늘로부터 땅으로 임한 ... 하느님 나라의 빛으로 보면, 악을 축출하려는 움직임이 시작된다. 그분의 나라가 선포되고 이를 이루기 위한 움직임이 있으며 악은 축출된다. 이때는 이 나라에 저항하고 반역하는 것이 그분의 나라보다 훨씬 더 분명하게 보인다. 그것이 내쫓기기 때문이다.[40]

복음서의 이야기에 따르면, 하늘나라가 이 땅의 현실로 들어오면 그 나라에 맞서는 치명적인 세력들, 그 나라의 힘을 어떻게든 무력화하려는 세력들과 충돌한다. 앞서 살펴보았듯 요하네스 바이스는 오늘날 사고방식으로는 이런 주장을 더는 받아들일 수 없다고 판단했다. 그러나 반대 세력은 엄연히 존재하며 그 위력은 상당하다. 복음서의 수난 서사에서 자신을 보낸 분의 뜻을 실현하기 위해 "하늘에서 내려온"(요한 6:38) 예수에게 어떤 일이 일어났는지를 보라.

하늘, 천국과 관련된 복음의 증언에 따르면, 단순히 익숙한 대상에서 낯선 것을 보고 듣고, 평범한 것에서 비범한 것을 보고 듣는다 해도 비유가 드러내는 "현실 세계"을 온전히 마주하지는 못한다. 니체가 말한 "대중을 위한 플라톤주의"도 이 정도는 할 수 있다. 여기서 우리는 에페소인들에게 보낸 편지의 구절을 기억해야 한다. "하늘"에 앉게 되는 것은 지금 이 땅에서 "이 어두

[40] 앞의 책, 529.

운 세계의 지배자들"과 벌이는 전쟁에 기꺼이 참전하는 것이며, 지금 천상의 통치권과 권세를 찬탈하려는 악의 세력을 묵과하지 않고 끝까지 거부하는 것을 포함한다(에페 6:12). 성서에서 다채롭게 언급하는 이 적대 세력들, 죄, 사탄, 악, 적그리스도, 짐승, 악마들은 다들 하느님의 대리자처럼 행동한다. 그러나 이들은 창조와 구속의 드라마 가운데 펼쳐지는 창조주의 활동과 그분의 대리자들, 그분의 선한 창조와는 전혀 다르다. 이들은 모조품이며 현실을 기만하며 우리를 유혹한다. 그러나 하느님의 권능은 이를 망상으로 드러내며, 피조 세계에서 어떠한 실질적인 위상도 갖지 못하게 한다. 이 세력이 갈 길은 오직 "멸망"뿐이다(계시 17:8). 천국의 침투를 가로막으려는 이 적대자들, 혹은 바르트가 이 기만적 세력을 총칭할 때 부르는 '무'無, das Nichtige는 그들이 그토록 짓밟아 버리고 싶었던 것이 실제로 발생할 때라야, 증인들과 동행하는 천사들을 통해 하늘나라라는 "현실 세계"가 실제로 발생할 때라야 비로소 그 본색을 드러낸다.[41]

우리는 하느님과 그분의 천사들을 믿기 때문에, 악한 세력들

---

[41] 악을 무Das Nichtige로 보는 바르트의 견해를 보려면 다음을 보라. Karl Barth, *Church Dogmatics*, III,3, #50, 289~368. 이 책도 참고하라. Wolf Krötke, *Sünde und Nichtiges bei Karl Barth* (Berlin: Evangelische Verlag Anst., 1971). 이 책은 필립 G. 지글러Philip G. Ziegler와 크리스티나 밤멜Christina-Maria Bammel이 영어로 번역해 새로운 저자 서문과 함께 다음 책으로 출간되었다. Wolf Krötke, *Sin and Nothingness in the Theology of Karl Barth* (New Jersey: Princeton Theological Seminary, 2005).

> 을 인식할 때는 가장 철저한 불신Unglauben을 지니고 대항하는 방식으로만 그들을 인식해야 한다. 사탄과 마귀들은 다 신화이며, 모든 신화 중의 신화다. 하느님과 하느님의 천사들을 믿는다는 것은 사탄과 마귀들에 대한 우리의 시각을 탈신화화하는 것이다.[42]

천국의 소식은 우리의 "지혜"에 장애물이며 "수수께끼"로 다가온다. 하지만 하늘이 현 상황의 종말이며 우리 가운데 이미 시작되었다고 선포된다면 어떠한가. 하늘나라가 비유의 위력에 힘입어 우리의 선입견에 포획당하지 않으면서도 익숙한 지금의 세계 곁으로 와 둥지를 튼다면 어떠한가. 하늘과 관련된 비유에는 현 상황에 굴하지 않게 해 주는 상상력을 일으키는 힘, 현 상황에 기꺼이 참여하게 하는 힘이 서려 있다. 양식비평이 마태오와 마르코와 루가 복음서에 나오는 하늘, 하느님 나라를 잘게 분석한다 해도 이 힘은 본문의 편린으로 남은 낱말이나 내력에 갇히지 않는다. 그렇게 본문의 낱말과 역사적 정황에 포획된다면, 하늘, 천국에 관한 소식은 결코 지금, 여기서 울려 퍼지는 소식이라 할 수 없으며 한때 그러한 소식이 있었다고 보도하는 역사 기록, 혹은 먼 훗날 일어날 일을 담고 있어 필사적으로 풀어야 할 암호문에 불과할 것이다.

---

[42] Karl Barth, *Church Dogmatics*, III.3, 521.

지금까지 살펴보았듯 바르트는 천국 소식을 협소화하는 모든 시도에 분명하게 반대 입장을 표명한다. 그는 말한다.

> (우리가) 우리의 자리, 고유한 임무를 맡고 있는 좁은 곳에서 ... 세상 전체에 관한 소식을 엿듣는다면 ... 우리는 진정 성서에 부합하는 '하늘나라의 비유들'을 그리스도교 교회의 말과 행동뿐 아니라 세속 영역에서도 ... 이 세상 속 세속적 삶과의 기이한 단절 가운데서 만날 수 있고, 또 만날 준비를 해야 한다.[43]

세속성과의 기이한 단절을 엿듣기

바르트의 주장에 따르면, 모름지기 신학자라면 "좁은 곳"에서 세상 전체에 관한 소식을 엿듣고, 이 세계의 세속적 삶에서, 즉 "성전 밖"에서 하늘나라에 관한 비유와 만나기를 고대해야 한다. 이 요구는 앞서 언급한 불트만의 이야기(불트만은 신학자들의 현실 담론이 다른 영역의 현실 담론과 어떻게 연결되는지를 명쾌하게 밝혀야 한다고 말했다)에 대한 바르트 나름의 대답이었다. 여기서 중요한 점은 두 담론의 관계이지 둘을 동등하게 봐야 한다는 것이 아니다. 물론 바르트가 말하는 '세속성'secularity에 별다른 경멸이 담겨 있는 건 아니다. 다만 그는 천국, 하늘의 도래를 그 의미를 헤아릴 수 없는 우주적(이기에 묵시적이며 비유를 통해 전달될 수

[43] Karl Barth, *Church Dogmatics*, IV,3, First Half (Edinburgh: T.&T. Clark, 1963), 117.

밖에 없는) 사건으로 여겼고 그 특징을 면밀히 살폈다. 바르트가 보기에 하늘나라 비유는 세속의 어떤 어휘에도 부합하지 않으며 도식화할 수 없는 "기이한 단절"이다. 이런 맥락에서 세속의 상징은 하늘나라가 왔다는 복음의 선포를 유의미하게 만들지 못한다고 그는 확신했다. 그러한 의미에서 바르트는 종교의 어휘와 관련해 많은 이야기를 남기기도 했다. 그가 보기에 종교의 상징들은 하늘나라가 왔다는 복음의 선포를 현실과 관련이 있는 선포로 만들지는 못한다. 어떤 면에서 복음은 현실, 세속의 도식, 종교의 도식이 그리는 "현실 세계"와는 아무런 관련이 없다. 복음은 다가올 하늘에 대해 이야기한다. 일상에서 "세속"the profane이라는 말은 성스럽지 않고, 비종교적이며, 불경하고, 무례하다는 뜻, 좀 더 나아가서는 성스러운 주장을 경멸한다는 뜻을 지니고 있다.[44] 한데 바르트는 바로 이 세속의 영역에서, 교회가 전하는 하늘나라 이야기에 냉담한 이곳에서, 성서가 비유를 통해 드러내는 천국의 현실을, 그 기이한 진리를 만나야 하고 또 만날 준비를 갖춰야 한다고 주장한다.

그렇다면 현실에 대한 신학의 논의는 신학이라는 좁은 곳 너머에 있는 현실에 관한 이야기와 어떠한 관련이 있을 수 있을까? 여기서는 두 가지 사례를 살펴보도록 하겠다. 두 사례 모두 바르트가 활동한 시대 이후 두각을 나타낸 주장으로, 서로 다르지만

[44] *Webster's New World College Dictionary*, Fourth Edition, 2006.

모두 바이스와 '현대 개신교 세계관'을 주창한 이들이 자명하다고 생각한 "현실 세계"에 반기를 들고 있다. 첫 번째 예는 바울의 부활 증언에 대한 자칭 "무신론자"atheist의 해석이다. 이 해석은 프랑스 철학자 알랭 바디우Alain Badiou가 『사도 바울』Saint Paul에서 제시한 바 있다.[45] 이 책에서 그는 "여기서 문제가 되는 것은 실재(현실)의 또 다른 모습이다"라고 말하고, 바울이 여러 편지에서 선포한 그리스도의 부활 소식이 왜 우리에게 "유일하게 중요한 현실"을 가져다주는지를 보여준다.[46] 두 번째 예는 인터넷 시대와 함께 등장한 '가상 현실' 담론이다. 이 담론은 첫 번째 예보다 학문적이지는 않지만, 대중의 관심을 끌고 있다.

1. "유일하게 중요한 현실"

1990년대 후반 들어 그리스도교 교의학이 통용되는 교회 담장 너머에서도 바울 서신이 커다란 관심을 받았다. 야곱 타우베스Jacob Taubes, 알랭 바디우, 슬라보예 지젝Slavoj Žižek, 조르조 아감벤Giorgio Agamben과 같은 철학자, 사회 이론가들의 작업은 그 대표적인 예다.[47] 바디우의 『사도 바울』을 보라. 그는 기존 신학 해

[45] Alain Badiou, *Saint Paul: The Foundation of Universalism* (Palo Alto, CA: Stanford University Press, 2003). 『사도 바울』(새물결).

[46] Alain Badiou, 위의 책, 55, 58.

[47] 다음을 참조하라. Jacob Taubes, *The Political Theology of Paul* (Stanford, 2004). 『바울의 정치신학』(그린비). Slavoj Žižek, *The Fragile Absolute* (London: Verso, 2000). 『무너지기 쉬운 절대성』(인간사랑). Giorgio Agamben, *The Time That Remains: A Commentary on the Letter to the Romans*. Theodore W.

석과 명백한 거리를 두려 노력한다. 바디우는 "바울이 선포한 복음이나 그를 향한 숭배"에 아무런 관심이 없으며 바울에게 어떤 '종교적' 관심도 두지 않겠노라고 선언한다.[48] 바울의 표현을 차용하기는 하나 그의 목적은 "은총에 대한 완전히 세속화된 관념"을 관철하는 것이다.[49] 바디우는 집요할 정도로 바울의 부활 담론이 지닌 현실에 대한 무신론적, 반反신학적 특성에 몰두한다. 그는 지나가듯 "천국보다는 지옥이 예술적으로나 대중적으로 늘 더 크게 성공했다"고 말한다. 바디우가 보기에 바울이 천국과 연동해 둔 "희망"은 분배 정의distributive justice에 기초한 "사법적, 객관적 개념"을 받아들이지 않기 때문이다.[50] 즉 바울이 선포한 천국에 대한 희망은 "우리는 응당한 대가를 치르게 될 거야"라는 통념을, 심판의 두려움에 주눅 든 푸념을 다시 정의한다(이에 관해서는 4장과 5장에서 좀 더 들여다볼 것이다). 문맥을 살펴보면, 바디우가 툭 하고 던져 놓은 "천국"이라는 말은 천국에 관한 신학에서 나온 핵심 내용을 배음으로 깔고 있는데, 이 은은한 소리는 그의 책 전체를 경유하면서 더욱 명료해진다. "유일하게 중요한 현실"이 "측정할 수 없는" 하나의 "사건"이라고 그가 말할

Jennings, Jr., *Reading Derrida/Thinking Paul: On Justice* (Stanford: 2006). 『데리다를 읽는다/바울을 생각한다』(그린비).

48 Alain Badiou, *Saint Paul*, 1.

49 위의 책, 66.

50 위의 책, 94.

때 이는 가장 분명하게 드러난다.[51]

바디우는 사도 바울의 부활 선언에, 그 사건에 충실하면 "입이 벌어질 만한" 결과를 가져온다고 이야기하는데, 이는 바디우 자신이 바울 서신들에서 발견한 소식을 폭로할 때도 마찬가지다.[52] 바울의 이야기에 비추어 볼 때 "유일하게 중요한 현실"에 대한 그의 이야기는 어떤 면에서 꽤나 놀랍고 "입이 벌어질 만"하다. (바디우가 잘 알고 있는) 세속과 종교와 관련된 통념적인 틀에 바울의 선언이 들어맞지 않는다고 이야기하며, 이런 그의 주장은 (그가 잘 모르는 것처럼 보이는) 신학이란 "좁은 곳"에서 나온 영향력 있는 주장들과 분명히 공명하고 있기 때문이다. 이 얇은 책은 통념적인 개념들을 전복하는 파격이 가득하다.

『사도 바울』은 낯선 경로의 산물이다. 바디우는 수학자로 훈련을 받았고, 철학서 이외에도 소설과 희곡을 썼다. 1968년, 이른바 '68혁명' 때부터 그는 프랑스의 마오주의자들과 각별한 관계를 유지했다. 굳이 바디우를 어떤 범주에 넣고 분류한다면 그는 마르크스-레닌주의 좌파와 포스트모더니즘을 모두 넘어선다는 점에서 '포스트 이후(마르크스-레닌주의로의 회귀를 거부하므로 '이전'pre이라는 말을 붙일 수는 없다) 담론'의 주요 철학자다. 오늘날 지성계는 분석 철학과 해석학이 커다란 영향력을 행사하며, '차이'를 강조하는 포스트모더니즘의 영향 아래 이른바 총체화 담론

51 위의 책, 65.
52 위의 책, 9.

totalizing discourse과 거대 서사master narrative를 거부한다. 바디우는 이런 흐름을 무시하지는 않으나 여기서 탈피하는 방식을 통해 반대의 길을 간다. 물론 이런 장황한 분류로는 바디우가 내세운 가장 인상적인 주장이 무엇인지 가늠하기 힘들다.

바디우의 주장에 대해서는 다른 글에서 자세히 다룬 바 있으니, 여기서는 핵심만을 추려서 설명하겠다.[53] 그에 따르면 바울이 그리스도의 부활을 선포함으로써 예시된 "진리"는 기존 질서, 바디우의 표현을 빌리면 "이전의 표징들", "이미 구성되어 있는 역사의 집합체"를 거부하며 불화한다.[54] 이렇게 순응하지 않는 "특이성"은 기존 형식에 따라 취합된 정보, 즉 기존 질서의 모든 "지식"과 언제, 어디서든 일어나 현실을 돌파하는 "진리"를 "보편적으로" 구별해 준다. 알다시피 바울은 십자가에 달리신 그리스도를 그의 부활의 능력 안에서만 만난 이였다. 그런 그가 말했다.

> 유대 사람은 기적을 요구하고, 그리스 사람은 지혜를 찾으나, 우리는 십자가에 달리신 그리스도를 전합니다. 그리스도가 십자가에 달리셨다는 것은 유대 사람에게는 거리낌σκάνδαλον이고,

[53] Robert Morgan(ed.), 'The Resurrection as Myth and as Fable: The Difference after Thirty Years', *In Search of Humanity and Deity: A Celebration of John Macquarrie's Theology* (SCM Press, 2006), 254~263.

[54] Alain Badiou, *Saint Paul*, 23, 26.

이방 사람에게는 어리석은μωρίαν 일입니다. (1고린 1:22~23)

이 놀라운 선언을 통해 바울은 당시 세계를 바라보던 지배적인 입장, 그 입장이 배태한 가장 대표적인 두 형식을 돌파한다. 바디우의 해석에 따르면, 바울이 진실로 가리키는 것은 유대인과 이방인이라는 두 민족 집단이 아니라 현실을 구별하는 두 가지 방식이다(이를 그는 "주체의 성향들"subjective dispostions과 "담론들의 체제"regimes of discourse라고 부른다).[55]

부활의 선포를 자각하는 주체가 된다는 것, 바울의 언어를 빌리면 "사도"가 된다는 것은 "주체의 성향들" 혹은 "담론들의 체제"에 충실해지는 것이다. 이 주체의 성향들, 담론들의 체제에 충실한 이는 상황에서 기존 질서에서 중요하다고 여기는 모든 분류를 파열하고 "장소 밖에 존재"하게 되는데, 이를 바디우는 은총의 "유목주의"nomadism라고 부른다.[56]

바디우가 보기에 여기에는 분명한 정치적 함의가 있다. 기존 질서, 현상을 유지하려는 경향에 맞서는 전투적 주체를 중시하는 그는 우리가 관여하는 진리 공정들procedures에서 무용해 보이는 것들이 이 공정들을 장악하고 있는 형태들을 돌파하는 상황 속에서 투쟁의 가능성을 바라본다. 이 돌파의 순간들이야말로 "진리"가 현실과 보편으로 뚫고 나오는 순간들이며, 바울이

---

55 위의 책, 41.

56 위의 책, 78.

선포한 그리스도의 부활은 바로 이를 가리킨다. 그래서 바울은 "아무것도 아닌 것들"이 "잘났다고 하는 것들"을 제압한다고 말했다(1고린 1:28). "보편적인" 것은 우리가 속한 상황들에 있는 모든 차이와 다양한 불일치 가운데, 언제나 비순응의 사건으로서 드러나며, 현 상황에서 진리라고 여겨지는 것들을 훼방한다. 바디우에게 그러한 부활이라는 은총이 일으키는 혼란은 "전지전능한 자"All-Powerful를 필요로 하지 않으며 상황 속 장소와 대상을 가리지 않고 누구에게나 일어난다.[57] 『사도 바울』에서 그는 바울의 언어를 동원해 이러한 자신의 견해를 개진한다. 다른 저서들에서도 이야기는 크게 다르지 않으나 훨씬 추상적인 형태로, 매우 복잡한 존재론을 전개하고 있다. 이를테면 바디우는 수학의 무한 개념을 기반으로 자신의 존재론을 전개한다. 그에 따르면, 어떤 상황(특히 사랑, 예술, 과학, 정치라는 상황)에서도 다자multiples는 앞서 측정된 수로 제한될 수 없으며, 이렇게 질서를, 제자리를 벗어난, 무한히 설명할 수 없고 계산할 수 없는 것의 출현은 이전에 없던 것, 새로운 질서의 출현에 필수 불가결한 조건을 제공한다.

바디우가 속한 대륙 철학의 언어보다 하늘 및 천국을 전하는 복음에 관한 신학의 언어에 좀 더 익숙한 독자들에게는 『사도 바울』이 흥미롭게 읽힐 수 있다. 이 책에서 바디우가 개진한 논의

---

[57] 위의 책, 66.

들은 몰트만이 60년대 후반 '우리에게 다가오는 것으로서 미래'를 이야기하며 종말론과 묵시에 대해 논의한 내용을 철학의 언어로 옮긴 것처럼 보이기도 한다. 특히 그리스도는 "우리에게 보편적으로 일어나는" "다가옴"이며, 그의 부활은 "가능한 것과 불가능한 것 사이의 관계들을 변화"시키는 "한 시대의 열림"이자, "근본적인 새로움"을 일으키는 사건이라고 말할 때 그러하다.[58]

물론 바디우의 해석은 불트만과 틸리히의 신화에 대한 실존주의적 해석과는 다르며, 바르트의 사화처럼 서사가 있지도 않고, 몰트만이 부각한 약속의 언어에도 무심하다. 은총의 행위를 무신론의 지평에서 밀어붙이는 그의 해석은 불완전한 복음일 수밖에 없다. 그는 우리 '가까이'에 있는 것을 마치 우리가 이미 쥐고 있는 것처럼 이야기한다. "복음은 결국 이 말로 귀결된다. 우리는 죽음을 정복할 수 있다"는 말은 그 대표적인 예다.[59]

그럼에도 불구하고 바디우가 부활에 관한 바울의 소식을 우화로 읽어낼 때, 이는 "예언의 상상력"을 포함한 현실에 대한 바르트의 묘사와 공명하는 부분이 있다. 바디우에 따르면, 그리스도의 부활을 통해 드러난 뜻밖의 은총은 율법이라는 정합성을 거부하고, 거스르는 철저한 선물이기에 함께 투쟁하는 '새로운 피조물'을 만들어 내며, 이렇게 출현하는 주체는 은총의 사건에

---

[58] 위의 책, 45, 48, 53, 60.

[59] 위의 책, 45,

대해 충실한 자로서 은총을 따라 "함께 행동한다".[60] 이는 바르트가 "신실한 불신"이라고 부른, 현실 상황에 적극적인 참여와 연결되는 바가 있다. 용어와 참조하는 틀이 분명 다름에도 불구하고 현실에 대한 바디우의 '세속' 담론은 바르트의 탈신화화 논의, "현실 세계"에 대한 비유에 관한 논의와 생각만큼 크게 다른 논의로 보이지는 않는다.

2. 가상 현실이 아닌 현실적인 능력

20세기에는 컴퓨터와 인터넷의 등장으로 인해 "가상 현실" 담론이 주목을 받았다. 흥미로운 건 이와 관련된 세속의 논의들에서 '덕'('비르투스'virtus)이라는 오래된 신학 언어를 전유하고 있다는 점이다. 우리는 아직 사실이 아니거나 사실 여부가 분명하지 않은 것에 "사실상"virtually이라는 표현을 덧붙여서 마치 실제로 사실과 같은 효과를 낼 때가 있다. 이처럼 '가상'virtuality은 우리가 '사실'이라고 부르는 것과 '총체적인 효력'net effect이라고 부르는 것 사이의 언어 격차를 해소한다. 앞서 불트만이 바르트에게 쓴 편지에서 남긴 말을 기억해 보라.

> 우리가 신학을 하며 사용하는 실재, 현실, 존재, 사건이라는 개념을 어떻게 쓰고 있는지를 분명히 밝히는 게 매우 중요하

---

[60] 위의 책, 63~64.

지 않나 싶네. 그리고 보통 사람들뿐만 아니라 우리 신학자들이 일상에서 이 개념들을 어떻게 쓰는지, 신학에서 사용할 때와 어떠한 관련이 있는지를 분명히 드러내야 한다고 나는 생각하네.

이 말은 우리에게 '가상'이라는 말의 쓰임새를 다시 한번 고민하게 해준다. 비유를 통해 전달되는 천국, 하늘과 관련된 소식을, 그리고 이 소식에 담긴 묵시를 경험으로 입증할 수 없고, 객관적인 우주론도, 주관적인 인간론도 아니며, 순전히 우리의 믿음에서 나온 산물도, 사회의 구성물도 아니며 그럼에도 불구하고 '현실'과 분명한 관련이 있음을 우리는 살펴보았다. 누군가는 그렇다면 천국은 '가상 현실'이 아니냐고 이야기할지도 모른다. 실제로 이 말은 새천년이 시작될 무렵, 사이버네틱 시대가 시작되었다며 떠들썩할 때, 과거 천상의 실재를 가리킬 때 쓰던 신학 용어를 세속 사회에서 가져다 쓴 것이기 때문에 충분히 생각해 볼 만한 가치가 있다.[61] 벤저민 울리Benjamin Woolley가 쓴 『가상의 세계들』Virtual Worlds은 이를 잘 보여준다.[62] 책에서 그는 말한다.

---

[61] 다음을 참조하라. Christopher Morse, 'The Virtue of Heaven: From Calvin to Cyber-talk and Back', *Modern Theology*, 19.3, July 2003, 317~328.

[62] Benjamin Woolley, *Virtual Worlds: A Journey in Hype and Hyperreality* (Cambridge: Blackwell, 1992).

> '가상'virtual은 기술 용어로서 탄탄한 내력을 자랑한다. 그 기원은 근대 과학이 시작될 무렵까지 거슬러 올라간다. 18세기 초 이 용어는 광학에서 물체의 굴절된 모습이나 반사된 모습을 가리킬 때 쓰였다. 19세기 초 물리학자들은 입자의 '가상 속도'virtual velocity와 '가상 운동'virtual movement에 대해 연구했다. 오늘날 물리학계에서도 '가상'이라는 말을 쓴다. 찰나에 나타나 측정할 수 없는 '아원자 입자'subatomic particle(원자보다 작은 입자)가 기이한 움직임을 보일 때 이를 설명하기 위해 '가상'이란 말을 쓴다. 덕virtue이 하느님의 '능력'을 얻는 것을 의미하던 시대에 '가상'은 '덕'의 형용사 형태로 사용되었으나 이후 본래 의미와는 거리가 멀어졌다.[63]

울리는 이렇게 결론 내린다.

> 가상 현실의 중요성은 ... 아무리 강조해도 지나치지 않다. ... 이 말은 불가피하게 우리가 '현실이란 무엇인가'라는 질문을 던지게 한다.[64]

바로 이 지점에서, 우리는 하늘이 가까이 왔음을 선포하는 신학과 함께 생각해 보아야 한다. 그리고 여기서는 종교개혁가 장 칼

[63] 앞의 책, 60.
[64] 앞의 책, 37.

뱅의 논의도 살펴보아야 한다. 그는 이전 전통들의 논의를 바탕으로, 천국의 도래를 설명할 때 '비르투스'virtus라는 단어를 썼기 때문이다.[65] 성찬 시 그리스도가 어떠한 방식으로 임하느냐를 두고 일어난 논쟁에서 칼뱅은 이렇게 주장했다.[66]

> 그리스도교 신앙은 자신의 생명이 예수 그리스도라는 육체적 실재에 있다고 공언한다. 동시에, 교회가 선포하는 복음은 이 생명이 부활하신 분이 오르신 천국에 있다고 선언한다. 그렇다면, 이렇게 물어볼 수 있다. 하늘에 있는 이 생명이 어떻게 오늘날 여기 이 땅에 있는 것으로 이해할 수 있는 걸까? 저 말들은 이치에 맞지 않거나 공간에 대해 다시 생각해 보기를 요청하는 말들일 것이다. 어떠한 경우든 현세에서 관심을 기울이는 육체와 피를 지니고 있는 현실과는 들어맞지 않는다. 그러나

---

[65] 프랑수아 웬델François Wendel은 칼뱅이 성령의 능력을 비르투스로 강조한 모습에 주목했다. 그의 주장에 따르면, 칼뱅이 성령이 우리와 그리스도의 연합의 끈이라는 사상을 발견한 것은 에라스무스Erasmus의 한 설교를 통해서였다. 이 설교에서 에라스무스는 크리소스토무스에게 공을 돌렸는데, 이 설교는 1530년 바젤에서 출판된 그의 선집에 포함되어 있다. 다음을 참조하라. François Wendel, *Calvin: Origins and Development of His Religious Thought* (Grand Rapids, Mich. :Baker Books, 1997), 350~351. 승천한 그리스도의 현재성을 논구하고 싶다면 그가 아우구스티누스를 인용한 부분을 보라. John Calvin, *Institutes of the Christian Religion*, The Library of Christian Classics, Vols 20~21 (Westminster, 1960), 523.

[66] 다음을 보라. John Calvin, *Institutes of the Christian Religion*, 1370~1371. 여기서 칼뱅은 승천하신 그리스도가 성령의 가늠할 수 없는 능력virtus으로 어떻게 "그의 몸을 참으로 나타내시고 보이시는지"에 대해 논의한다.

하늘 생명의 임재를 고백하며 삶과 죽음의 문제를 중시하는 사람들이 나아갈 수 있는 길이 하나 있다. 그것은 그리스도교 신앙이 결코 '믿지 않는 것'이 무엇인지를 인지하는 것이다. 신앙은 하늘 생명이 이 땅에 임함을 믿지만, 그 생명이 이 땅의 어떤 영향을 받은 산물로 믿지는 않는다. 또한, 우리는 우리가 임의로 선택한 이 땅의 수단으로 저 임재를 측정하거나 감지할 수 없다. 하지만 동시에 신앙은 하늘 생명이 임한다는 이야기는 우리의 상상의 산물이라는 믿음 역시 거부한다. 더 나아가, 신앙은 이 천국의 언어가 한낱 기호sign라는, 그저 다른 무언가를 그리고 다른 어느 곳을 가리키거나 이제는 지나가 버린 그 날, 혹은 현재에는 아직 오지 않은 미래의 그 날을 가리키는 방식이라는 믿음을 거부한다.

이러한 칼뱅의 생각은 어떻게 해야 성찬 가운데 예수 그리스도가 실제로, (그의 표현을 빌리면) 참으로 임함을 제대로 증언할 수 있는지 고민하는 가운데 나왔다. 그는 십자가에 못 박히신 그리스도께서 하늘에 계신다는 복음의 틀로 우리의 삶을 바라보아야 한다고 주장했다. 마찬가지 맥락에서 칼뱅은 성찬 시 하늘에 계신 그리스도가 실제로 임한다고 이야기할 때, 저 하늘에 어떤 경계를 긋는 경향, (반대로) 아무런 형태도 없고 불확실한 무언가로 일반화하려는 경향에 저항했다.[67] 동시에 주의 만찬을 하늘로부터 오는 그리스도의 참된 임재가 없는, 그저 기념으로 간주하는 경향에도 저항했다. 그의 표현을 빌리면, 이 '먹임'feeding은 "우리의 척도"로 측량할 수 없고 "우리의 모든 감각을 초월하며"[68], 우리의 "상상력"의 산물이나 단순한 "외형", 혹은 한낱 "관념"이 아니라 하늘에서 오는 생명의 "실체"substance에 참여하는 것이다.[69] 칼뱅은 이 하늘에서 오는 생명이 우리의 "뼈와 골수"에까지 침투한다고 이야기하기까지 한다.[70]

칼뱅이 제시한 이러한 임재의 특징은 하늘의 생명이 우리에게 온다는 것이다. "그리스도의 약속에 깃든" 이 생명은 우리에게 오며, 그리스도의 성령이 지닌 힘은 이 약속을 이 땅에서 드러낸다.[71] 칼뱅은 이 약속된 임재를 설명할 때 "효과를 발휘하는 힘"을 뜻하는 '비르투스'virtus를 쓴다. 하늘에 계신 그리스도의 생명은 현실에서 효과를 발휘하는 힘인 성령으로서 지금 우리에게 임한다. 그래서 이런 칼뱅의 입장을 두고 몇몇 교의학 교과서에서는 "능력주의"virtualism라고 말하기도 한다.[72]

---

67 John Calvin, *Institutes of the Christian Religion*, IV, 17, 17~19.

68 위의 책, IV, 17, 10.

69 위의 책, IV, 17, 11.

70 위의 책, IV, 17, 10.

71 위의 책, II, 9, 3.

72 포드 루이스 배틀즈Ford Lewis Battles에 따르면 "칼뱅은 성찬에서 작용하는 신비로운 힘virtus을 일관되게 주장했기 때문에 사람들은 성찬에 관한 그의 가르침을 '능력주의'라고 부르곤 했다. 다음을 보라. Laurence Hull

칼뱅의 논의와 오늘날의 사이버 관련 담론이 어떠한 관련이 있는지, 이 컴퓨터 시대가 칼뱅에게 어떠한 빚을 지고 있는지를 애써 이야기하지는 않겠다.[73] 그러나 양쪽 소리 모두에 귀를 기울인다면 적어도 우리는 협소한 독단의 잠dogmatic slumbers에서 깨어날 수 있다.

복음은 하느님이 지으신 온 세상에 속한 만유를 위한 소식이다. 이 복음은 우리를 감싸는 하늘이 이 땅에 내려와 우리 "가까이" 있으며 참 은총이라고 선포한다. 이 현실을 우리는 통제할 수 없다. 종교로도, 컴퓨터로도 제어할 수 없다. 이 현실은 우리 손으로 움켜쥘 수 없다. 그러한 면에서 사이버 담론은 칼뱅에게 충분히 배우지 못했다. "현실 세계"는 인간이 프로그램으로 만든 모형, 사이버상 가상 현실에 있지 않다. 그러나 우리의 신학도 마찬가지다. 바울이 말을 빌리면, 하느님의 말씀을 "팔아서 먹고 사는"καπηλεύοντες 장사꾼이 되어 자신들이 구축한 현실 개념을 판촉하고 다닌다면 말이다(2고린 2:17). 복음을 들으면 우리에게 오는 천국, 하늘이라는 생명은 분명 우리의 구성물이 아니다.

Stookey, *Eucharist: Christ's Feast with the Church* (Nashville: Abingdon Press, 1993), 55~56.

[73] 사이버 공간 이론과 전자 기술의 관점에서 신학 문제를 다루는 작품에 대해서는 다음을 보라. Margaret Wertheim, *The Pearly Gates of Cyberspace: A History of Space from Dante to the Internet* (New York: W. W. Norton, 1999). James E. Huchingson, *Pandemonium Tremendum: Chaos and Mystery in the Life of God* (Ohio: Pilgrim Press, 2001). 이 저작들을 가르쳐 준 피터 헬첼Peter Heltzel에게 감사를 전한다.

이 생명은 우리의 구상과 설계에 예속된 인공지능이 아니다. 하느님의 은총을 담은 비유들은 하느님께서 활동하시며, 이 사건들은 만방에서 일어난다고 이야기한다. 그리고 이 일은 오직 하늘 아래서 일어난다.

1장에서 지금까지 천국과 하늘에 관한 사고 실험을 감행했다. 이 실험에 동참했다면 사람들이 흔히 이야기하고 떠올리는 '천국'이나 '하늘'과는 달리 성서가 선포하는 천국과 하늘은 사뭇 다른 소리를 낸다는 걸 감지할 수 있을 것이다. 천국은 이 세계를 이야기하는 데 동원하는 기존 사고방식에 욱여넣을 수 없다. 그 사고방식이 우주론이든, 인간학이든, 역사학이든 말이다. 이는 천국이 현실성이 없다는 이야기가 아니라, 오히려 천국이 지닌 현실성이 우리의 기존 틀로 담아낼 수 없을 만큼 크다는 말이다. 포스트모더니즘으로 대변되는 오늘의 시대정신이나 성서나 하나같이 근대주의라는 귀마개를 빼고 "영들을 시험해 보라"(1요한 4:1~6)고, 성서의 증언들을 다시 들으라고 요구한다. 모든 실제성actuality이 사실성factuality은 아니다. 천국, 하늘이라는 현실은 없는데 믿어서 만들어 내는 무언가가 아니다. 이 땅을 하늘이 '실제로' 감싸고 있다면, 우리 가까이에 왔음을 받아들인다면 이 땅은 넓기는 하나 텅 빈 물리적 하늘을 넋 놓고 바라보게 만드는 폐허일 수 없다. 이곳은 사랑과 자유의 권리가 만개하도록 하늘이 통치하는 영역이며, 그 통치를 따라 모든 장애물을 걷어내고 사랑과 자유와 정의를 꽃피우기 위해 싸워나가야만 하는 곳이다. 성서가 선포하는 우리 곁에 온 천국은 "현실 세계"의 끝이 아니라 시작이며, 현재에 대한 무관심과 무책임의 근원이 아니라 현재의 요구, 인간의 통제력이 도달할 수 없는 현실의 요구에 대응하는 능력, 그 책임감의 원천이다.

부활 소식에 가눌 수 없는 기쁨의 할렐루야를 외치는 이들은 낯설고 새로운 세계, "사라질 이 세상의 형체"(1고린 7:31)로는 도무지 알아볼 수 없는 이 세계가 얼마나 강력한지를 증언한다. 그런데 그들도 '가상'이라는 말을 들었을 때 과거의 의미와 칼뱅이 사용한 '비르투스'라는 단어를 낯설어하고, 그 함의가 오늘날의 '가상 현실' 담론과는 사뭇 대비를 이룬다는 사실을 알아차리기는 쉽지 않을 것이다. 울리가 지적했듯 "덕virtue이 하느님의 '능력'을 얻는 것을 의미하던 시대에 '가상'은 '덕'의 형용사 형태로 사용되었으나 이후 본래 의미와는 거리가 멀어졌"기 때문이다.

칼뱅은 놀라운 단절을 일으키는 하늘의 '능력'virtus이 덕virtue을 인간학적 특징으로 취급하는 아리스토텔레스의 관점과 대립한다는 점을 인식했다. 그리고 이러한 차이는 인간의 행동, 즉 윤리적 행위에도 차이를 낳는다. 이제부터는 천국이라는 "현실 세계"가 윤리에 어떠한 차이를 빚어내는지를 살필 차례다.

제4장

천국의 윤리

교회학교에 다니던 시절 나는《인생은 천국 가는 기찻길》Life's Railway to Heaven이라는 노래를 참 좋아했다. 이 노래는 이렇게 시작한다.

> 인생은 산속 기찻길 같네. ... 주춤하지 말고,
> 스로틀(*운전장치) 꽉 잡고, 선로를 주시하세.[1]

스로틀이 무엇인지도 잘 몰랐지만, 당시 나는 이 노래를 큰 소리

[1] M. E. Abbey, Charlie D. Tillman, 'Life's Railway to Heaven', *Devotional Hymns* (Hope Publishing Co., 1947), 117.

로 부르곤 했다. 무엇인지 정확히는 몰라도, 인생에는 따라야 할 길이 있고, 앞에 놓인 선로를 주시해야 한다는 말에 묘한 매력을 느꼈던 것 같다. 그러한 길은 (같은 노래 속의 가사처럼) "요람에서 무덤까지 무사히 통과"할 수 있는 가장 확실한 방법 같아 보였다. 보편적인 도덕 법칙과 도덕 질서에 관한 훨씬 더 정교한 이야기들에도 이 같은 생각, '인생은 위를 향하는 고정된 선로에 늘 있어야 한다'는 생각이 반영되어 있다. 십계명을 반드시 따라야 할 윤리적 명령으로 보고 오늘날 사람들은 여기서 이탈해 도덕적으로 타락했고, 옳고 그름, 선악, 참과 거짓을 나누던 기준이 점점 흐지부지해졌다는 논객들의 불만에도 저 생각은 반영되어 있다.

앞 장에서 나는 신약학자 J. 루이스 마틴의 논의를 언급한 바 있다. 비신자는 물론 그리스도교 신자들도 좋은 종교는 사람들이 잘못된 곳에서 축복을 받을 수 있는 곳으로 나아가게 해 주는 일종의 '상승의 사다리', 요람에서 무덤까지 안전하게 달릴 수 있는 선로를 제공해 주는 것이라고 여긴다. 그러나 마틴에 따르면, 사도 바울이 갈라디아인에게 전한 소식은 저 대본을 완전히 뒤엎어 버린다. 오히려 복음은 반대 방향의 움직임, 하느님께서 위에서 아래로 아들을 보내시고 세상 밖에서 세상 안으로 아들의 영을 보내신다는 소식을 전한다(갈라 1:4 참조). 이 침투는 앞서 말한 통념과는 전혀 다른, 온 세상을 해방하려는 하느님의 역진逆進이다. 마틴은 이 놀라운 사건은 기존 질서의 문법으로는 파악할 수 없는 침투이기에 '묵시적' 침투라고 이야기한다. 이 같은 맥락에서 그는 바울이 갈라디아인들에게 바른 행동을 주문하는 말을 두고 이렇게 설명했다.

> 바울이 갈라디아인들에게 보낸 편지 5장 13~24절에서 제시하는 그림은 묵시적인 주제들이 철저하게 스며들어 있기에 일반 도덕과 윤리의 범주에 욱여넣으면 심각하게 그 내용이 순치되고 만다. 바울이 제시한 그림은 기본적으로 권고가 아니라 그리스도와 성령의 강림으로 등장한 참 현실 세계에서 일상이 어떠한지를 묘사하고 있다.[2]

선한 삶과 선한 행위를 숙고하는 윤리학의 역사는 서양 철학에서 도덕적 추론의 역사로 나타났다. 그 기원은 소크라테스 시대까지 거슬러 올라갈 만큼 윤리학은 유구한 전통과 풍부한 통찰을 머금고 있다.[3] 유신론에 터하든 그렇지 않든 간에, 윤리학의 역사에서 주류를 형성한 입장은 인간학에 바탕을 둔, 인간 행위

---

[2] J. Louis Martyn, *Galatians*, 502. 또한, 다음을 참조하라. J. Louis Martyn, *Theological Issues in the Letters of Paul*, 9, 233. 나는 마틴의 연구에 커다란 빚을 졌지만, 그의 모든 논의에 동의하지는 않는다. 그리고 몇몇 발언을 인용했다고 해서 그의 견해를 온전히 전달한다고 생각하지도 않는다.

[3] 소크라테스부터 1960년대까지 윤리의 역사에 대한 개요를 보려면 다음 항목을 참조하라. Raziel Abelson, Kai Nielsenin, *The Encyclopedia of Philosophy*, Vol.3 (New York: The Macmillan Company, 1967), 81~117.

에 관한 이론이었다. 아리스토텔레스에게 윤리의 지향점과 목적telos은 사회라는 관계망 안에서 개인의 선을 추구하는 데 있다. 이 선은 시민들의 도덕적 행동에 기초한 사회polis 전체의 안녕을 추구한다. 아리스토텔레스가 규정하는 덕virtue은 "우리에게 달려 있는, 자발적인" 인간의 성향이다.[4] 이와는 대조적으로, 앞서 칼뱅의 논의에서 살펴보았듯 하늘, 천국에 관한 복음은 우리, 그리고 우리의 의지에 달려 있지 않은 전혀 다른 덕이자 능력virtus을, 즉 우리의 의지를 개의치 않는 하느님, 그분의 오심에 의한 통치를 이야기한다.[5] 하늘이 개입하고 하늘의 공동체politeia가 이 땅에서 능력virtus을 행사한다면 이 땅에서 살아가는 우리의 행동은 이와 어떤 관계를 맺고 있을까. 그리고 우리 가까이 온 하늘나라, 이 천상 공동체를 따라 현실에 참여하는 길은 무엇일까. 이 장에서는 이 두 가지 질문에 초점을 맞추어 윤리의 문제를 다루고자

---

4 Aristotle, *Nicomachean Ethics* (Indianapolis: Hackett Publishing Company, 1985), 특별히 1~5장, 1~70을 눈여겨보라. 『니코마코스 윤리학』(길). 아리스토텔레스에 따르면, 주인에 대한 예속 말고는 별다른 미덕이 없는 소수는 노예가 되어 마땅하며, 노예제도는 모든 사람의 이익을 위해 당연히 필요하다. 이와 관련해서는 다음을 보라. Aristotle, *Politics: Books I and II* (Oxford: Clarendon Press, 1995), I iii – I vi, 4~9. 『아리스토텔레스 정치학』(그린비).

5 칼뱅은 아리스토텔레스와 "철학자들"이 그러하듯 덕을 우리의 힘에 귀속시키는 것을 거부했다. 다음을 참조하라. John Calvin, *Institutes of the Christian Religion*, Bk. 2, Ch. 2, Par. 3. 여성주의 학자들은 덕이자 능력virtus이 점차 인간의 정력virility이라는 의미를 갖게 되었고, 이로 인해 남성성에 특권이 부여되었다고 폭로했다. 이에 관해서는 다음을 참조하라. Catherine Keller, *Apocalypse Now and Then: A Feminist Guide to the End of the World* (Boston: BeaconPress, 1996), 89.

한다. 하늘 소식을 듣는 것이 비유와 묵시적 의미를 간직한 "현실 세계"에 참여하는 것이라면, 이 들음은 현재 일어나고 있는 일에 대한 '상상'과 앞으로 일어날 일에 대한 '참여'를 포함할 수밖에 없다. 누구도 가늠할 수 없는 천국이 느닷없이 우리 곁으로 치고 들어오고 있다는 소식은 우리에게 이 나라의 돌입을 방해하는 것들을 불신하는 태도, 즉 신실한 불신의 태도를 요구한다. 그렇다면 하늘에 관한 소식의 이러한 규정들은 "현실 세계의 일상"에 어떤 방향을 제시하는가.

하늘의 방향성

하늘의 방향에 관한 이 질문은 천국, 하늘과 관련된 담론에서 가장 중요한 문제다. "아버지의 나라가 오게 하시며, 아버지의 뜻이 하늘에서와 같이 땅에서도 이루어지게 하소서"라고 기도하는 이들에게 하늘의 일과 땅의 일의 상관관계는 외면할 수 없는 주제이기 때문이다. 이러한 맥락에서 우리는 주기도문의 청원 순서를 다시금 눈여겨봐야 한다. 이 순서는 어떤 증거 본문이기보다는 복음의 우선순위가 무엇인지를 가리키는 지표다. 하느님 나라의 임함을 위해 드리는 "하늘에 계신 우리 아버지"라는 기도는 하늘의 뜻이 땅에서 이루어지게 해달라는 기도보다 먼저 나온다. 즉 아버지의 오심은 앞으로 이루어질 일에 대한 맥락을 설정한다. 하느님 나라의 방향은 《인생은 천국 가는 기찻길》이 노래하듯 이곳에서 저곳으로 가는 게 아니라 저곳에서 이곳으로 온다. 좀 더 정확하게는 '우리 가운데', '때가 차매', '때를 따라', '이루어지다'와 같은 표현이 보여주듯 이곳을 향하지만, 무화과 나무가 열매 맺듯 이 땅에서의 자연법칙을 따라, 혹은 "이 세상의 풍조"(에페 2:2)에 부합하게 오지 않는다. 신약에는 하늘이 임하는 방향성을 거론하는 대목이 여럿 나오는데, 여기서는 그중에서 복음을 신실하게 듣는 가운데 요구되는 '행함'이 무엇인지를 헤아려 볼 수 있는 세 본문을 살피려 한다.

1. 안식일 준수

안식일에 예수가 손 마른 사람을 고쳤다는 소식을 들어 보자. 우리는 이 소식을 들으며 선과 선한 일에 대한 도덕적 판단과 관련된 상반된 길들을 마주한다. 병행 본문은 마태오 복음서 12장 9~14절, 마르코 복음서 3장 1~6절, 루가 복음서 6장 6~11절에 나온다.

> 또 다른 안식일에 예수께서 회당에 들어가서 가르치시는데, 거기에는 오른손이 오그라든 사람이 있었다. 율법학자들과 바리사이파 사람들은 예수를 고발할 구실을 찾으려고, 예수가 안식일에 병을 고치시는지 엿보고 있었다. 예수께서 그들의 생각을 아시고, 손이 오그라든 사람에게 말씀하셨다. "일어나서, 가운데 서라." 그래서 그는 일어나서 섰다. 예수께서 그들에게 말씀하셨다. "너희에게 물어보겠다. 안식일에 착한 일을 하는 것

이 옳으냐? 악한 일을 하는 것이 옳으냐? 목숨을 건지는 것이 옳으냐? 죽이는 것이 옳으냐?" 예수께서 그들을 모두 둘러보시고서, 그 사람에게 명하셨다. "네 손을 내밀어라." 그 사람이 그렇게 하니, 그의 손이 회복되었다. 그들은 화가 잔뜩 나서, 예수를 어떻게 할까 하고 서로 의논하였다. (루가 6:6~11)

여기서 예수와 그를 비난하는 무리는 하나의 상황을 전혀 다르게 바라본다. 예수를 비난하는 이들의 기준에 따르면, 예수가 행한 일은 불법이었다. 그들은 상황을 마주해 '법을 어겨도 되는가? 지켜야 하는가?'라는 단순한 질문을 던졌다. 이들의 입장을 한낱 부정적인 고정관념으로 단순화해서 이 이야기의 중요성을 하찮게 여기거나 과소평가해서는 안 된다. 이들에게 도덕적 의무는 쉬이 무시해도 되는 가벼운 문제가 아니었다. 그들에게 이 문제는 흔한 법률의 문제가 아니었다. 예수가 위반한 법은 하느님의 율법, 안식일을 존중하고 그날에 아무 일도 하지 말라는 하느님의 계명이었다.

그리고 예수는 단순한 범법자가 아니었다. 복음서 기록에 따르면, 예수를 따르던 이들은 그를 "선생님"이라고 불렀고, 때로는 수많은 무리가 그를 둘러쌌다. 서기관(율법학자)과 바리사이인으로 묘사되는 예수의 고발자들은 율법을 준수하고 하느님의 뜻을 따라 율법을 지키려 각별한 노력을 기울이고 책임을 다했다. 선생의 지위에 있는 사람이 군중이 보는 앞에서 버젓이 율법을 어기는데 사람들에게 율법을 준수하라고 할 수 있을까? 이런 식의 사고방식은 우리에게 전혀 낯설지 않다.

그러나 예수는 전혀 다른 기준을 제시한다.

> 너희에게 물어보겠다. 안식일에 착한 일을 하는 것이 옳으냐? 악한 일을 하는 것이 옳으냐? 목숨을 건지는 것이 옳으냐? 죽이는 것이 옳으냐?

이는 분명 예수를 고발한 이들이 같은 상황을 마주해 던진 질문과는 다르다. 그들의 관점에서 보면, 예수의 질문은 본질을 피해 가는 것이었고, 그래서 그들은 격노했다. 예수는 지금 어물쩍 넘어가는 게 아닌가. 그러나 복음서에 묘사된 다른 사건들처럼 그는 질문을 역으로 돌려, 볼 눈과 들을 귀가 있는지, 지금 실제로 일어나고 있는 이 일을 제대로 보고 있는지 물어봄으로써 안식일 준수에 대한 본질을 전복한다. 안식일을 지키는 것은 중요하지만, 이 규정을 진정으로 따르는 것은 전혀 다른 문제다. 예수의 치유를 통해 안식일이 성취되고 있다. 그들은 이러한 일이 일어나는 것을 제대로 보고 있는가? 이야기는 "그들이 화가 잔뜩 났다"는 진술로 끝난다. 그들은 안식일 준수에 관한 규정을 따르지 않고 사람을 치유한 모습만을 보았을 뿐이다. 그래서 우리는 듣게 된다.

> 그들은 ... 예수를 어떻게 할까 하고 서로 의논하였다. (루가 6:11)

윤리신학, 윤리학은 윤리 판단을 어떻게 내릴 것이냐를 두고 크게 두 흐름으로 나뉘어 왔다. 하나는 윤리적으로 정당한 것은 고정되어 있다고 보는 경향이고 다른 하나는 현재 일어나고 있는 상황에 따라 달라진다고 보는 경향이다. 루가가 전하는 이 일화에서 예수는 그를 고발하려는 자의 관점에서 볼 때 분명 정당한 선을 이탈했다. 이 연장선에서 우리는 상황에 대한 분별을 분명하게 다루는 사례를 살펴보아야 한다.

2. 가장 좋은 것이 무엇인지를 분별하기

일상에서 우리는 어떤 상황을 바라볼 때 이리저리 재어보고 판단한다. 하지만 이런 습관은 가늠할 수 없는 천국에 관한 복음, 하늘에 관한 소식을 듣고 이를 삶으로 살아 내려 할 때 문제가 된다. 우리가 듣는 소식을 우리는 잴 수 없기 때문이다. 그래서 복음을 '모든 사람은 선을 행하고 악을 멀리해야 한다'는 교훈으로 축소시켜 버린다면, (디킨슨의 표현을 빌리면) "설교의 몸짓들"은 따분한 격언이나 권고로 쪼그라들 것이다. J. 루이스 마틴은 이것이야말로 바울이 갈라디아인들에게 열정적으로 이야기했던 "현실 세계에서의 삶"에 관한 소식과 정면으로 배치된다고 보았다.

신약에서는 현재 일어나고 있는 일을 파악하고 그에 걸맞게 무엇을 해야 할지를 결정할 때 '도키마제인'δοκιμάζειν, 즉 '분별하다'라는 말을 쓴다. 요한의 첫째 편지 4장 1절에서 영들이 하느님께서 나왔는지 세상에 창궐하고 있는 거짓 예언자의 주장인지를 "시험하여 보라"고 할 때도 이 단어를 쓴다. 복음서의 경우 이 단어는 현재 일어나고 있는 일을 미리 그려 보는 '상상'과 현실에 대한 '참여'를 모두 포함한다. 예수가 군중을 꾸짖는 한 대목이 있는데, 여기서는 분별력에서 상황을 그려보는 상상력이 왜 중요한지가 잘 드러난다. 여기서 그는 군중을 보며 자신들 가운데 실제로 일어나고 있는 일을 인지하기보다는 풍향 따위에 정신이 팔려 있다며 꾸짖는다.

> 너희는 구름이 서쪽에서 이는 것을 보면, 소나기가 오겠다고 서슴지 않고 말한다. 그런데 그대로 된다. 또 남풍이 불면, 날이 덥겠다고 너희는 말한다. 그런데 그대로 된다. 위선자들아, 너희는 땅과 하늘의 기상은 분별δοκιμάζειν할 줄 알면서, 왜, 이 때는 분별δοκιμάζειν하지 못하느냐? (루가 12:54~56)

상황에 대한 참여로서 분별에 대한 강조는 바울이 필립비 신자들을 위해 하는 기도에도 잘 드러난다.

> 내가 기도하는 것은 여러분의 사랑이 지식과 모든 통찰력으로

더욱더 풍성하게 되어서, 여러분이 가장 좋은 것이 무엇인가를 분별할 줄 알게 되는 것입니다. 그리하여 여러분이 그리스도의 날까지 순결하고 흠이 없이 지내게 되기를 바랍니다. (필립 1:9~10)

사랑이 "가장 좋은 것"을 "분별"하게 해준다는 말을 문장 중간에서 잘라내고 문맥을 무시하면 평범한 격언이나 권고로 축소된다. 어떤 상황에서도 사랑이라는 "이상의 규범"을 상황에 맞게 적용하라는 훈계가 되는 것이다. 이런 "상황 윤리"situation ethics는 60년대 들어 널리 논의되었으며, 특히 조셉 플레처Joseph Fletcher가 주창한 "사랑이라는 전략"strategy of love이 주목을 받은 바 있다. 그는 이 원리가 규율과 원칙으로 통제되는 율법주의, 그리고 모든 도덕적 지침이나 권고를 거부하는 반율법주의에 윤리적 대안이 될 것이라고 여겼다.[6] '후기'에서 그는 "'나는 무엇을 해야 하는가?'라는 질문을 던지기 전에 '하느님은 무엇을 하셨는가?'라는 윤리 이전의 질문이 있음"을 인정했지만, 플레처의 설명에서 하느님이 하신 일로 드러나는 것은 없다. 실제로 그는 하느님과 이웃을 사랑하라는 명령 외에 복음과 관련이 있는 것은 아무 것도 없다고 이야기했다.[7]

---

[6] Joseph Fletcher, *Situation Ethics: The New Morality* (Louisville: The Westminster Press, 1966), 30~31. 『상황윤리』(종로서적).

[7] 위의 책, 157.

상황 윤리를 주창하는 대다수 논의에서 이런 결핍을 발견할 수 있다. 돌이켜 보면, 놀라운 일이다. "사랑이라는 전략"을 정의하면서 플레처는 천국, 혹은 하늘을 이야기하는 것이 사실상 도덕적 율법주의와 다를 바 없음을 암시한다.

> 이 전략에 따르면, ... 기록되지 않았으나 불변하는 하늘의 법칙이 있음을 부정한다. 그런 점에서 천국, 하늘을 들어 우리가 해야 할 일에 대해 이야기하는 건 우상 숭배에 가깝고 악마의 가식에 불과하다는 불트만의 주장에 나는 동의한다.[8]

비평가들은 이러한 플레처의 상황 윤리는 별다른 규칙도 원칙도 없다는 이유를 들어 "엉성한 사랑"sloppy agape이라고 비꼬곤 했다. 하지만 그들도 하늘에서 임하는 복음이 윤리 원칙에 어떠한 변화를 일으키는지에 대해서는 침묵했다.

필립비인들에게 보내는 바울의 메시지를 다시 보라. 이 메시지는 두 방향, 즉 상황 윤리라는 방향과 도덕 원칙에 기초한 윤리라는 방향 모두에 도전한다. 두 방향은 서로 반대됨에도 불구하고 바울이 기준으로 제시하는 "우리의 폴리테이아" 즉 하늘에 있는 우리의 시민권과 어긋나 있다. 그는 말한다.

---

8 위의 책, 31.

> 우리의 시민권은 하늘에 있습니다. 그곳으로부터 우리는 '구주'로 오실 주 예수 그리스도를 기다리고 있습니다. 그분은 만물을 복종시킬 수 있는 권능으로, 우리의 비천한 몸을 변화시키셔서, 자기의 영광스러운 몸과 같은 모습이 되게 하실 것입니다. (필립 3:20~21)

여기서 하늘이라는 맥락을 거추장스러운 신화의 껍데기로 일축해 버리면, 이 문장 전체가 가리키는 현실을 잃어버리게 된다. 앞서 바울은 말했다.

> 내가 기도하는 것은 여러분의 사랑이 지식과 모든 통찰력으로 더욱더 풍성하게 되어서, 여러분이 가장 좋은 것이 무엇인가를 분별*δοκιμάζειν*할 줄 알게 되는 것입니다. 그리하여 여러분이 그리스도의 '날'까지 순결하고 흠이 없이 지내며, 예수 그리스도께서 주시는 의의 열매로 가득 차서 하느님께 영광과 찬양을 드리게 되기를, 나는 기도합니다. (필립 1:9~11)

로마인들에게 보낸 편지에서 그는 이 '날'이 "가까이" 왔다고 썼다(로마 13:12 참조). 또한, 필립비인들에게는 '주님'이 "가까이 오셨습니다"라고 말했다. 바로 이 '가까이 있음', '임박함'이야말로 현실 속에서 우리의 사랑이 가장 좋은 것을 분별하도록 방향을 설정해 준다. 사랑을 상황에 따라 적용해야 하는 규범이나 이상으로 해석했던 이들도, 도덕 원칙에 기반한 윤리를 주창했던 이들도 모두 이 '가까이 있음'을 발견하지 못했거나 무시했다.

지금까지 '분별하다'δοκιμάζειν가 어떠한 의미로 쓰이는지를 살폈다. 천국, 하늘의 소식을 들음으로써, 우리는 현재를 분별한다. 달리 말하면 현재를 '해석'함과 동시에 사랑으로 가장 좋은 것을 결정한다. 이제는 이러한 윤리적 분별이 "이 땅에서"의 행동에 어떠한 영향을 미치는지를 살필 차례다.

3. 마태오 복음서 25장 31~46절에 나오는 "오심"과 "행함"

세 번째로 살필 본문은 '하늘이 이 땅에 임하면 이 땅의 행위는 어떻게 변화하는가?'라는 질문과 관련해 특히 흥미로운 본문이다. 마태오 복음서 25장 31~46절에 나오는 예수의 비유는 "지극히 보잘것없는 사람"(주린 자, 목마른 자, 나그네, 헐벗은 자, 병든 자, 갇힌 자)을 그린다. 비유는 이토록 하찮은 존재들을 위해 이 땅에서 이루어진 일을 거론하면서, 만국에 들이닥칠 심판을 선포한다.

> 여기 이 사람들 가운데서 지극히 보잘것없는 사람 하나에게 한 것(하지 않은 것)이 곧 내게 한 것(하지 않은 것)이다. (마태 25:40,45)

물론, 문맥에서 이 말씀만 떼어내면, 우리 중 지극히 보잘것없는 사람에게 언제나 선을 행해야 한다는 흔한 권고로 전락할 수 있다. 이러한 권고에 동의하지 않을 사람은 거의 없으며, 나이 지긋한 사람들은 이런 말을 숱하게 들었을 테니 그리 기쁜 소식으로 들릴 리도 만무하다. 불우한 사람들에게 관심을 기울여야 한다는 말은 그리스도교인들에게 익숙한 가르침이며, "설교의 몸짓들"이 가미된 설교를 듣는 이들에게는 특히 그러할 것이다. 도덕과 윤리의 목적에 비추어 보면, 이런 말 뒤로 하늘나라의 임함에 관한 내용이 이어진다 하더라도 불필요해 보일 것이며, 윤리와는 무관해 보일 것이다. 더 나아가, 우리가 해야 할 일을 가로막는 것처럼 보일지도 모른다.

그러나 마태오 복음서의 흐름에서 이 구절은 하늘나라를 언급하는 비유들의 연속선상에 있다. 이 비유는 예수의 말씀을 통해 도덕적 판단에 대한 묵시적인 배경을 그린다.

> 인자가 모든 천사와 더불어 영광에 둘러싸여서 올 때에, 그는 자기의 영광의 보좌에 앉을 것이다. 그는 모든 민족을 그의 앞에 불러 모아 세울 것이다. (마태 25:31~32)

예수가 비유의 포문을 열며 던지는 이 말씀, 다가오는 심판에 관한 말씀은 지극히 보잘것없는 사람을 이렇게 저렇게 대하라는 명백한 도덕적 교훈과 무관한 것일까? 관련이 있다면, 하늘나라가 임한다는 소식을 듣는 것은 윤리에 어떠한 차이를 빚어낼까?

한 가지 가능한 대답은 주기도문의 한 결정적 문구, "하늘에서와 같이"에서 끌어낼 수 있다. 이 땅의 지극히 보잘것없는 사람들을 환대한 일은 하늘에서 이루어진 일과 동일하며, 그들을 배척한 일은 하늘에서 이루어진 일과 동일하지 않다. 이것이 복음이라면, 이 땅에서 우리가 하는 일이 "하늘에서와 같이" 되기를 바라는 기도는 아무런 내용도, 방향도 없는 공허한 암호문일 수 없다. 하늘을 땅에서 이루려는 기도는 공허한 주문이 아니다. 하늘에서와 같이 땅에서도 무언가가 이루어지고 있는지, 어떻게 해야 하늘의 일이 지금 일어나고 있다고 판단할 수 있는지, 주기도문은 이 두 물음을 굳게 붙잡고 있다. 하늘의 일은 "지극히 보잘것없는 사람들에게" 행하는 일이며, 이 땅의 행함도 그들을 향해 있다. 하늘나라가 그렇게 온다는 메시지는 기존 규범에 얽매여 있던 도덕적 판단에서 우리를 꺼내 지금 내 앞에서 일어나고 있는 상황을 새로이 바라보게 한다. 이제 우리는 묻는다. "주님, 우리가 언제, 당신을 보았습니까?" 하늘이 이 땅으로 뚫고 들어오지 않으면, 비천한 사람은 가진 자들이 자선으로 덕을 과시하는 도구로 전락한다. 도덕 담론에서조차 언저리에서 숨죽어야 하는 미미한 자들로 격하된다. 가난한 이들이 누리는 복은 천국으로 가는 와중에 끝없이 인내하는 것으로 오인된다(마태 5:3 참조). 하늘의 도시(폴리테이아), 하늘나라, 새 창조. 천국이 이렇듯 다채로운 모습으로 '가까이' 왔다는 소식에 '지극히 보잘것없는 자'와 바울이 말한 "현재 우리가 겪는 고난"(로마 8:18)을 포개어 하나의 소리로 들어 보라. 이 소식은 억압을 추앙하지 않으며,

그렇다고 고난을 영구적인 상태로 신성화하지 않는다. 대신에 이 소리는 하늘이 어떻게 기존 질서의 저항을 뚫어 내고 이 땅에서 하늘의 일을 이루는지를 가리킨다. 그리고 억압받는 자를 해방하는 능력이 어디서 나오는지를 증언한다(루가 4:18).

성서에 나오는 이 세 가지 증언에서 우리는 허를 찌르는 침투, 예상하지 못한 기습을 추상화하는 존재론 담론이 아니라 이 놀라운 사건에 대한 소식, 구체적인 현실에서 일어난 행위와 판단에 관한 생생한 보도를 듣는다. 세 가지 증언에서 우리는 서로 다르지만, 현장에서 벌어진 사건을 통해 무엇이 현실화되고 있는지를 전해 듣게 된다. 상황에 무게를 두든, 규율에 무게를 두든, '어떻게 해야 한다'는 권고로 표현되는 규범 윤리는 하늘에서 이루어진 일이 우리 가까이서 '이미 일어나고 있다고' 선포하는 말씀과는 확연히 다르다. '윤리'가 단순히 훈계를 통해 이루어지는 도덕주의가 아니라 좀 더 포괄적인 행함의 방향에 관한 것이라면, (J. 루이스 마틴의 표현을 빌리면) "현실 세계 속 일상"을 제대로 기술하기 위해서는 우리의 행함이 하늘에 관한 소식에 기대어 "하늘에서와 같이" 이루어지고 있는지를 물어야 한다.

역방향 – 바이스가 불러온 논쟁

앞에서 언급했듯 1892년 요하네스 바이스가 『예수의 하느님 나라 선포』에서 제기한 문제는 20세기 신학의 가장 중요한 유산을 이루는 여러 신학적 반응을 낳는 논쟁의 장을 마련했다. 논쟁의 핵심에는 복음의 묵시적 방향을 칸트가 말한 방향으로 돌려 놓은 것을 어떻게 보느냐에 있었다. 칸트의 전환은 우리 가까이 온 하느님 나라에 관한 소식을 "스스로 자라 때가 이르면 열매를 맺는 씨앗"으로 보았다. 즉, 도래하는 하느님 나라를 보편적 윤리 국가의 구성 요소로 재설정한 것이다.[9] 칸트가 확립한 세계관에서 천국이나 하늘은 초월성을 가리키며, 이 세계관 안에서 도덕적 판단을 할 때는 이 초월성에서 "적절한 거리를 유지"해야 한다. 그래야만 "우리는 위로부터 오기를 바라는 나태함과 안일한 수동성에 빠지지 않고 이 세상에서 추구해야 하는 것"을 할 수 있기 때문이다.[10]

바이스는 "현대 개신교 세계관"이 그 나라를 인간 주체의 도덕적 행위로 실현되는 "윤리 공동체"로 재해석했다고 보았다. 하지만 그가 볼 때 이는 복음이 선포하는 하느님 나라가 아니었다. 이런 바이스의 주장은 당시 칸트의 영향권 아래 있던 신학 진영 전체에 파문을 일으켰다. 하지만 동시에 그는 "현대 개신교 세계관"은 "하느님의 나라가 하늘로부터 땅으로 임해 이 세상을 폐할 것이다"라는 소식을 합리적으로 받아들일 수 없음을 인정했다.[11] 근대성은 종말론의 태도, 즉 "이 세상의 형체는 사라진다" 혹은 "이 세상의 외형은 지나간다"τὸ σχῆμα τοῦ κόσμου τούτου

---

[9] Immanuel Kant, *Religion within the Limits of Reason Alone*, 113.

[10] 위의 책, 180.

[11] Johannes Weiss, *Jesus' Proclamation of the Kingdom of God*, 136.

παράγει(1고린 7:31)는 태도와 어울리지 않는다고 판단했기 때문이다.[12] 흥미로운 것은 바이스는 "현대 개신교 세계관"이 재구성한 '바실레이아'(나라)의 "윤리적 측면"이 "철저히 성서에 바탕을 두고 있지 않으며 ... 인간의 윤리적 활동으로 하느님의 통치가 현실화된다는 생각은 예수가 생각한 초월적인 나라에 반한다"는 점을 분명히 인정하면서도 현대적 세계관에 따라 재구성된 하느님 나라 개념이 오늘날 받아들일 수 있는 가장 합리적인 방식이라고 보았다는 것이다.[13]

천국, 하느님 나라를 상상하는 방향의 전환, 하느님 나라는 하늘에서 오고 실제로 임박해 하느님의 뜻을 따라 땅에서의 행동을 형성한다는 생각에서 하느님 나라는 "윤리 공동체"의 실현에 필요한 도덕적 행위의 규범이자 그 결과라는 생각으로의 전환은 크게 두 가지 결과를 낳았다. 첫째, 그리스도교 신학은 더는 천국, 하늘에 관한 복음서의 언급들이 "현실 세계"에서 열매를 맺음을 강조한다는 것을 진지하게 고려하지 않게 되었다. 둘째, 바이스가 말한 대로 "철저히 성서에 바탕을 두고 있지 않은" 윤리 이해가 신학에 들어왔다.

첫 번째와 관련해 바이스는 하느님 나라가 하늘로부터 임하는 나라라는 소식에 모순된 태도를 보였다. 엄밀한 본문 연구를 중시하는 역사가로서 그는 "하늘나라"*βασιλεία τῶν οὐρανῶν*라는 용어

[12] 위의 책, 135.

[13] 위의 책, 135.

는 마태오 복음서에만 나오기 때문에 이 용어로는 하느님 나라의 본래 성격을 규정할 수 없다고 말했다.[14] 하지만 동시에 교의학의 차원에서, 하느님 나라에 대한 복음서의 본래 가르침과 현대 학자들의 해석을 구분해 주는 것은 바로 '하늘'이라고 바이스는 말했다. 앞서 이야기했듯 바이스가 볼 때 "현대 개신교 세계관"과 복음서들이 전하는 소식의 결정적 차이는 이 소식이 '하늘'을 언급한다는 데 있다. 그리하여 바이스는 저 복음에 대한 기대가 잘못되었다는 당대의 주류 견해에 동의하고, 신학이 나아가야 할 방향은 하느님 나라는 하늘로부터 임한다는 생각을 거부하고 "종교적이고 윤리적인 교제"를 발전시켜 하느님 나라를 이룬다는 생각 이외에는 달리 대안이 없다고 보았다. 이런 점에서 바이스의 책 『예수의 하느님 나라 선포』는 현대 신학 담론이 어떻게 천국, 하늘에 관한 복음을 "현실 세계의 일상"과 연관시켜 이 땅에서의 행함으로 귀속시켰는지를 잘 보여준다.

2장에서는 천국 소식을 듣는 방식에 대한 20세기의 반응과 그 궤적을 추적해 본 바 있다. 우선 주목할 만한 점은 신화, 상징, 사화, 약속 등 서로 다른 해석학의 기준을 내세운 이들은 하나같이 하나의 뜻만을 고수하는 문자주의를 반대했다는 것이다. 수많은 차이에도 불구하고 여기에는 합의한 이유는 비단 그러한 해석이 역사비평에 입각한 "현대 개신교 세계관"에 비추어 보았

---

14 위의 책, 62.

을 때 더는 믿을 수 없게 되었다는 사실 때문은 아니다. 어떤 식으로든 그들은 본래 복음의 소식에 담긴 내용 자체가 이를 요구한다고 파악했다. 복음 선포에 담긴 종말론적 의미를 확언한다는 점에서 이들은 바이스의 견해와 일치한다. 그러나 이 선포를 당시에만 유효했던 것으로 보았던 바이스와 달리 실존적 신화와 상징, 사화, 약속이란 네 가지 해석 방식은 천국에 관한 말씀에 훨씬 더 역동적인 의미가 있는 것으로 보았다.

물론 앞서 살펴보았듯 이 네 가지 반응에서 하늘이 수행하는 역할은 매우 다르다. 불트만의 경우, 천국, 하늘에 관한 복음서의 언급을 가장 회의적으로 보는 경향이 있다. 그는 말씀 사건Word-event으로 등장하는 하늘나라를 논할 때 이 나라의 종말론적 의미를 실존적 용어로 번역했다. 하늘 담론을 탈신화화가 필요한 근대 과학 이전의 우주론적 신화로, 낡은 삼층 세계관으로 여긴 것이다. 틸리히는 성서가 말하는 천국이나 하늘을 상징으로 복원했다. 그의 기획, 실존적 존재론 안에서 천국은 지복bliss의 상태에 대한 가르침을 전하는 역할을 한다. 즉, 천국, 혹은 하늘은 매우 흔들림 없는 지복의 상태를 상징한다. 하지만 틸리히는 여기에 관해 별다른 말을 더 하지는 않았다.

'하느님은 하늘에 계신다'는 말은 그분의 생명이 피조적 실존과 질적으로 다르다는 뜻이다. 하지만 그분이 하늘이란 특정한

> 장소에서 '산다'거나 거기서 '내려오신다'는 뜻은 아니다.[15]

이러한 측면에서 (앞서 살펴보았듯) 바르트는 문자주의를 반대했던 동료들 사이에서도 돋보인다. 1940년 그는 복음이 애초에 잘못된 기대를 품었다고 여기던 주류의 합의에서 벗어나 이런 글을 남겼다.

> 가까이 임한 무언가에 대한 기대가 '성취되지 못했다'는 단정은 아무리 자명해 보여도 아무런 설득력이 없다.

바르트는 사화는 신화를 압도하며, 일반적인 역사의 범주는 복음의 증언이 빚어내는 원역사를 담아내지 못한다고 여겼다(이 지점에서는 오버베크의 반향이 느껴진다). 그는 하느님 나라에 대한 교리를 해설할 때 하늘의 역할을 분명하게 표명하고 "하느님 나라는 우리에게 오면서 하늘을 가져온다"와 같은 주장을 확고하게 내세운다. 이러한 바르트의 주장은 하느님 나라에 대한 선포와 천국, 하늘에 관한 소식을 분리하는 근현대 신학의 흐름에서 주목할 만한 예외라 할 수 있다.

그러나 윤리학이라는 특정 주제와 관련해서, 바르트는 하늘의 뜻을 이루는 이 땅의 행동을 이야기할 때 경계심을 버리지 않

---

15 Paul Tillich, *Systematic Theology*, Vol.1, 277.

았다. 칸트와 달리 그는 우리의 '행함'이 우리 자신이 아닌 하늘로부터 옴을 인정했지만, 이에 대해 말하는 것은 망설였다. 1921년 아직 시골 교회의 목사로 있을 때 완성한 『로마서』 2판에서 그는 말했다.

> 모든 인간의 행동과 행동하지 않음은 '행동'이라 불리기에 합당한 하느님의 행동을 가리키는 계기와 기회일 뿐이다. 윤리의 영역에서도 다음과 같은 규칙이 흔들림 없이 관철된다. .... 유기체처럼 자라는 하느님 나라, 혹은 더 정직하게, 하지만 더욱 도발적으로 말해서 건설 중인 하느님 나라처럼 보이는 것은 하느님 나라가 아니라 바벨탑이다. ... 순수한 윤리는 도덕의 영역에서 하늘과 땅이 섞여서는 안 된다고 요구한다(이 지점에서 우리는 칸트에 전적으로 동의한다).[16]

물론 훗날 그는 이런 초기 견해들을 다듬고 확장해 단순히 종말론이라는 "장난감 목마"hobby horse에만 올라타진 않았다.[17] 그러나 『로마서』에 나오는 위 진술은 윤리학을 다룬 강연과 『교회교의학』 각 부를 끝맺는 윤리 부분과 일치한다.[18] 이 땅에서 우리는

---

16 Karl Barth, *The Epistle to the Romans* (Oxford University Press,1933), 432. 『로마서』(복 있는 사람).

17 Karl Barth, *Church Dogmatics*, II,1, 637.

18 다음을 보라. Karl Barth, *Ethics* (The Seabury Press, 1981). 그리고 다음을 참조하라. Karl Barth, *Church Dogmatics*, I,2, 782~796. Karl Barth, *Church*

도덕적 노력으로 "힘을 써서"(마태 11:12) 하늘의 힘을 차지할 수 없다. 그런 식으로 우리가 하는 행함을 주장할 수 없다. 그러나 하늘의 능력은 하느님의 활동을 가리키는 비유적 증언으로서 도덕적 노력을 요구할 수 있고, 또 요구한다. 이후 바르트는 예수 그리스도 안에서 이루어지는 하느님의 활동을 창조-화해-구속이라는 삼중의 형태로 심화시킨다.

한 세대가 지난 1964년, 몰트만의 『희망의 신학』은 바이스, 슈바이처, 오버베크가 일으킨 논쟁에 다시 불을 지폈다. 몰트만은 약속으로서 복음이 지닌 기능, 역사를 빚어 내는 수행적 성격을 도외시한 "종말론에 대한 초월론적 관점은 교의학 안으로 종말론적 차원이 들어와 자리 잡는 것을 방해했다"고 주장했다.[19] 이후 몰트만은 '약속된 미래와 마주한 인간은 '현실 세계'를 어떻게 책임져야 하느냐'라는 도전에 직면했고 이후 30여 년 동안 일련의 저술을 통해 이에 응답했다. 이 논의를 가장 포괄적으로 다룬 1996년 작 『오시는 하느님』The Coming of God은 그 정점이다.[20]

20세기 말, 100년 전 바이스와의 논쟁을 낳았던 천국, 하늘에 대한 복음서의 언급들은 초월론적 관점이든 그렇지 않든 종말론

Dogmatics, II,2, 509~781. Karl Barth, *Church Dogmatics*, III,4, 3~685. Karl Barth, *Church Dogmatics*, IV,4, *Lecture Fragments*. 또한, 다음을 참조하라. John Webster, *Barth's Moral Theology: Human Action in Barth's Thought* (Grand Rapids: William B. Eerdmans Publishing Company, 1998).

19 Jürgen Moltmann, *Theology of Hope*, 40.

20 Jürgen Moltmann, *The Coming of God*.

이 지닌 교리상 의미에 대한 논쟁에서 더는 명시적으로 등장하지 않게 되었다. 좀 더 정확하게 말하면, 바이스 이후 하늘에 관한 언급을 비문자적으로 해석한 진영에서 그러한 경향을 보였다. 이들을 통해 천국이나 하늘을 물리적 하늘이나 내세, 혹은 지복의 상태와 연결하는 관습으로부터는 멀어졌지만, 여전히 해결되지 않은 신학적 질문들이 남았다. 하늘이 하늘로부터 오시는 하느님의 길이요 하느님의 피조물이자 정치체, 공동체로서 그분이 하시는 통치의 방향을 알려준다면 이는 "현실 세계의 일상" 속 윤리와 관련해 어떤 소식을 전하는가?

이제는 두 번째 지점, 칸트가 "철저히 성서에 바탕을 두고 있지 않"은 윤리를 하느님 나라 담론에 도입했다는 바이스의 주장을 검토할 차례다. 이와 관련된 논쟁의 주요 사안들과 그 의미는 디트리히 본회퍼Dietrich Bonhoeffer의 작업을 통해 가장 잘 파악할 수 있다.

현실 세계에 대한 책임 – 본회퍼

1945년 4월 9일, 본회퍼는 39세의 나이에 히틀러에 대한 저항에 가담했다는 이유로 플로센부르크 수용소에서 나치에 의해 처형당했다. 죽음을 맞이한 날까지 그는 오늘날 세계에서 철저하게 성서에 바탕을 둔 윤리란 무엇을 의미하는지를 깊이 고민했다. 윤리에 대한 그의 논평은 거의 20년 동안 그치지 않았다. 학생이었던 1924년부터 시작해 베를린 대학교에서 짧은 강의를 했을 때나, 1930~31년 뉴욕 유니온 신학교에 객원 연구원으로 잠시 머물다 1939년 여름이 끝날 무렵 임박한 2차 세계 대전을 앞두고 돌연 독일로 귀국할 때까지, 늘 윤리에 대한 고민을 글로 남겼다. 이른 죽음 탓에 주요 저작들은 미완으로 남았으나 조각으로만 남은 그의 초고를 보면 지속적인 수정과 개정을 한 흔적이 있다. 그래서 이후의 학자들은 남아 있는 그의 글에 서로 다른 해석을 내놓기도 한다. 윤리에 관한 본회퍼의 다양한 진술에 종지부를 찍는 해석을 내릴 수는 없지만, 적어도 그의 진술을 보면 두 가지 특징이 발견된다는 점은 알 수 있다. 하나는 윤리적 책임은 현재 우리가 이 땅에서 마주한 천국의 현실성에서 비롯된다는 것이고, 또 다른 하나는 이 현실성은 세속적 현실성이며 종교로 제한되거나 일반화되지 않는다는 것이다. 두 주제는 모두 칸트와 대비를 이루며, 본회퍼는 이를 모두 그리스도론으로 해석해 낸다.

1933년, 본회퍼는 일련의 강의를 통해 '우리를 위해 존재하는 예수 그리스도'는 오늘날 공동체Gemeinde로 임한다고 주장했다.

> 그의 형태Gestalt, 실제 그의 유일한 형태는 승천과 재림 사이의 공동체다. ... 그가 하늘에 계신 하느님 우편에 있다는 사실은 이와 모순되지 않는다. 오히려 그것만이 공동체 안에서 그리고

공동체로서 그분의 현존을 가능하게 한다.[21]

여기서 본회퍼는 천국이란 말을 명시적으로 언급하진 않는다. 그럼에도 그는 "하늘"에서만이 가능하다고 말하는 활동이 실제로 있다고 강조한다는 점에서 하늘의 중요성을 부각하고 있다. 그리고 이는 "우리는 위로부터 오기를 바라는 나태함과 안일한 수동성에 빠진 채 이 세상에서 추구해야 하는 것을 한없이 기다리고 있다"는 칸트와 정반대 편에 있다. 저작 곳곳에서 본회퍼는 이 주장에서 파생하는 다양한 윤리적 사유들을 발전시켰는데, 특히 세 가지 'R', 즉 종교religion, 현실reality, 책임responsibility과 관련된 윤리의 본성에 대해 그가 말한 내용을 보면 잘 알 수 있다. 특히 저 세 가지 중에서 나머지 둘을 철저하게 성서에 바탕을 둔 윤리로 정의할 수 있게 해주는 것은 두 번째 R, '현실'이다.

본회퍼는 '현실'을 중요하게 생각한 이유를 이렇게 썼다.

그 이유는 현실die Wirklichkeit이 하나부터 열까지 비인격적인 것Neutrum이 아니라 현실적인 한 분der Wirkliche, 인간이 되신 하느님이기 때문이다.[22]

---

21 Dietrich Bonhoeffer, *Wer ist und wer war Jesus Christus? Seine Geschichte und sein Geheimnis* (Hamburg: Furche-Verlag, 1962), 49. 영역본은 다음과 같다. *Christ the Center* (New York: Harper & Row, 1966), 59~60. 『그리스도론』(대한기독교서회).

22 Dietrich Bonhoeffer, *Ethics*, Dietrich Bonhoeffer Works, Vol.6 (Minneapolis:

이 문장의 꼬리를 물고 이런 생각이 따라 나온다.

> 현대인에게 위에서 아래를 향하는 방향성은 너무나도 거슬리겠지만 ... 윤리적인 것에 내재된, 본질적 속성이다.

앞으로 살펴보겠지만, 이 '방향성'이란 표현은 하늘의 도래를 감지하는 것에 관한 본회퍼의 사상 전체에 긴장을 일으킨다.[23]

그의 사고를 따라가려면 먼저 그의 생애를 살필 필요가 있다. 1930년대 미국과 독일에서 겪은 일을 두고 본회퍼는 이런 말을 남겼다.

> 오늘날 우리의 가장 중요한 과제는 '종교개혁 없는 개신교'protestantism without Reformation와 '종교개혁 교회들'the churches of the Reformation이 대화를 나누는 것이다.[24]

그에게 '종교개혁 없는 개신교'는 "철저히 성서에 바탕을 두지 않은" 그리스도교 윤리를 지향하는, 바이스가 이야기한 "현대 개신교 세계관"과 연관된 개신교였다.

Fortress Press, 2005), 261. 『윤리학』(대한기독교서회).

[23] 위의 책, 372.

[24] Dietrich Bonhoeffer, *No Rusty Swords: Letters, Lectures and Notes 1928-1936* (New York:Harper and Row, 1965), 118.

본회퍼의 이러한 판단에는 1930년대의 세 가지 상황이 커다란 영향을 끼쳤다.

첫 번째는 이제 막 학자가 된 본회퍼의 상황이었다. 유니온 신학교에 처음 도착했을 때 본회퍼의 나이는 겨우 스물넷이었지만, 이미 독일에서 박사 학위 논문을 완성하고 1년 안에 두 번째 책 출판을 준비하던 참이었다.[25] 이 초기 신학 저작들에서 본회퍼는 신학과 사회 분석의 분리에 반대했고, 이 둘을 하나로 묶자고 제안했다. 당시 그의 목표는 사회학을 "교의학에 봉사하도록" 끌어들이는 것이었다.[26]

두 번째는 미국 개신교가 사회 문제와 윤리에 매몰된 모습을 보면서 품게 된 고민이었다. 당시 미국 개신교 진영은 윤리 문제를 다룰 때 사회학을 중시하면서도 교의학은 무시하는 경향을 보였다. 유니온 신학교는 일상의 문제를 사회적 시각으로 검토하고 실용적 해법을 찾는 일에는 능했지만, 하느님이 사회에서 무슨 활동을 하시는지를 검토하는 교의학의 비판적 기능에는 별다른 관심을 기울이지 않았다. 본회퍼는 몇몇 신학자가 "경제와 정치 문제"를 연구하되 "진정한 신학으로부터는 등을 돌"리면서도 자신들의 작업을 그리스도교 윤리학이라고 부르는 모습을 보

---

25 Dietrich Bonhoeffer, *The Communion of Saints: A Dogmatic Inquiry into the Sociology of the Church* (New York: Harper & Row, 1963). 『성도의 교제』(대한기독교서회). Dietrich Bonhoeffer, *Act and Being* (New York: Harper & Row, 1961). 『행위와 존재』(대한기독교서회).

26 Dietrich Bonhoeffer, *The Communion of Saints*, 20.

았다.[27] "철저한 계몽주의적 합리주의"를 고수하는 이들도 나름의 진영을 구축한 상황이었는데, 본회퍼는 이들을 보며 느낀 심정을 토로했다.

> 신학 안에 내재된 자기비판의 기능은 알려지지 않는 수준을 넘어 오해되고 있으며, 교의학의 여러 원리에 대한 가르침은 마구잡이 뒤엉켜 혼란스러울 지경이었다.[28]

종교철학이 훨씬 "학문적"이라고 주장하는 이들도 있었지만, 그의 시선에 이들은 하느님과 세상을 전혀 진지하게 대하는 것 같지 않았다. 마지막으로, '실천 신학'을 옹호하는 이들이 있었는데, 이들은 '근대적 방법'에 사로잡힌 채 "교회가 전해야 하는 메시지"가 무엇인지에 전혀 관심을 기울이지 않는 것 같은 인상을 준다고 본회퍼는 기록했다.[29]

세 번째 상황은 고국의 불길한 정치 상황이었다. 나치 광풍이 불고 히틀러가 권력을 장악하면서 독일 교회는 심각한 위협 앞에서 윤리적 책임을 감당해야 하는 기로에 서 있었다.

본회퍼가 볼 때 문제는 자유, 그리고 이 자유가 어디서 오는지에 대한 근본적으로 다른 차원의 신뢰였다. 그가 보기에 "종

---

[27] Dietrich Bonhoeffer, *No Rusty Swords*, 89.

[28] 위의 책, 89~90.

[29] 위의 책, 90.

교개혁 없는 개신교"는 주로 종교와 윤리를 강조했다. 이를 두고 본회퍼는 말했다.

> 여기에 속한 이들은 사상, 신학, 교리를 과대평가하고 있다. 하지만 사상, 신학, 교리는 교회의 다양한 표현 중 하나이며 가장 중요한 표현이라고 할 수 없다. 그들에게 이렇게 답하고 싶다. 중요한 건 사상이 아니라 하느님의 말씀이라는 진리라고 말이다. 핵심은 구원이다. 교회의 일치는 인간의 생각으로 좌지우지될 수 없다. 이는 인간의 "생애와 업적"에 속한 일이 아니다. 교회의 일치는 예수 그리스도의 생명과 활동에 달려있으며, 우리는 신앙을 통해 이 활동에 참여한다.[30]

"종교개혁 없는 개신교"를 대표하는 이들이 사회, 윤리 비판을 하는 것이 나름 정당한 의도를 지닐 수도 있음을 본회퍼는 인정했다. 하지만 동시에 그는 말했다.

> 이들은 하느님의 말씀이 가하는 '비판'의 의미를 이해하지 못한다. 그들은 이 하느님 말씀의 '비판'의 손실이 종교, 교회들이 내세우는 그리스도교, 그리스도인의 성화에까지 닿는다는 사실을 이해하지 못한다. 또한, 이들은 하느님께서 종교와

---

30 위의 책, 99.

> 윤리를 넘어 자신의 교회를 세우셨다는 사실을 이해하지 못한다.[31]

이와 달리, 종교개혁 교회의 신앙에서는 하나님의 말씀을 행동을 형성하는 주체로 본다. 이 신앙의 확신은 종교나 인간의 성취라는 한계에 기대지 않는다.

> 교회의 자유는 자신의 가능성에 있는 것이 아니라, 복음이 실제로 그리고 자신의 능력으로 이 땅에서 자신을 위한 자리를 마련하는 곳에 있다. 심지어 교회에 아무런 가능성이 없을 때조차도 마찬가지다.[32]

또한, 그는 말했다.

> (오직 하나님이) ... 우리에게 맞서, 우리임에도 불구하고, 우리를 통하여 교회를 죽음에서 생명으로 부르시는 가운데 불가능한 것을 이루신다.[33]

본회퍼는 유니온 신학교 북쪽에 있는 할렘의 교회에서 이러한

---

31 위의 책, 117.
32 위의 책, 104.
33 위의 책, 184.

신앙을 발견했다. 물론 그곳에서만 신앙을 발견하지는 않았지만, 본회퍼는 유독 그곳이 자신에게 지울 수 없는 흔적을 남겼다고 술회했다. 당시 '흑인 교회'라 불리던 그곳에서 울려 퍼지는 설교와 영가들에서 본회퍼는 자유가 없는 이 땅에 자유를 위한 공간을 만드시는 하느님의 말씀이 선포되는 것을 들었다. 짓눌린 경험을 한 이들이 나와 성서의 하느님은 불가능한 일을 능히 이루시며 길이 없는 곳에 길을 내신다고 증언했다.

> 회복과 새 삶을 부르짖는 설교가 이토록 절절하고 수많은 청중을 사로잡는 곳은 어디서도 본 적이 없다. ... 바로 이곳에서, 죄인을 구원하시는 우리 구주 예수 그리스도의 복음이 생생한 현실이 되고 숱한 이들이 가눌 수 없는 기쁨과 감격으로 복음을 받아들이고 있었다. ... 위대한 흑인 가수들이 저들의 영가를 부르면 백인 청중이 빽빽하게 들어서 손뼉 치며 열광하는데, 왜 아직도 흑인 남성과 여성을 사회적으로 차별하고 백인 공동체에 접근도 못 하게 하는 것일까. 흑인과 백인이 함께 하느님의 말씀을 듣는데도 정작 성찬은 따로 하다니. 이 어처구니없는 상황을 해결하는 것이야말로 백인 교회가 해결해야 할 가장 중요한 문제다.[34]

[34] 위의 책, 112~114. 이 문제에 관해서는 다음을 참조하라. Josiah Ulysses Young III, *No Difference in the Fare: Dietrich Bonhoeffer and the Problem of Racism* (Grand Rapids: William B. Eerdmans Publishing Company, 1998).

하느님은 현재 상황에서 무엇을 하고 계시는가? 본회퍼에게 이는 복음이 복음을 따르는 이들에게 던지는 결정적인 질문이었다. 그리고 이 질문과 씨름하는 일이야말로 신학의 "결정적 과제"이자 고백 가운데 책임져야 하는 활동이다. 다른 모든 일은 바로 이 질문에 대한 답에서 나오기 때문이다. 이 질문에 대해 "종교개혁 없는 개신교"는 선을 행함으로 세상을 구원하는 일이 종교의 능력이라고 확신했으므로 세상의 구주인 분께 삶과 예배로 부름받았음을 아는 "종교개혁 교회"와 전혀 다른 답을 내놓는다. 본회퍼는 말했다.

> 바로 이 지점에서, '종교개혁 교회'와 '종교개혁 없는 개신교' 사이에 가늠할 수 없을 정도로 심각한 대립이 시작된다.[35]

1. 종교

본회퍼는 세 가지 이유를 들어 종교가 하느님의 능력과 행함을 설명하는 데 부적절한 틀이라고 말했다. 첫 번째는 가장 주된 이유라 할 수도 있는데 성서가 이를 지지하지 않기 때문이다. 복음은 종교를 거의 언급하지 않으며, 언급하는 경우에도 예수 그리스도에 대한 신앙과 대비되는 경우가 대부분이다.[36] 사도행전

---

35 위의 책 114.

36 "종교" 또는 "종교적"으로 번역될 수 있는 그리스어 '트레스케이아'*θρησκεία*는 영어 성서에서 "숭배하는"reverencing으로(사도 26:5, 골로 2:18,

에는 아테네 사람들이 나오는데, 이들은 여러 신전을 세워놓고 제단에다 "알지 못하는 신에게"(사도 17:22)라는 문구를 새겨놓았다. 바울은 이들을 보며 "종교심이 많다"고 말했다. 야고보의 편지 저자도 종교를 우리가 행하는 것으로 보고 "영광의 우리 주 예수 그리스도에 대한 믿음"(야고 1:26~27, 2:1)과 구별한다.

둘째, 그가 종교는 하느님이 하시는 일을 담을 수 없다고 판단한 이유는 그가 몸담고 훈련받은 신학과 관련이 있다. 그 역시 시대의 중력이 차단된 진공 속에서 복음서를 듣고 읽지 않았다. 본회퍼에게는 스승이 있었고 당대를 선도하는 신학 흐름에도 정통했다. 그 시절 교육을 받은 여느 신학생처럼 본회퍼 역시 "현실 세계"와 신약성서에 나오는 예수 이야기를 구별하는 법을 배웠다. 17세기 이후 역사비평의 영향을 점차 강하게 받던 당시 주류 신학계에서는 이 이야기 대부분을 역사적 사실로 보지 않았기에, 예수의 세계를 외적인 사회 문제와는 무관한 내면에서 일어나는 체험 및 마음과 관련된 신화적 세계로 취급했다. 달리 말하면 예수의 세계는 종교 체험과 영혼이라는 내면과 관련된 세계였다. 1793년 칸트는 『이성의 한계 안에 있는 종교』Religion within the Limits of Reason Alone에서 말했다.

야고 1:27), '데이시다이모니아'δεισιδαιμονία는 "종교(심)"으로(사도 17:22~23, 25:19) 번역된다. '유세베이아'εὐσέβεια는 디모테오에게 보낸 첫째 편지 2장 2절, 4장 7~8절, 3장 16절에서 긍정적인 의미로 쓰이고 있다.

> 복음의 스승은 자신의 제자들에게 이 땅에서의 하나님 나라를 영광스럽고 영혼을 고양하는 도덕의 측면, 즉 신성한 상태 안에 있는 시민권이 지닌 가치의 측면만을 가르쳤다. 이를 위해 그는 제자들에게 무엇을 행해야 하는지 알려주었다. 바로 스스로 노력해서 그 나라를 이루고, 나아가 같은 마음을 품은 모든 사람, 그리고 가능한 모든 인류와 연합하라는 것이었다.[37]

이러한 "종교의 내면성"은 본회퍼의 스승이었으며 본회퍼가 존경했지만 이 부분에 있어서는 동의하지 않았던 하르낙의 핵심 교리였다.

물론 더 거슬러 올라가면, 종교개혁가들이 본회퍼의 사상에 영향을 미쳤음을 알 수 있다. 모든 사람에게 "종교의 씨앗"이 심겨 있음을 인정했지만, 하나님을 "알지" 못하고 하나님이 "오직 그리스도 안에서"우리와 함께하시지 않는다면 이 씨앗은 미신과 우상 숭배로 자라난다는 칼뱅의 이야기에 본회퍼는 동의했다.[38] 또한, 마르틴 루터Martin Luther의 '십자가 신학'theology of the cross 역시 그에게 커다란 영향을 미쳤다. 본회퍼는 루터의 말을 따라 "십자가의 신학자"만이 무엇이 선이고 무엇이 악인지를 부를 수 있으며, 고난과 십자가를 떠나서는 하나님을 발견할 수 없다고

---

37 Immanuel Kant, *Religion within the Limits of Reason Alone*, 125.

38 John Calvin, *Institutes of the Christian Religion*, Vol.XX, I,4, 47~51, II,6,4, 346~347, II,16,3, 505~506.

강조했다.[39]

오늘날 우리는 '오직 그리스도'라는 종교개혁의 원리를 선뜻 받아들이기 쉽지 않다. 다들 이 원리를 다른 종교나 문화를 모조리 배제하는 오직 '그리스도인의 종교', 혹은 오직 '그리스도교'라는 뜻으로 받아들이기 때문이다. 그리스도교의 배타성과 편견은 반유대주의, 타종교에 대한 편협한 태도, 문화 제국주의를 낳았고 전쟁의 화근이 되어 인류를 오랫동안 괴롭힌 것도 사실이다. 하지만 본회퍼의 그리스도중심주의Christocentrism가 이러한 배타성과 편협함을 실제로 부추기는지 아니면 오히려 반대하는지는 논쟁의 여지가 있다. 그는 예수 그리스도를 종교 자체를 포함해 종교로서의 그리스도교와도 동일시하지 않았기 때문이다. 또한, 나치 치하에서 자행된 유대인 박해에 맞서기 위해 독일로 돌아오면서 본회퍼는 간디와 인도의 영적 전통에서 더 많은 것을 배우고 싶어 했다. 그에게 하느님의 말씀은 "우리와 함께하시는 하느님", 곧 임마누엘이자 인간이 되신 하느님이며, 바울이 말한 모든 피조물이 겪는 "해산의 고통"(로마 8:22) 한가운데 계시기에, 그분이 계시지 않은 곳은 어디에도 없었다.[40] 본회퍼는 복음

39 Martin Luther, The Heidelberg Disputation(1518), *Luther: Early Theological Works*, The Library of Christian Classics, Vol.XVI (Philadelphia: Westminster Press, 1962), XXI, 291~292. 『루터 초기신학 저술들』(두란노).

40 본회퍼가 성육신Inkarnation 대신 '인간이 되심'Menschwerdung이라는 용어를 사용한 이유에 대해서는 다음을 보라. Dietrich Bonhoeffer, 'Editor's Introduction to the English Edition', *Ethics*, 6.

을 통해 들은 하느님의 생명은 "주여, 주여"(마태 7:21)라고 외치는 종교인들뿐만 아니라 온 피조 세계에, 지금 일어나고 있는 일 가운데, 사회를 구현하고, 공동체를 형성한다고 보았다. 이 생명이 바로 오늘 우리를 위한 예수 그리스도였다.

본회퍼가 이렇게 생각하게 된 데는 당시 새롭게 떠오르던 바르트 신학의 영향이 컸다. 감옥에서 쓴 편지에서 그는 말했다.

> 바르트는 종교 비판의 문을 연 첫 신학자였으며 그것은 그의 큰 공이네.[41]

물론 본회퍼는 바르트의 초기 교의학밖에 알 수 없었고 몇 가지 지점에서는 생각도 달리했다. 게다가 오랜 세월 동안 줄지어 나온 『교회교의학』이 전체 윤곽을 보일 때 그는 이 세상에 없었다. 하지만 결정적인 측면에서 본회퍼는 바르트 신학의 핵심을 파악하고 받아들였다.

> 예수 그리스도가 하느님의 유일무이한 말씀이라는 진술은 그리스도인과 교회와 그리스도교가 다른 인간과 다른 기관과 다른 사고방식과의 관계에서 자신을 높이거나 영광스럽게 하는

[41] Dietrich Bonhoeffer, *Letters and Papers from Prison* (New York: Simon and Schuster, 1997), 168~169. 『저항과 복종』(대한기독교서회).

것과는 아무런 관련이 없다.[42]

본회퍼는 초기에나 후기에나 이런 바르트의 사상을 지지했고, 사람들을 종교로 가르고 예수 그리스도가 들어온 세계를 영혼이라는 내면의 세계나 그리스도교로 한정된 세계로 협소하게 해석하려는 이들을 반대했다.[43]

세 번째, 본회퍼가 하느님이 하시는 일을 종교 용어로 해석하는 데 반대한 이유는 종교가 문화에서 줄곧 수행해 온 역할에 대한 그의 독해와 관련이 있다. 즉, 성서에 대한 그의 중시, 당시의 신학에 대한 그의 반응 이외에도 문화적 이유가 있는 것이다. 사도 바울이 아테네 사람들에게 전한 설교를 보면, 그들이 제단에 새긴 "알지 못하는 신"이라는 문구는 그들에게 새겨진 종교성의 민낯을 보여준다. 종교가 미지의 것을 다루는 방식이라면, 지식이 쌓일수록 종교에 대한 필요성은 줄어든다. 본회퍼는 서구 문

[42] Karl Barth, *Church Dogmatics*, IV,3, #69, 91.

[43] 신학적으로 미묘한 통찰이 담긴 바르트의 후기 종교관은 다음을 참조하라. Karl Barth, *Church Dogmatics*, I,2, #17. 이곳의 관점은 본회퍼와 동일하다. 그리고 이와 관련해서는 새로운 영역본을 추천한다. Karl Barth, *On Religion: The Revelation of God as the Sublimation of Religion* (London: T.&T. Clark, 2006), 1~29, 그리고 38, 130. 영역자인 그린은 바르트가 계시를 헤겔의 용어인 "종교의 지양"을 사용한 것은 기존 영역본이 그랬듯 "폐지"abolition를 의미하는 것이 아니라 종교의 "고양"sublimation을 의미한다고 올바르게 지적한다. 바르트에게 종교는 변증법적으로 수용되어 더욱 적절한 준거틀 안에 위치하게 된다. 다음을 참조하라. André Dumas, *Dietrich Bonhoeffer: Theologian of Reality* (New York: Macmillan, 1968), 178~184.

화에서 계몽주의와 과학이 발흥한 이래로 그런 현상이 심해졌다고 보았다. 신을 현실 세계에 대한 지식의 공백을 메우는 존재로 여기면, 그 공백이 줄어들수록 이런 임시변통의 신은 필요가 없어질 것이다. 이런 신은 오늘날의 보험 정책에나 나오는 신이다. 서구 보험회사에서는 돈을 물어주지 않아도 되는 불가항력의 손해를 "신의 행위"act of god라고 말한다. 오늘날 서구 사회에서 "신의 행위"는 곧 재난인 셈이다. 본회퍼는 말한다. "성숙한 세상"에서는 설명할 수 없는 것을 설명하기 위해 "작업가설로서의 신을 필요로 하지" 않는다.[44] 이는 과학의 진보에 따른 새로운 문화적 현실이며 신앙이 성숙해져야 한다는 복음의 요청에 부합하는 사실이기도 하다. 종교는 오직 하나의 방향, 감추어진 미지의 세계에서 신을 찾는다. 그러나 복음은 신앙을 통해 전혀 다른 방향으로 시선을 돌려 자신이 하느님을 드러낸다고 선언한 십자가에서 달린 노예를 바라보게 한다. 에페소인들에게 보낸 편지의 저자는 말한다.

> 우리는 이 이상 더 어린아이로 있어서는 안 됩니다. 우리는 인간의 속임수나, 간교한 술수에 빠져서, 온갖 교훈의 풍조에 흔들리거나, 이리저리 밀려다니지 말아야 합니다. 우리는 ... 모든 면에서 자라나서, 머리가 되시는 그리스도에게까지 다다라

[44] Dietrich Bonhoeffer, *Letters and Papers from Prison*, 218.

야 합니다. (에페 4:14~15)

"성인이 된" 현대 세계는 더는 종교를 필요로 하지 않으리라는 본회퍼의 생각이 옳았는지에 대해, 오늘날 우리는 의문을 제기할 수 있다. 현대 연구자들에 따르면 현재 지구상에 있는 종교는 10,000여 개에 달하며, 매일 2~3개의 새로운 종교가 생겨나고 있다.[45] 그러나 에페소인들에게 보낸 편지 4장 20절은 종교에 대한 본회퍼의 입장을 압축적으로 보여준다.

그러나 여러분은 그리스도를 그렇게 배우지는 않았습니다.

그는 종교의 방향에서 돌이키는 것을 하늘에서 오시는 하느님을 등지는 것이라고 생각하지 않았다. 오히려 그 반대였다. 종교에서 돌이키는 건 "성서의 하느님이 오시는 길을 예비하는 것"이다.[46] 동시에 이는 현실을 직시한다는 뜻이기도 하다.

2. 현실

앞서 언급한 신약성서의 증언들처럼, 본회퍼는 현실을 사건이라는 틀 안에서 바라본다. 즉 현실은 실제로 일어나고 있는

---

[45] 다음을 보라. Toby Lester, 'Oh, Gods!', *Atlantic Monthly*, February 2002, 37~45. 자세한 언급은 38 참조.

[46] Dietrich Bonhoeffer, *Letters and Papers from Prison*, 220.

것, (그의 표현을 빌리면) "모습을 취하는" 것이다. 진정한 "현실 세계"는 만물 안에서 그리스도가 "모습을 취하는" 것이다. 이 같은 맥락에서 본회퍼는 말했다.

> 그리스도의 현실은 세상의 현실을 포함한다.[47]

여기서 우리는 "하늘에 있는 것들과 땅에 있는 것들"이 그리스도 "안에서" 창조되고 화해되었으며 "왕권이나 주권이나 권력이나 권세나 할 것 없이, 모든 것이 그분으로 말미암아 창조되었고, 그분을 위하여 창조되었다"(골로 1:15~20)는 골로사이인들에게 보낸 편지의 반향을 들으며 20세기 신학계에서 이루어진 윤리에 대한 논의가 명료하게 드러나는 것을 볼 수 있다. 본회퍼에 따르면, 그리스도와 함께 일어나는 모든 일은 피조 세계 전체를 포괄한다. 그런 방식으로 만물은 자신의 일관성을 추구하고, 그리스도 안에서 "존속한다"(골로 1:17).[48] 이는 그리스도교, 혹은 종교가 어떤 식으로든 세상을 장악해야 한다고 보는 (우리에게 익숙한) 근대적인 사고방식, 이야기와는 전혀 다른 사고방식과 이야기다.

이러한 의미에서 '현실적인 것'은 현재 일어나고 있는 사건들을 무시간적인 도덕 법칙이나 일반 원리로 추상화해서는 알 수

---

47 Dietrich Bonhoeffer, *Ethics*, 64.

48 위의 책, 61.

없다. 말씀은 육신을 입어 우리에게 오기에 실제 상황에 구체적으로 반응할 때만 실현될 수 있다.

> 그리스도께서 지금 여기에서, 우리 가운데 취하시는 형태, 그 방식이야말로 우리는 온전히 선하다고 말할 수 있고, 그렇게 말해야 한다.[49]

그리스도께서 "취하시는 형태"는 "사실적인 것에서 의미 있는 것을" 인식하라고 요구한다.[50] 지금, 여기서 사랑이 추구해야 할 최선의 길을 결정하기 위해서는 상황을 이루는 사실들뿐만 아니라 그 사실들이 의미하는 바를 직시해야 한다. 본회퍼가 보기에, 이미 정해져 있는 도덕을 따라가면 우리 가운데 실제로 일어나고 있는 현실을 놓친다. 그는 칸트가 상황의 중요성을 고려하지 않은 채 '진실을 말하는 것'을 사실의 보고로 획일화한다는 사실에 경악을 금치 못했다.[51]

본회퍼는 사형 선고를 받고 게슈타포 간수들에게 둘러싸인 감방 안에서 이렇게 말했다.

> 예수 그리스도 안에서 하나님이 받아들이고 화해하지 않은 세

---

49 위의 책, 23.

50 위의 책, 7.

51 위의 책, 326~334.

상, 버림받고, 하느님이 없는 세상은 없다. 신앙으로 예수 그리스도의 몸을 바라보는 이는 다시는 세상이 하느님을 잃어버렸다고, 그리스도와 분리되었다고 말할 수 없으며, 교권주의의 오만함에 빠져 자신을 세상으로부터 분리할 수 없다. 세상은 그리스도에게 속해 있다. 오직 그리스도 안에서만 세상은 세상이다. ... 그리고 그리스도는 오직 세상 한가운데서만 그리스도이시다.[52]

생의 마지막 나날들을 통과하면서 적어 둔 이 미문美文은 박사논문을 쓰며 그리스도께서 오늘 우리를 위해 사회 현실 가운데 현존하신다고 말한 것과 일치한다. 그러나 논문 심사 위원회 앞에서 학자로서 한 증언과, 감옥 문을 나와 안뜰을 지나 교수대 앞에 홀로 선 채 한 증언은 사뭇 다르게 들릴 수밖에 없다.

3. 책임

하느님이 하시는 일을 통해 드러나는 "현실 세계"가 이러하다면, 우리 인간의 책임은 어떻게 되는 것일까? 본회퍼에게 책임이란 '응답하는 능력'이다. 이는 법이 지배하는 윤리(의무론), 목적 지향 윤리(목적론 혹은 공리주의), 변화하는 상황에 맞추어 사랑을 실현하는 윤리(상황 윤리), 인간의 인품에 기원을 둔 윤리(덕

[52] 위의 책, 71.

윤리)와는 구별된다. 간단히 말해, 우리가 통제할 수 있는 책임은 통제할 수 없는 것, 즉 가까이 온 천국의 현실에 응답하는 능력에서 나온다.[53] 이 현실에 응답하는 능력, 즉 우리 곁으로 온 이 구체적인 상황에 응답하는 능력은 우리의 행동에서 나올 수 없다. 상황 그 자체에 있는 하늘의 현실로 인해 가능해진 능력에서 나온다. 우리는 우리가 마주한 현실에서 우리가 마주한 현실이 우리에게 요구하는 것을 해야 한다.

감옥에서 본회퍼는 이런 말을 남겼다.

> 그리스도인은 자신의 이념으로 세상을 형성하지 않는다. ... 그리스도인이 해야 할 일은 그리스도의 가르침이나 그리스도교의 원리라고 사람들이 여기는 것을 따라 세상이 형성될 수 있도록 이들을 세상에 적용하는 것이 아니다.

---

53 "성향이나 의도와 관련된 심정 윤리는 결과들과 관련된 윤리만큼이나 피상적이다." 위의 책, 42. 그리고 다음을 참조하라. James Burtness, *Shaping the Future: The Ethics of Dietrich Bonhoeffer* (Minneapolis: Fortress Press, 1985), 16. 책 제목이 암시하듯 하느님의 미래에 대한 "책임"을 강조하는 버트니스Burtness는 본회퍼의 윤리학에서 현재 하늘에서 일어나고 있는 일에 대한 책임과 그에 대응하는 능력을 세심하게 구분하지는 못한다. 이와 관련해서, 비록 본회퍼의 사유와는 별개로 보이지만 H. 리처드 니버H. Richard Niebuhr의 논제를 눈여겨볼 필요가 있다. "이스라엘과 초기 그리스도교 공동체의 역사의 분수령마다 제기된 결정적인 질문은 ... '목표는 무엇인가'가 아니었다. '법이 무엇인가?'도 아니었다. 오히려 '지금 무슨 일이 일어나고 있는가?', '지금 벌어지고 있는 일에 대한 적절한 대응은 무엇인가?', 이것이 결정적 질문이었다." R. Niebuhr, *The Responsible Self: An Essay in Christian Moral Philosophy* (New York: Harper & Row, 1963), 67. 『책임적 자아』(한국장로교출판사).

우리를 형성하는 이는 그리스도다.

> 형성은 오직 예수 그리스도의 형상 안으로 이끌려 들어감으로써, 오직 인간이 되시고 십자가에 달리시고 부활하신 분의 고유한 모습과 같은 모습이 됨으로써 이루어진다.

이러한 형성은 "예수를 닮으려는" 우리의 노력으로 이룰 수 없다고 본회퍼는 강조한다. 그러한 자기 노력은 타자를 위해 자신을 내어주지 않으려는 인간의 비뚤어진 자기 확신을 보여줄 뿐이다. 당면한 실제 상황이 요구하는 바를 따라 응답할 수 있는 능력, 그러한 능력은 "예수 그리스도의 형상이 우리에게 영향을 끼쳐 우리의 형상이 그분을 따라 빚어질 때" 지니게 될 수 있다(갈라 4:19 참조).[54] 그리스도는 "타자를 위한 인간"이며, 자신을 따르는 제자들 역시 "타자를 위한" 존재로, 타자를 위한 그리스도 자신의 대리인으로 임명하기 때문에 그리스도를 닮아가는 가운데 일어나는 타자를 위한 섬김의 모습은 타인이 다채로운 만큼이나 다채롭다. 이를 두고 본회퍼는 말한다.

> 그리스도의 형상은 분명 하나이고 동일하지만, 현실 인간 안에서 아주 다양한 방법으로 모습을 취하기를 원한다.[55]

---

[54] Dietrich Bonhoeffer, *Ethics*, 18.

[55] 앞의 책, 22.

또한, 다른 저술에서 그는 말했다.

> 그리스도의 음성은 낯선 타자의 음성으로 우리에게 말을 걸어 온다.[56]

본회퍼에 따르면, "종교개혁 없는 개신교"는 능동적이고 책임감 있는 인간이 되라는 권고로 가득 차 있다. 이 개신교는 현대 세계를 바라보며 그 안에서 예수가 자리를 틀 만한 적절한 장소를 물색한다. 이와 달리 "하느님의 말씀이 하시는 일"을 믿는 종교개혁 신앙은 예수를 바라보고, 온갖 죄와 불경함이 창궐했던 세계가 이제는 예수로 인해 등장한 새로운 현실 안에 있음을 발견한다. 그러므로 그리스도 안에서 하느님이 이루신 화해의 세계 가운데서 응답하는 능력, 곧 책임을 발견하고 이 세계에 기꺼이 참여한다. 단순히 행동하라는 윤리적 명령을 따르는 것과 이 세상 속에 있는 그리스도의 형상을 따라 행동할 수 있는 능력을 받는 신앙, 이 신앙에 충실한 것은 전혀 다르다. 이 신앙은 결코 바울이 지적한 "사라질 이 세상의 형체"(1고린 7:31)가 아니라 하늘에서 내려와 이곳에서 새로운 사건을 형성하는 참 현실의 모습을 따른다. 바울은 이 현실, 즉 그리스도 안에서 하느님은 "세상을 자기와 화목하게 하셨다"고 말했다(2고린 5:19).

---

[56] Dietrich Bonhoeffer, *No Rusty Swords*, 185.

> 안식일이 사람을 위하여 생긴 것이지, 사람이 안식일을 위하여 생긴 것이 아니다. (마르 2:27)

이러한 통찰의 밑바탕에는 "내가 땅에서 들려서 올라갈 때에, 나는 모든 사람을 내게로 이끌어 올 것이다"(요한 12:32)라는, 복음이라는 소식이 있다.

하늘에서와 같이

지금까지 살펴보았듯 본회퍼는 윤리를 두고 서로 다른 방향을 지닌 관점들을 부각했다. 이러한 본회퍼의 작업은 천국, 하늘 소식을 듣는 가운데 하느님의 활동과 인간의 행위가 어떤 관계를 맺느냐는 문제에서 관건이 되는 지점이 어딘지, 숙고해야 할 부분이 어딘지를 알려준다. 여기서는 죽음을 앞두고 남긴, 완결되지 못한 윤리적 성찰 중 일부만을 소개했지만, 그의 문제의식이 무엇인지를 살피기에는 모자람이 없다. 『나를 따르라』The Cost of Discipleship(1937), 『성도의 공동생활』Life Together(1938)과 같은 저술들은 본회퍼가 이러한 문제의식 아래 어떠한 신앙의 실천을 했는지, 함께하는 성서 공부, 성사 참여, 기도와 같은 영적 훈련에 참여하는 헌신적인 삶으로 이어졌는지를 보여준다. 그는 이러한 방식으로 나치 및 이른바 '독일 그리스도인 연맹'의 인종 혐오에 맞서 하느님의 말씀에 충성하는 고백교회의 목회자 후보생들을 훈련시켰다. 저 영적 훈련들은 위험을 감내하는 대항문화의 성격을 지니고 있었던 것이다.[57] 제3제국 치하에서 고백교회 신학교들이 운영된 기간은 그리 길지 않았다. 그리고 여기서는 거의 수도원에 가깝게 영적 훈련에 집중했기 때문에 이를 이끈 본회퍼는 개신교인이라기보다 로마 가톨릭 신자에 가깝다는 평을 듣기도 했다. 하지만 이는 그가 종교개혁 교회를 교파로서의 개신교와 동일시하지 않았음을 보여줄 뿐이다.

물론 윤리에 대한 본회퍼의 이야기는 여전히 많은 의문점을 남긴다. 그의 논의 가운데 있는 긴장들을 평가하려면 본회퍼의 윤리학에 대한 좀 더 포괄적인 설명이 필요하다. 첫 번째 긴장은 (본회퍼가 모두 옹호하는) 계명 윤리와 책임 윤리 사이의 긴장이다. 현실 세계에서의 책임에 대한 본회퍼의 성찰은 하나님의 계명에 대한 그의 강조와 얼마나 잘 연결되는가? 여기서 명심해야 할 것은, 본회퍼가 계명을 우리가 일반적으로 알고 있는 '명령'으로 이해할 뿐 아니라, 행동할 자유를 요구하고, 일으키고, 허락하는 것으로 이해한다는 점이다. 이 같은 맥락에서 그는 그리스도인의 행동의 자유는 "하나님의 계명에 의해 솟아난다"고 말했다.[58] 요구하고 응답을 일으키는 생성으로서의 계명, 즉 명령은 단순

---

57 Dietrich Bonhoeffer, *The Cost of Discipleship* (New York: Macmillan, 1963. 『나를 따르라』(대한기독교서회). Dietrich Bonhoeffer, *Life Together* (New York: Harper & Row, 1954). 『성도의 공동생활』(대한기독교서회).

58 Dietrich Bonhoeffer, *Ethics*, 382~383. 이 지점에서 본회퍼에 대한 바르트의 영향이 드러난다. 이후 바르트는 본회퍼가 자신에게 끼친 영향을 언급한다. 바르트 신학 안에 자리한 본회퍼 신학의 자취를 확인하려면 다음을 보라. Karl Barth, *Church Dogmatics* III,4, 14~15.

히 요구만 하는 의무도 아니고 인간의 자율성이라는 가정에 기초한 칸트의 정언 명령과도 다르다.

두 번째 긴장은 '현실적인 것'에 대한 공간 중심의 묘사와 시간 중심의 묘사 사이의 긴장이다. 그에 따르면 현실적인 것은 한편으로는 공동체로 형성되며 그러한 형태를 띠는데, 이는 현실적인 것에 대한 공간 중심의 존재론이라 할 수 있다. 이에 견주었을 때 (우리가 지금까지 살핀) 천국, 하늘의 침투를 이야기하는 종말론, 혹은 묵시적 관점은 보통 사건이나 '때'와 같은 시간에 좀 더 방점을 두고 있다.[59]

'형상', '형태'처럼 공간의 뉘앙스가 강한 본회퍼의 논의는 사건, '일어남'보다 질서를 우선시하는 게 아니냐는 질문을 받을 수 있다. 실제로 사람들은 "위로부터 아래를 향하는" 본회퍼 그리스도론의 방향은 기존 질서의 위계 구조를 정당화하는 게 아니냐는 질문을 던지곤 했으며, 노인-젊은이, 부모-자녀, 주인-종, 교사-학생, 판사-피고인, 공권력-개인, 목회자-평신도 사이에서 전자에 '윤리적 권위'가 있다는, 그러한 위계 구조를 긍정하는 본회퍼의 발언은 많은 비판을 받았다.[60] 물론 그는 이러한 위계 질서는 "세상 권세와 법률"이나 "자기 보존 본능"이 낳은 "굶주

---

[59] 앙드레 뒤마André Dumas의 비평은 다음을 참조하라. A. Dumas, *Dietrich Bonhoeffer*, 215~235. 제임스 버트니스의 대답은 이곳을 참조하라. J. Burtness, *Shaping the Future*, 67~68.

[60] Dietrich Bonhoeffer, *Ethics*, 372.

림, 성, 정치권력"에 바탕을 둔 위계질서와는 다른 것이라고 이야기했다.[61] 그럼에도 불구하고 이런 주장은 1942년 감옥에서 쓴 글에 실린 "밑으로부터의 시각"과는 분명 충돌하는 것처럼 보인다. 여기서 그는 루터의 "십자가 신학"theology of the cross을 언급하면서 말한다.

> 세계사의 거대한 사건들을 우리는 밑으로부터, 즉 사회로부터 배제된 이들, 유죄 혐의를 받고 있는 이들, 학대받는 이들, 권력 없는 이들, 억압받는 이들, 멸시당하는 이들, 간단히 말해 고난 당하는 이의 관점에서 보아야 한다.[62]

본회퍼의 미국인 친구이자 유니온 신학교 동료였던 폴 레만Paul Lehmann은 이 긴장을 자신의 후기 작품에서 자세히 다루었다. 여기서 레만은 "하느님이 하는 일"에 관한 질문을 다루는데, 자신이 주창한 "세상사 안에, 그 위에 있는 나자렛 예수의 권능과 현존"을 좀 더 묵시적으로 표현하고, 권위의 위계 구조에 관한 본회퍼의 논의를 "이질성 안에서의 호혜적 책임"reciprocal responsibility in heterogeneity이라는 측면에서 재조정한다.[63] 레만은 이 "이질성 안

[61] 위의 책, 380.

[62] Dietrich Bonhoeffer, *Letters and Papers from Prison*, 17.

[63] Paul Lehmann, *The Decalogue and a Human Future* (Grand Rapids: William B. Eerdmans Publishing Company, 1995). Paul Lehmann, *The Transfiguration of Politics* (New York: Harper&Row,1975). 다음 해설서를 참조하라. Nancy

에서의 호혜적 책임"이 본회퍼의 논의에 잘 부합한다고 보았다.

우리가 집중해서 들여다본 신학의 유산에서 강조점은 "하느님이 하시는 일"에 있었다. 우리 인간 행위의 한 특징으로서 윤리의 기준이 "하늘에서와 같이"라면, 우리는 어떠한 결론을 내릴 수 있을까?

요약하자면, 칸트 이후 계몽주의를 지지하는 이들은 행위 주체로서의 인간을 활성화하기 위해 행위 주체로서의 하느님을 비활성화했다. 하느님의 권리를 내세워 인권을 짓밟은 역사를 생각하면 그런 움직임이 일어난 것도 이해는 되지만, 바이스가 보았듯 결과적으로 천국이 하늘에서 땅으로 임하리라는, 하늘의 방향을 선포하는 복음을 잘라내 버리고 "철저히 비성서적인" 윤리를 낳고 말았다(바이스는 이런 문제점을 알아차렸지만, 교정하기는 어렵다고 생각했다). 천국이나 하늘에 관한 언급은 칸트의 말을 빌리면 "위로부터 오기를 바라는 나태함과 안일한 수동성에 빠져 이 세상 안에서 추구해야 할 것을 기다리는" 태도로 간주되어 이 땅에서의 행함과 관련된 윤리를 고민할 때 배제되었다. 지금 우리 곁으로 온 나라, 사건으로 발생하고 있는 나라가 "현실 세계"라고 상상하지 못했기 때문에, 무언가를 가리키는 것보다는 어

J. Duff, *Humanization and the Politics of God: The Koinonia Ethics of Paul Lehmann* (Grand Rapids: William B. Eerdmans Publishing Company, 1992). Philip G. Ziegler, Michelle J. Bartel(ed.), *Explorations in Christian Theology and Ethics : Essays in Conversation with Paul L. Lehmann* (Farnham: Ashgate, 2009). "책임"과 "묵시"가 나오는 부분을 집중해서 보라.

떤 명령을 세우는 것이 중시되었으며, 하늘에서 오는 나라에 관한 종말론적 비유들은 (J. 루이스 마틴에 따르면 사도 바울의 윤리와는 상반되는) 인간학에 기초한, 그리고 도덕에 관한 권고로 쪼그라들었다. 이때 하느님은 우리가 해야 할 의무를 정하고 명령할 수는 있지만, 그 이상은 하지 못하는 존재로 전락한다. 이와 관련해 윤리학자 수전 오웬Susan Owen은 말했다.

> 칸트가 허용하는 신은 칸트가 이야기한 죄인을 책임지지 않는다.[64]

또한, 칼뱅에게서 보았듯, 인간의 행위의 원천을 하느님의 영이 실질적인 효과를 발휘하는 것을 가리키는 '능력'virtus이 아닌 (아리스토텔레스의 말을 빌리면) "우리에게 달려 있으므로 자발적인" 인간의 능력을 가리키는 덕으로 조정하는 덕 윤리는 (비유적, 묵시적 관점에서 보면) 의무론을 강조하는 윤리학보다 더 나을 게 없다.[65]

---

64 Susan Owen, 'Forgiveness and a Return to the Good', Ph.D. Dissertation, Department of Religious Studies, University of Virginia, August 1997, 19. 대다수 칸트 연구자는 칸트의 도덕 사상에서 인간이 인간 외부에서의 도움의 역할이 별다른 비중을 차지하지 않는다는 데 의견을 같이한다. 『이성의 한계 안에서의 종교』에서 "하늘의 영향"이나 "위로부터의 협력"을 호소하는 부분을 두고 그가 전통적인 그리스도교에 가깝다고 보는 이들도 있지만, "그의 이론의 나머지 부분을 고려할 때 그러한 도움에 호소할 수 있음"을 보여주지는 못했다. 이와 관련해서는 다음을 참조하라. John E. Hare, *The Moral Gap: Kantian Ethics, Human Limits, and God's Assistance* (Oxford: Clarendon Press, 1996), 62, 67.

65 이는 의무론에 바탕을 둔 덕 윤리에 커다란 영향력을 미친 엘리자베스

그러나 진실로 복음에서 하늘에서 이루어진 일이 반드시 땅에서도 이루어진다는 소식을 듣는다면, 그 반대일 수는 없다고 고백한다면, "하늘에서"의 뜻이 무엇인지 그리고 들려오는 저 하늘의 소리에 어떻게 반응하고 삶으로 전환해야 하는지가 결정적 관건이 될 것이다. 하늘을 초월적 도덕규범이나 현세의 시간이 끝나고 등장하는 내세라든지, 혹은 질적인 고양 상태로 듣는다면, 지금 우리 곁에 왔고 사건화되고 있는 새로운 현실이 기존 질서를 뒤흔들고 있다는 것을 놓치는 것이다. 이 같은 맥락에서 알랭 바디우는 "당신의 인내의 한계를 넘어서는", 끝까지 계속되는 "교란 가운데서 끝까지 인내하라"고, 그리고 "당신을 사로잡아 파열시키는 것을 당신의 존재 속에서 부여잡으라"고 말했다. 이는 바울의 복음 선언이 21세기 윤리학으로서 정당하다는 선언과도 같다.[66] 이 선언에 바이스와 "현대 개신교 세계관"의

앤스콤Elizabeth Anscombe의 논의에서 명백히 드러난다. 그녀는 그리스도교가 성서 중 오경에서 유래한 "윤리에 대한 법적 개념"을 가지고 있다고 주장한다. 하지만 (그녀의 판단에 따르면) 애석하게도 종교개혁 당시 개신교들은 이런 개념을 실질적으로 포기했다. 앤스콤이 제시하고 비판하는 대안은 '결과주의'라는 공리주의 윤리다. 그러나 의무론, 덕 윤리, 공리주의 윤리 중 어느 것도 성서의 하늘 담론과 묵시 속에서 하느님의 활동이 윤리적으로 어떤 역할을 하는지 해명하지 못한다. 다음을 참조하라. Roger Crisp, Michael Slate(ed.), 'Modern Moral Philosophy', *Virtue Ethics* (Oxford: Oxford University Press, 1997), 26~44, 특히 30~31.

[66] 바디우의 아리스토텔레스의 덕 윤리를 무신론적 차원에서 거부한다. 그가 보기에 지복과 축복에 대한 열망을 긍정하는 토마스 아퀴나스의 윤리학은 아리스토텔레스가 이야기하는 행복('에우다이모니아'εὐδαιμονία)을 하느님의 사랑으로 재구성한 것에 불과하다. 이러한 토마스 아퀴나스 윤리에 대한 비판적 논평을 보려면 다음을 참조하라. Terry Eagleton, *Trouble With Strangers: A Study of Ethics* (Wiley-Blackwell, 2009), 148, 269,

추종자들은 당혹스러워하겠지만, 본회퍼는 그렇지 않을 것이다. 이 윤리학은 정당성, 목적, 이상적 상태, 내세의 보상 등을 규정해 주는 규범의 윤리학이 아니다. 천국으로 가는 기찻길과 달리 천국 복음은 먼저 우리를 붙잡아, 자신의 진리에 충실하라고 요구한다. 천국 소식은 사건으로 현실화되고, 그리하여 우리가 익숙하게 따라가던 선로는 끊긴다.

천국이, 하늘이 가까이 왔다는 복음의 선언을 듣기 위해 반드시 필요한 일이 있다. 복음은 "깨어 있으라"고, "기다리라"고, "먼저 구하라"고, "서로 사랑하라"고, 통치자들, 이 어두운 세계의 지배자들과 "싸우라"고 하는 등 다양한 방식으로 우리를 부른다. 이 모든 명령의 언어는 지금 이미 와 있는 현실의 순간을 사로잡고 있는 약속, 그 하늘의 약속에서 생성된다.

> 깨어 있으라.
> 너희의 구원이 가까이 왔기 때문이다. (루가 21:28)

> 주님을 "기다려라".
> 오직 주님을 소망으로 삼는 사람은 새 힘을 얻을 것이다. (이사 40:31)

---

307. 『낯선 사람들과의 불화』(길). 칼뱅이 말하는 하늘의 능력, 이 능력이 지닌 특성을 고려하지 않는다는 점에서 이글턴의 논의는 바울의 부활 선포를 정교하게 다루지 못한 바디우와 겹치는 부분이 있다. 그는 말한다. "아리스토텔레스주의자들이 덕, 즉 선하게 행동하는 자발적인 능력이라고 부르는 것을 그리스도교는 은총이라고 부른다." 위의 책, 307.

너희는 먼저 하느님의 나라와 하느님의 의를 구하여라.
그리하면 이 모든 것을 너희에게 더하여 주실 것이다. (마태 6:33, 루가 12:32)

"서로 사랑하라."
하느님이 우리를 먼저 사랑하셨기 때문이다. (1요한 4:19)

이 어두운 세계의 지배자들에게 맞서 "싸우라"(에페 6:12 참조).
믿음의 방패는 악한 자가 쏘는 모든 불화살을 막아 꺼버릴 수 있기 때문이다(에페 6:16).

마지막으로, 이 모든 일을 끝낸 뒤 "서라"(에페 6:12 참조).

이제 당신은 그리스도 예수와 하늘에 함께 앉아 있다(에페 2:6 참조).

하늘의 복음은 이렇게 말을 걸어온다. 미래는 미래에만 머물러 있지 않고 현재 속에 미리 들어와 둥지를 튼 참된 현실이다. 미래는 아득한 곳에서 어른거리는 추상이 아니라 지리멸렬한 우리 삶의 자리에서 구체적 질감을 가지는 현실로 등장한다.

나는 ... 어느 누구보다도 더 열심히 일하였습니다. 그러나 이

렇게 한 것은 내가 아니라 나와 함께하신 하느님의 은총입니다. (1고린 15:10)

은총의 자유 속에서, 그 자유로 가능해진 인내 가운데, 저 미래는 여러 상황을 통해 우리에게 하느님과 함께할 힘을 실어준다. 이 하느님과의 동역은 순전히 우리의 자율 조종도 아니고, 그렇다고 해서 하느님의 자동 조종도 아니다.

바디우와 칼뱅은 모두 '은총'에서 나오는 '인내'의 윤리를 말한다. 이 인내는 바디우의 철학에서 바울이 선포한 부활처럼 "당신의 인내의 한계를 넘어서는" 진리 사건에 끝까지 충실하다는 뜻이다. 칼뱅에게 이는 하느님께서 섭리 가운데 우리에게 주시는 은총이자 측량할 수 없는, 하늘에 속한 그리스도의 능력 virtus이다. 그리고 신의 계산이나 이 땅에 서지 않은 초월을 거부하는 (동시에 비유로 채워져 있고, 묵시적인 천국 복음은 저 둘을 모두 거부한다는 사실은 모르는) 무신론자 바디우에게 이는 이름 붙일 수 없는 "환속한 은총"이자 계산할 수 없는 "기회"다.[67] 둘 모두, 그리고 본회퍼 역시 우리의 윤리 행위는 "우리에게 도래하는 것을 부여잡는" 데서 시작한다고 보았다. 윤리적 행동은 우리 스스로 정당하게 여기는 행동이 아니라 생성되는 것이다. 이러한 맥락에서 이들의 윤리는 놀랍게도, 그 속성상 도덕을 반대한다.

---

[67] Alain Badiou, *Ethics: An Essay on the Understanding of Evil* (London: Verso, 2001), 122~124. 『윤리학』(동문선).

제5장

천국의 희망

인류 역사에서 천국보다 인간의 희망과 관련이 있는 말은 없을 것이다. 그러나 그 못지않게 천국은 두려움, 알 수 없는 미래에 대한 불길한 예감, 불안과 관련이 있는 말이기도 하다. 적지 않은 사람들은 자신이 천국에 가지 못하고 길 잃은 영혼, 혹은 자아의 그림자가 되어 떠돌다 단테의 지옥편 제3곡에 나오는 지옥문에 이르게 되지 않을까, "여기 들어오는 자, 모든 희망을 버려라"라는 소리를 듣게 되지 않을까 두려워한다. 천국과 관련된 긴 역사를 거슬러 올라가다 보면, 이야기가 크게 둘로 나뉨을 알 수 있다. 하나는 천국을 희망하려면 이 땅을 무시해야 한다는 이야기이고, 다른 하나는 이 땅에 희망을 두고 여기에 책임을 지려면 하늘은 무시해야 한다는 이야기다. 칸트는 천국에 관한 논의를 형이상학이 아닌 도덕에 재배치함으로써 천국과 지상에 대한 관심 모두에 어느 정도 타당성을 부여하려 노력했다. 요하네스 바이스는 칸트의 논의가 성서에서 이야기하는 바와 다름을 인정했지만, 이런 식으로 방향을 전환하는 것 외에는 달리 대안이 없다고 생각했다. 지금까지 살핀 내용을 헤아려 보면, 저 두 이야기와 칸트의 재배치 모두 천국, 하늘과 관련된 복음과는 거리가 멀다는 것을 알 수 있다. 그렇다면 이 복음에 합당하게 천국을 희망한다는 것은 무엇인가?

결국, 우리는 지금까지의 탐구를 촉발한 아주 간단한 질문으로 되돌아온 셈이다. "그래서 천국이 뭐가 어떻다는 것인가?" 어떤 면에서 가장 답하기 어려운 질문이다. 우리가 지금까지 살핀 사유들이 익숙하든 익숙하지 않든, 디킨슨의 표현처럼 매혹적이나 분명치 않든, 결국 문제는 천국이 현실에 어떤 차이를 빚어내느냐는 질문으로 귀결된다.

빵을 달라고 하는데 돌을 줄 사람이 어디에 있겠느냐는 예수의 가르침(마태 7:9)을 믿고 물어보자. 천국, 하늘에 관한 복음을 듣게 되었을 때, 이 증언을 듣는 우리는 무슨 희망을 가질 수 있을까? 지금, 여기에서 어떤 도움을 받을 수 있을까? 시편 저자는 노래한다.

천지를 지으신 주님이 우리를 도우신다. (시편 124:8).

하느님은 우리의 피난처이시며, 우리의 힘이시며, 어려운 고비 마다 우리 곁에 계시는 구원자이다. (시편 46:1).

그러므로 우리가 지녀야 할 희망과 받을 도움은 추상적인 이론을 넘어선다.

그리스도교 신학의 역사에서 가장 탁월한 신학자들은 언제나 신학의 한계에 대해 이야기했다. 아우구스티누스는 천국의 신비와 관련해서는 자신도 잘 모른다는 고백을 서슴지 않았으며, 413년부터 426년까지 연구에 매진한 끝에 내놓은 기념비와도 같은 저술 『신국론』The City of God을 이렇게 마무리한다.

이 저술의 분량이 너무 적거나 너무 많다고 보는 사람들은 나를 용서해 주기 바란다. 넉넉하다고 보는 사람은 내게 감사할 것이 아니라 나와 함께 기뻐하면서 하느님께 감사드릴 일이다. 아멘.[1]

1273년, 충성되고 사려 깊은 조수 피페르노의 레지날드Reginald of Piperno는 스승 토마스 아퀴나스에게 물었다. 무려 15년 동안 40권에 달하는 분량으로 그리스도교의 거의 모든 가르침을 다루면서 그렇게 쓰고 또 받아썼는데, 어떻게 미사를 집전한 뒤 하루아

1 Augustine, *The City of God*, Book XXII, Chapter XXX. 『신국론』(분도출판사).

침에 그 일을 모조리 중단했는지 말이다. 토마스 아퀴나스는 대답했다. "레지날드, 여기까지라네. 여태껏 내가 써놓은 모든 것은 내게 드러난 내용에 비하면 지푸라기에 불과해."[2]

우리 시대에 토마스 아퀴나스에 견줄 만큼 큰 업적을 남긴 바르트도 마지막 강연에서 신학이 공격당하는 시류를 언급하면서 신학의 내용과 "이 세계 곳곳을 뒤덮은 고통과 비명의 바다" 사이에 있는 불균형으로 인해 신학이 늘 비난에 시달린다고 하며 이런 말을 남겼다.

> 세상에는 ... 독재자의 광기 ... 학살자와 강제 수용소의 희생자 ... 히로시마, 한국, 알제리, 콩고 ... 영양실조에 시달리는 수많은 사람이 있다. ... 우리 행성 위 모든 생명의 종말을 초래할 핵전쟁의 어두운 위협이 있다. 그러나 여기 신학의 공간에는 마르부르크에서 하찮은 탈신화화 작업이 벌어지고 바젤에서는 하찮은 『교회교의학』이 기록되고 있으며 ... '역사적' 예수에 대한 재발견과 저 찬란한 '신 위의 신'이라는 새로운 발견이 일어나고 있다. ... 세례와 성찬, 율법과 복음, 선포와 신화에 대한 논의가, 로마인들에게 보낸 편지 13장과 디트리히 본회퍼의 유산에 대한 논의가 일어나고 있다. 교회일치에 관한 대화도 이루어지고 있다. 이 모든 것 중 어느 하나도 과소평가되

[2] James A. Weisheipl, O.P., *Friar Thomas D'Aquino: His Life, Thought, and Works* (Washington, D.C.: Catholic University of America Press, 1983), 321~322.

거나 폄하해서는 안 될 소중한 자산이다.

그리고 바르트는 말한다.

그러나, 주여 긍휼히 여기소서! 이 모든 일은 '저기' 밖에서 동시에 일어나고 있는 일과 어떤 관계를 맺고 있나이까?[3]

많은 사람이 좋아하는 어느 대중 소설에서는 신학을 두고 이렇게 풍자하기도 한다.

코브덴-스미스 부인이 말하더군요. "나야 신학에 대해서는 아는 게 없지요. ... 늘 말했잖아요. 신학에 대해서는 아는 게 전혀 없고 아무것도 알고 싶지 않다고요. 하느님은 하느님이고 교회는 교회고 성서는 그냥 성서예요. 이걸 가지고 신학자들은 온갖 논쟁을 벌이곤 하는데, 나는 그게 무슨 말인지 하나도 모르겠어요."[4]

진정 신학자들이 가장 가까이에 있는 무언가에 관해 논쟁을 벌인다면, 그건 매우 근본적인 것에 관한 논쟁일 것이며 우리를 기

---

[3] Karl Barth, *Evangelical Theology* (Grand Rapids: William B. Eerdmans Publishing Company, 1963), 140~141. 『개신교신학입문』(복 있는 사람).

[4] Susan Howatch, *Glittering Images* (New York: Fawcett Crest, 1987), 27.

본으로 되돌아가도록 도와줄 것이다. 엄마의 자궁에서 경련이 일고 아이가 나와 첫 울음소리를 터뜨리면 세계에 아이가 진입했음을 뜻한다. 그리고 두 가지는 분명하다. 첫째, 이 갓난 생명, 그리고 이 생명과 연관된 관계가 속한 시간과 공간은 길든 짧든, 가깝든 멀든, 광활한 피조 세계에 기거하는 다른 어떤 생명으로도 복제할 수 없는 고유한 것이다. 둘째, 앞으로 살아갈 세상에서 이 생명은 환난을 만날 것이다(요한 16:33). 우리에게 주어진 삶이 왜 그런 모습을 띠는지, 왜 이런 환난과 필히 마주해야 하는지는 도무지 알 길이 없고 온갖 신정론을 들이댄다 해도 별다른 설득력은 없다. 하지만 이 두 가지 사실에 더해 세 번째 사실이 있다. 그 사실이란 바로 복음이며, 이는 모든 사람이 들을 수 있는 가장 벅찬 소식이다. 그렇다면 앞의 두 사실과 관련해 천국, 하늘에 관련된 소식을 듣는 것은 어떠한 의미가 있는가? 우리가 아는 것과 모르는 것, 그리고 희망과 어떠한 관련이 있는가?

지금까지 우리는 천국, 하늘이 "가까이" 왔다는, 임박했다는 소식을 어떻게 듣는가에 집중해 왔다. 이 나라는 우리 곁으로 들어왔고 현재 일어나고 있지만, 현재 확립되어 있는 세계의 형태와는 대립한다. 즉, 이 나라는 우리 손아귀에 들어오지 않는다. 그렇다면 복음이 선포하는 천국, 하늘에서 우리가 들을 수 있는 최고의 소식은 무엇일까? 다른 무엇보다 우리는 천국이 이제 도움을 구할 수 있도록 '준비된' 상태라는 점을 고려해야 한다. 도움을 구하는 상태와 도움을 구할 수 없는 상태에 관한 우리의 말들은 결국 우리의 가장 깊은 갈망과 가장 끈질긴 두려움을 표현하기 때문이다.

두려움

복음을 듣다 보면 놀랍게도 '두려워하지 말라'는 말이 끊임없이 반복된다.[5] 하지만 동시에 성서는 우리가 두려워하는 모습, 우리를 두렵게 하는 것들을 감추지 않는다. 시편 기자가 말한 "밤에 찾아드는 공포 ... 백주에 덮치는 재앙"(시편 91:5~6)이라는 내적, 외적 환난을 은폐하지도, 부정하지도, 윤색하지도 않는다. 초기 교회는 예수가 십자가로 가는 길에 이런 말을 남겼다고 기억했다.

> 예루살렘의 딸들아, 나를 두고 울지 말고, 너희와 너희 자녀를 두고 울어라. 보아라, "아이를 배지 못하는 여자와, 아이를 낳아 보지 못한 태와, 젖을 먹여 보지 못한 가슴이 복되다" 하고 사람들이 말할 날이 올 것이다. 그 때에, 사람들이 산에다 대고 '우리 위에 무너져 내려라' 하며, 언덕에다 대고 '우리를 덮어 버려라' 하고 말할 것이다. (루가 23:28)

---

5 구약 이외에도 언급된 구절은 매우 많다. 마태 1:20, 10:26, 10:28, 10:31, 14:27, 17:7, 28:10, 마르 5:36, 6:50, 루가 1:13, 1:30, 2:10, 5:10, 8:50, 12:4, 12:7, 12:32, 요한 6:20, 12:15, 14:27, 사도 18:9, 로마 8.15, 2디모 1:7, 히브 2:15, 1베드 3:14, 1요한 4:18, 계시 1:17, 2:10.

천국에 관한 무수한 담론을 지켜본 비평가들은 얼마나 자주 천국이 우리의 좌절된 욕망의 투사체가 되거나 삶을 살아가는 동안 막다른 길에 몰렸다는 사실과 마주하지 않기 위해 선택하는 우회로가 되는지를 지적한다. 2003년 한 신문에서는 한 기사의 제목으로 이런 문구를 택했다.

> 천국은 한 사회가 그리는 가장 쾌적한 동네의 모습을 하고 이 땅에 내려온다.

같은 기사에 따르면, 미국인의 82%는 천국을 실제로 믿는다고 답변했고, 종교를 가진 이유로 천국에 가기 위해서라고 답한 이들은 증가했으나, 나머지 이유를 든 사람은 줄어들었다.[6] 현재도 이 비율은 크게 변하지 않았다. 그러나 복음에서 천국에 대한 희망이 울려 퍼질 때 우리는 절규, 하느님께서 나를 버리셨다는 울부짖음을 듣는다. 이 울부짖음은 우리에게서 일어난 감상과 희망에서 나온 생각들이 두른 모든 겉치레에도 불구하고 결코 감춰지지 않으며, 쾌락이라는 마약에 잠식되지 않는다(마르 15:34, 마태 27:46, 시편 22:1). 베드로의 첫째 편지는 말한다.

> 만물의 마지막이 가까이 왔습니다. ... 사랑하는 여러분, 여

---

[6] John Leland, 'Heaven Comes Down To Earth', *The New York Times Week in Review*, December 21, 2003, Section 4, 1.

러분을 시험하려고 시련의 불길이 여러분 가운데 일어나더라도, 무슨 이상한 일이나 생긴 것처럼 놀라지 마십시오. (1베드 4:7, 12)

1. 우리 손안에 없는 것을 마주하기

우리는 어떠한 형태로든 상실을 두려워한다. 자유, 안전, 관심, 힘과 건강, 명예, 기억, 추억의 장소, 친구, 심지어 외모까지, 이 모든 것을 잃으면 어쩌나 하고 두려움에 떤다. 그중에서도 가장 두려운 것은 사랑하는 사람, 그리고 나 자신의 생명을 상실하는 것이다. 우리가 상황을 낫게 하거나 되돌릴 힘이 없음을 자각하게 하는, 우리 손안에 있지 않은 상황을 마주하면, 두려움이 우리를 잠식한다. 나는 생후 7개월 갓난아이였을 때 아버지를 여의었다. 유년 시절, 자기 아버지에 대해 이러쿵저러쿵 이야기를 쏟아내던 친구들 사이에서 나는 조금이라도 그 이야기에 끼어들고 싶어 이렇게 말했다. "우리 아빠는 천국에 가셨어." 내 침대 옆 탁자 위에는 세월의 흐름에 흔들림 없이 예전에는 꽤 나이가 들어 보였으나 이제는 젊어 보이는 한 사람의 모습을 담은 사진 하나가 놓여 있다. 사진에서 그는 오랜 시간 동안 내게 무언의 말을 걸어왔다. 이렇게 다 없어지고, 사라지고 만다는 것을. 아버지의 장례식 때는 옛 찬송가가 울려 퍼졌다고 한다. 《저 건너편 강 언덕에 아름다운 낙원 있네》라는 찬송이었다. 찬송은 이렇게 이어진다.

한 사람 한 사람 저 황금 문으로 들어가 영생을 누리는 자들과 함께 살리라. 너와 날 위해 황금 종이 울린다.[7]

찬송은 단테와 다르지만 같은 방향으로 나아간다. 아버지는 선한 삶을 살았고 베풀 줄 아는 사람이었다고 들었다. 설교자는 관 앞에서 아버지와 그의 영혼을 칭찬했다고 한다. "저 움켜쥔 차가운 손으로 그는 많은 것을 남에게 베풀었습니다." 그렇게 설교자는 젊은 나이에 미망인이 된 여인과 젖먹이 아기를 위로하려, 손에 쥔 덕virtue으로, (디킨슨의 표현을 빌리면) "사소한 증거의 가지" 조각으로 저 너머에 있는 천국으로 들어갈 수 있다는 희망의 증표를 주려 했다. 분명, 이 "가지"는 우리에게 익숙하다. 하지만 천국이 가까이 왔다는 소식에 귀를 기울이면 이 가지는 생명의 포도나무에서 나온 가지는 아니다(요한 15:5).

디킨슨은 말한다.

마취제로는 영혼을 갉아먹는 이빨을
진정시킬 수 없다.

이는 천국의 희망을 이야기할 때 엄중한 동반자가 되어준다.

2001년 9월 11일 오전 10시, 학교에서는 천국과 지옥에 관한

7 Dion De Marbelle, 'When They Ring the Golden Bells', *Best Revival Songs* (Nashville: Cokesbury, 1924), 66.

그리스도교 증언들에 관한 수업이 예정되어 있었다. 그날, 아침. 세계 무역 센터에 가해진 테러로 인해 수업이 모조리 취소된 사실을 모른 채 몇몇 학생들이 도착했다. 뒤늦게 참상을 알게 된 후, 한 학생은 겁에 질린 채 아이를 맡기고 온 어린이집으로 헐레벌떡 뛰어나갔다. 또 다른 학생은 문을 나서다가 진지한 표정으로 내게 물었다. "상황이 이런데, 어떻게 지옥을 믿지 않을 수 있나요?" 영혼을 야금야금 갉아먹는 슬픔은 마음에 깊은 상처를 남긴다. 성서에서 거짓 희망을 전하는 이들은 사람들의 상처를 부주의하게 대한다는 이유로 예언자들의 비난을 받는다. 그들은 백성을 향해 "괜찮다, 괜찮다"라고 말하지만, 예레미야는 일침을 가한다. "괜찮기는 어디가 괜찮으냐"(예레 6:14). 우리는 이미 경고를 받은 셈이다.

오래전 일이다. 성탄절 연휴 기간이라 나는 학교에서 나와 휴일을 활용해 '현실 세계'에 대한 강의를 준비하던 중이었다. 으레 그렇듯 성탄절이 되면 늘 가족이나 친구들과 저녁 식탁에 모여 보내곤 하는데, 그날은 평소 연휴와는 달리 함께할 수 없었던 친척들을 보러 병원 두 곳을 방문했다. 먼저 알츠하이머 병동을 방문했는데, 그곳에 입원해 있던 94세 된 친척은 앞선 세 번의 성탄절 때처럼 나를 멍하니 쳐다보았다. 그전까지, 수년간 우리는 늘 성탄 전야 밤에 모여 함께 성찬식에 참여했다가 성탄절 당일 아침에는 그녀의 집에 모이곤 했다. 그때마다, 그녀는 온 가족 앞에서 우아하게 은잔에 샴페인을 따르고 건배를 외쳤다. 그러나 우아함은 종적을 감춘 지 오래였다. 방을 떠나려는데 그녀의 목소리가 뒤에서 들려왔다. "근데 저 사람은 누구예요?"

그다음 나는 시내 건너편에 있는 어린이 병원의 신생아 병동을 방문했다. 내가 결혼 예배를 집례해 주었던 젊은 조카는 8월 중순부터 그때까지 매일 인큐베이터 옆을 지키며 어린 아들을 돌보고 있었다. 예정보다 두 달 일찍 태어난 아이였고, 작디작은 몸에 여러 생명 보조 장치가 주렁주렁 매달려 있었다. 태어났을 때 680그램에 불과했던 아이는 여러 관을 통해 영양을 섭취했고 지금은 체중이 3킬로그램을 넘은 상태였다. 하지만 아무것도 삼킬 수 없었고 울지도 못했다. 이번 성탄절에 간호사들은 또 다른 감염이 일어났다고 이야기했다. 아이가 살 날은 얼마 남지 않았다. 나는 아이의 머리에 손을 얹었다. 그때, 아이의 엄마인 조카가 나를 보며 말했다. "아이 이름을 크리스천이라고 지었어요."

두 곳을 방문하고 돌아오면서 자학과 번민이 뒤엉킨 질문이 배어 나왔다. '일생'의 처음과 끝이 이토록 무참하고 기어코 살아남으려는 인간의 삶이 이토록 가련한데, 도대체 진정한 "현실 세계"란 무엇인가? 형언할 수 없는 고통을 남기는 거대한 재앙들, 걷잡을 수 없는 대규모의 환난이 범람하는 세상에서 현실 세계란 무엇일까? 가까이 온 하늘나라? 우리에게 임한 새로운 생명과 삶? 이거 다 허풍 아닌가? 이 허탄하고 앙상한 말은 고해苦海 속에서 허우적대는 우리를 기만하는 게 아닐까? 그럴지도 모른다. 우리가 망각할 수도 없고 어찌 손쓸 수도 없는 이 생사의 전장은 이 땅에서 바라보는 모든 희망을 재어보는 피할 수 없는 시험대다. 아무것도 읽을 수 없고 아무런 논쟁도 이어 나갈 수 없고 누구의 돌봄도 받을 수 없는 시간이 끝내 올 것이다. 그럼에도 우리 귓가에는 이런 소리가 들린다.

두려워 말라.

2. 천국을 증언하다

이처럼 구체적인 환난에 직면했을 때, 지금까지 살핀 천국, 하늘에 관한 논의들이 천국의 희망을 제대로 증언한다고 말할 수 있을까? 천국에 관한 보다 일반적인 통념들과 상상들, 저 너머에서 기다리고 있는 종족들을 더 잘 볼 수 있게 해주는 황금종, 천사들, 죽음의 강 저편에서 활동하고 있는 성도들의 모습에 견주면 우리 가까이에 천국이 임했다는 소식은 너무 창백하게 들리지 않는가. 그러나 우리는 바디우의 이야기를 다시 기억해야 한다. 바울이 부활을 선포하며 그린 하늘, 천국은 표징이나 지혜를 구하는 이들의 계산에 들어맞지 않는다.

천국을 시각화하려는 시도는 대부분 물리적 하늘, 내세 또는 지복의 상태와 연관시키는 데 초점을 맞추었다.[8] 키케로Cicero를 "로마의 가장 위대한 정치가"로 묘사한 전기에 깊은 인상을 받

---

[8] 1장 각주 6~9에 수록된 서지 사항을 참조하라.

은 동료 신학자는 내게 그가 시민의 덕을 찬미하는 것으로 널리 알려져 있지만, 플라톤 철학을 연상시키는 말도 남겼음을 이야기해 주었다. 실제로 우리가 신체와 공적인 일에서 분리되어 이 땅을 떠나 천상의 삶을 준비해야 한다는 키케로의 말은 플라톤 철학을 연상시킨다. 옛 현자들과 마찬가지로 그는 고결한 삶을 향한 꿈은 별들의 천상 회의에 이르는 길이라 말한다. 그곳은 지구처럼 작은 점에서는 보이지 않아도 저 달과 은하수 너머 만물이 영원을 누리는 곳이다. 친구는 키케로의 생각이 수많은 그리스도인의 통념과 잘 어우러진다고 생각한 것 같다. 그리고 그는 이런 말을 덧붙였다. "물론 자네가 상상하는 천국은 다르다는 걸 아네."[9]

로마 가톨릭 신학자 존 틸John Thiel은 천국의 삶에 대한 좀 더 "두터운 설명", 혹은 마지막 일들을 뜻하는 '에스카타'ἔσχατα에 대한 통찰력 있는 견해를 제시했다. 그가 보기에 그리스도교의 종말론적 상상력은 물리적인 하늘이 아니라 사후세계인 천국을 가리킨다.[10] 틸에 따르면, 칸트뿐만 아니라, 그 이전의 종교개혁자들은 성인 숭배를 우상 숭배라고 비난함으로써 하느님의 축복

---

[9] *Christus Praesens: A Reconsideration of Rudolf Bultmann's Christology* (Grand Rapids: William B. Eerdmans Publishing Company, 1994)의 저자인 제임스 F. 케이James F. Kay가 앤서니 에버릿Anthony Everitt이 쓴 다음 책을 읽고 보낸 이메일이다. *Cicero: The Life and Times of Rome's Greatest Politician* (New York: Random House, 2003).

[10] 다음을 참조하라. Alan F. Segal, *Life After Death: A History of the Afterlife in the Religions of the West* (New York: Doubleday, 2004).

아래 죽은 이들이 죽음 이후에도 제자도를 걸으며 그리스도의 화해 활동에 참여한다는 종말론적 상상을 억압했다. 실제로 "축복받은 이들이 맞이하게 될 끝없는 안식의 날들"에 대해 종교개혁가들이 한 말은 그리 많지 않다.[11] 틸은 내가 고백하는 천상의 세계가 너무 "얇다"면서 가톨릭 쪽에 좀 더 관심을 기울여 보라고 농담 반, 진담 반으로 조언했다.

「우리는 무엇을 소망하는가? 종말론적 상상에 관한 단상」For What May Hope? Thoughts on the Eschatological Imagination이라는 글에서 틸은 하느님의 축복을 받은 죽은 이들(축복을 받지 못한 죽은 이들은 언급하지는 않는다)이 죽음 이후에도 제자도를 이어 간다고 상상한다. 그들이 복음서의 부활 현현 기사에서 나온 그리스도의 화해 활동을 따라 모종의 역할을 한다는 것이다. 논의를 진행하며 틸은 제2차 바티칸 공의회에 영향을 미친 신학자 칼 라너Karl Rahner의 자아와 자아의 초월에 대한 논의를 기초로 삼는다. 물론 여기 너머를 상상하는 부분에 있어 라너는 이 부분에 지나치게 엄격한 칸트와 친화성을 보인다며 거리를 두지만 말이다. 틸은 축복을 받은 죽은 이들이 죽음 이후에도 자신의 정체성을 유지하고 참된 자신이 되기 위해서는 그들의 역사 위에서 "계속 형성되어야 한다"고 말한다. 이때 역사는 "죄의 역사", 즉 "그들이

11 하늘 예루살렘을 묘사하는 이 말들은 페트루스 아벨라르두스Peter Abelard가 쓴 찬송인 《오 그들의 기쁨과 영광 이루 말할 수 없도다》O What Their Joy and Their Glory Must Be에서 따온 것이다. 이 가사는 존 M. 닐John M.Neale이 번역했고 여러 교단의 회중 찬송으로 불리고 있다.

만들고, 또 고통받았던" 짐burden과 같다. 그들은 내세에서도 그리스도의 화해 활동에 적극적으로 참여함으로써 죄라는 짐을 물리치기 위한 "협상"negotiation을 이어 나간다고 상상하는 것이다. 이런 틸의 이야기는 로마 가톨릭의 내세관이 전통적으로 제시해온 상상과 부합한다. 그가 보기에 사람들이 죽음 이후에도 "자신들이 짓고 겪은 죄의 짐을 물리치고", "성품이 요구하는 실천"을 이어 가지 않는다면, 그렇게 그리스도를 모방imitatio christi하는 활동을 이어 가지 않는다면, "죄의 역사를 통해 형성된 인격", 역사를 통해 구성된 정체성을 지닌 "자기 자신"이라는 존재의 "온전함"integrity을 잃게 된다. 틸의 논의는 천국, 하늘과 관련해 이 책에서 강조한 우리 가까이에 임박한 하느님 나라가 아닌 내세의 천국에 초점을 맞추고 있으며, 비유와 묵시를 강조하는 상상과는 다른 대안이다.

물론 틸이 묘사한 마지막 일들은 그도 인정하듯 "천국에서 누리는 삶"에 관한 이야기라기보다는 종교개혁자들이 복음이라는 소식에 반한다며 거부한 "연옥에서 누리는 삶의 이야기"로 보일 수 있다.[12] 이 그림은 '죄의 짐'이라는 역사성과 동일시되는 과거

[12] John E. Thiel, 'For What May We Hope? Thoughts on the Eschatological Imagination', *Theological Studies*, 67, 2006, 517~541. 틸은 라너의 견해를 수용하면서도 비판적으로 수정한다. 라너가 볼 때, '마지막'에 대한 경험과 담화는 현재 순간에서 태동한다. 이를 고려한다면 '마지막'은 인간의 하느님을 향한 탐구의 완성으로서 신학적 차원에서 나타난다고. 틸은 이 견해가 옳다고 본다. 동시에 틸은 라너에게 남아있는 칸트주의의 유산을 비판적으로 수정한다. 칸트주의를 따르면, 내세에서 축

에 기초한 그림으로 더 큰 선이 이루어질 미래를 향해 인간을 준비시킨다. 그러나, 앞서 언급했지만, 이는 묵시의 그림이 아니며 새로운 창조라는, 가까이에서 일어나고 있으나 우리 손안에 쥘 수 없는 사건에 바탕을 둔 그림도 아니다.

단테 전문가인 피터 호킨스Peter Hawkins는 『발견되지 않은 나라』Undiscovered Country라는 책에서 틸과 마찬가지로 죽음 이후에도 더 높은 경지, 지복을 향한 여정을 통해 인간이 정화의 과정을 거친다는 논의를 펼친다. 그가 보기에 천국을 일종의 낙원paradiso으로 그리는 단테의 시적 상상은 오늘날에도 힘과 적실성을 갖추고 있다. 틸과 마찬가지로 호킨스는 단테가 제시한 그림 중 연옥이 우리의 현재와 관련이 있고 현실성이 있다고 이야기한다.

> 대다수 독자는 천국편을 읽으며 엄청난 황홀감을 느끼지는 않는다. 오히려 그들은 지옥편이 선보이는 강렬함, 연옥편에서 발견되는 '새롭게 됨'의 느낌을 그리워한다. 잃어버린 영혼, 우리처럼 과정 중에 있는 이들과의 가슴 저린 만남을 그리워한다.[13]

복받은 이들의 상태는 '설명 불가능'하며 하느님의 신비에 갇혀 있다. 이는 자칫 사후 생애에 관한 사변적 환상으로 취급될 수 있다. 틸은 이를 비판함으로써 그런 길에서 벗어난다. 이런 관점에서 틸은 계속되는 그리스도의 화해 활동에 내세에서 복을 받은 이들이 참여할 뿐 아니라, 복음서의 그리스도 부활 현현 기사가 말하듯 내세에 있는 그들의 제자도도 이어진다고 상상한다.

13 Peter S. Hawkins, *Undiscovered Country: Imagining the World to Come* (New

다시 말하지만, 여기서 천국은 지복의 낙원이며, 저곳을 향한 여정 가운데서 우리는 끊임없이 (저 천국에 부합하도록) 빚어지는 과정을 거친다. 이 그림은 우리 가운데로 침투해 우리의 궤도를 분쇄하는 천국, 바울의 표현을 빌리면 "사라질 세상의 형체"로는 묘사할 수 없는, 이 땅에서의 삶과는 비견될 수 있는 예를 찾아볼 수 없는 새로운 생명의 도래로서 천국에 관한 그림과는 분명 다르다. 바울은 고린토인들에게 보낸 첫째 편지에서 말한다.

> 형제자매 여러분, 내가 말하려는 것은 이것입니다. 살과 피는 하느님 나라를 유산으로 받을 수 없고, 썩을 것은 썩지 않을 것을 유산으로 받지 못합니다. (1고린 15:50)

바울은 "신령한 것"을 이야기하는 가운데 이 말을 했다. 그는 우리가 첫째 아담, 즉 "땅에서 난 사람"의 형상에서 둘째 아담인 그리스도 곧 "하늘에서 난 사람"의 형상을 입게 될 것이라 말한다(1고린 15:45~51 참조). 복음이 천상의 삶과 관련된 인간학은 썩어 없어질 삶과 관련된 인간학을 받아들일 수 없다고 말한다면, 즉 사라지고 있는 이전 세계의 틀로는 받아들일 수 없다고 말한다면, 이 땅의 역사성과 관련을 맺고 있는 자아에 관한 심상들은 "성품이 요구하는 실천"이라는 표현에 집약된 천국에서의 인

York: Seabury Press, 2009), 83.

격의 무르익음으로 이어지지 않는다. 이런 표현은 "새로운 피조물"(2고린 5:17)이라는 표현만큼 급진적이지 않다. 요한 복음서에 따르면 예수는 니고데모에게 하느님 나라에 들어가는 것은 '아노텐'ἄνωθεν이라고 말하는데, 이 말에는 '다시 태어난다'는 뜻도 있지만 '위로부터 태어난다'는 뜻도 있다(요한 3:3, 7 참조).

틸과 호킨스는 내세에 초점을 맞춘 천국으로 가는 여정을 그리는 가운데 연옥의 현실성을 인정한다. 이런 생각을 들으면 종교개혁 시기 논쟁들의 저변에 깔려 있던 물음이 떠오른다. 천국과 관련해 개신교 진영에서 널리 사랑받은 18세기 찬송가 가사처럼 "위대한 거래는 끝났"는가?[14] 아니면 죽음을 맞이하며 차가워진 손에 무엇을 쥐고 있느냐에 따라 (틸의 표현을 빌리면) 추가로 '협상'이 계속해서 필요한 것일까?[15]

천국과 하늘에 대한 복음의 묘사는 다양하며 이 책을 시작하며 말했듯 하나의 시선만을 허용하지 않는다. 분명 성서에도 천국을 하늘, 내세, 지복의 상태로 언급하는 부분이 있으며 이는 고대의 전통과 유사성을 지니고 있고, 우리 의식 깊은 곳에 뿌리내리고 있다. 그래서인지 역사 속에서 인류는 대체로 그런 방식으로 천국을 상상하곤 했다. 그러나 복음서의 증언에서 이런 상

---

14 Philip Doddridge, 'O Happy Day, that Fixed My Choice', *The United Methodist Hymnal* (Nashville: The United Methodist Publishing House, 1989), 391.

15 연옥에 관한 전반적인 내용을 살피려면 다음을 참조하라. Hans J. Hillerbrand(ed.), 'Purgatory', *The Oxford Encyclopedia of the Reformation*, Vol. 3 (Oxford: Oxford University Press, 1996), 363~364.

상은 별다른 위상을 지니지 못한다. 대신 복음서는 생명의 소식이 하늘에서 내려와 우리 가까이 왔으니 상황이 완전히 바뀌었다고 선포한다. 여기서 그리는 천국은 죽음부터 시작되거나 죽음으로 끝나지 않는다. 복음은 하늘이, 천국이 이미 가까이 왔다고 선포한다. 이를 복음서는 하늘에서 땅으로 향하시는 하느님의 길로 표현하기도 하고, 하늘도 하느님의 피조물로서 그분의 통치 아래 있으며 새 창조로 조정된다고 표현하기도 한다. 아울러 천국은 현존하는 공동체 혹은 정치체의 모습으로 등장하며 하느님의 통치가 이뤄지는 나라로 제시된다. 즉 복음서가 말하는 천국은 바실레이아, 곧 그분의 나라로 성서의 여러 곳에서 묘사하는 천국에 관한 모든 소리를 어떻게 들어야 하는지를 알려주는 맥락이자 틀이다. 이 소식에 따르면, 천국의 '가까이 있음'은 비유로 나타나고 묵시적으로 실현된다. 달리 말하면 우리 곁으로 온, 우리 가까이에 이미 둥지를 튼 천국은 비유의 형태로, 감춰진 채 자신을 드러낸다. 그러므로 천국은 이미 자리해 있거나 사라질 기존 질서의 무언가로는 포착할 수 없는, 이미 일어나고 있고 새롭게 다가올 일을 통해서만 '나타나는' 전혀 다른 현실이다.

내세가 아닌 현세에 임하는 천국에 초점을 맞춘 종말론적 상상을 보여주는 예는 앞서 본회퍼를 다루며 언급한 폴 레만에게서 찾을 수 있다.[16] 1968년 혼란스러운 사회를 마주한 가운데 그는 한 글에서 윌리엄 버틀러 예이츠William Butler Yeats의 시를 언급한다.

> 모든 것이 무너져 내린다. 중심도 잡지 못하는
> 단지 혼란만이 펼쳐지고 있는 세상 ...
> 분명 어떤 계시가 가까이 왔구나.
> 분명 재림이 가까이 왔구나.

레만에 따르면 예이츠에게 "가까이 온" 재림의 소식은 희망을 불러일으키는 소식이 아니라 충돌을 알리는 소식이었다.

> 어둠이 다시 내린다. ...
> 거친 야수가 마침내 자신의 때가 되어,
> 세상에 태어나고자 베들레헴을 향해 몸을 웅크리나?[17]

---

16 앞서 언급했듯이 이 논문을 참조하라. Philip G. Ziegler, Michelle J. Bartel(ed.), 'Paul Lehmann as Nurturer of Theological Discernment', *Explorations in Christian Theology and Ethics: Essays in Conversation with Paul L. Lehmann*, 11~28.

17 레만은 예이츠의 시「재림」The Second Coming을 이곳에서 인용했다. W. B. Yeats, *The Collected Poems of W. B. Yeats* (New York: The Macmillan Company, 1951), 184~185. 이 시가 나오는 레만의 책은 다음과 같다. Paul Lehmann, *The Transfiguration of Politics* (New York: Harper & Row, 1975), xi.

레만은 이러한 임박한 상황을 두고 복음이 어떤 증언을 하는지 분별하기 위해 복음서 속 증언들의 비유적, 묵시적 측면에 주의를 기울인다. 비유의 의미를 다루는 글에서, 그는 복음서가 우리의 혼란스러운 나날들 가운데 이 땅에 임하는 하늘을 그리는 방식을 두고 "비교 불가능한 것들의 병치"juxtapositions of the incommensurable라고 부른다.

적어도 성서에서 비유란 비교 불가능한 것들, 즉 하느님의 길과 인간의 길을 상상 속에서 나란히 두는 것과 관련이 있다.[18] 이는 천국이 가까이 왔음을 증언하기 위해서는 천국을 저 하늘이나 축복받은 죽은 이들의 내세로 그리는 것과는 다른 방식으로 그려야 한다는 이야기를 암시한다.

3. 비교 불가능한 것들의 병치

복음을 듣는다는 것은 중심인물인 예수에 대한 소식을 듣는 것이다. 복음은 그가 하느님의 영원한 생명이자 우리의 영원한 생명이며, 우리가 갈 수 없는 곳으로 나아가고, 볼 수 없는 곳으로 사라진다는 소식을 전한다. 동시에 복음은 그가 늘 우리와 함께 있고, 결코 우리를 고아로 남겨두지 않는 소식을 전한다. 복음을 듣는다는 것은 저 두 소식을 병치해 듣는 것이다. 바울의 표현을 빌리면 "육신의 잣대", 세상을 바라보는 기존의 사고방

[18] Paul Lehmann, *Ethics in a Christian Context* (Louisville: Westminster John Knox Press, 1963, 2006), 87.

식에서 저 복음은 모순으로 들릴 것이다. '저 너머에 있는 천국은 저 너머에 있음을 중단하지 않은 채 지금 여기에 있다.' 이 책에서는 바로 이 모순처럼 보이는 말이 단순히 사변으로 위장한 허상이나 말장난이 아님을, 천국은 이 땅에서 나오지 않았으나 지금 이 순간 이 땅에서 일어나 비유로 그 실체를 드러내고 묵시로서 실현된다는 점을 주목하고 살폈다. 이 나라는 비유로 드러나기에 하나의 뜻에 집착하는 문자주의에 포획되지 않는다. 이는 그리스도가 "여기에 있다", "저기에 있다"(마르 13:21)는 낭설에 휘둘리지 말라고 당부한 예수의 가르침과도 일맥상통한다. 천국, 하늘에 관한 선포는 바르트가 말한 '사화'로, 칼뱅의 표현을 빌리면 "약속이 깃든" 사건으로 들어야 마땅하다. 간단히 말하면 천국, 하늘에 관한 복음의 증언은 비교 가능한 것들에 빗대는 방식이 아닌 비교 불가능한 것들을 병치하는 방식으로 표현된다. 그렇게 복음은 우리의 가장 깊은 두려움을 야기하는 상황을 부정하지 않으면서도 희망과 현존하는 도움에 대해 이야기한다.

앞서 언급했듯 우리에게 들이닥칠 수 있는 가장 두려운 일은 크게 넷이다. 안전의 상실, 힘의 상실, 자유의 상실, 그리고 생명의 상실. 그렇다면 위와 같은 복음의 선언과 이는 어떠한 의미가 있을까. 먼저, 안전의 상실은 묵시와 관련된 본문들이 주로 언급하고 있다. 공관복음에서 마태오 복음서 24장 29~31절, 마르코 복음서 13장 24~27절, 루가 복음서 21장 9~36절은 도래할 세상에서 일어날 격변에 대한 공포와 불길한 예감을 생생하게 보여준다. 여기서는 루가 복음서 본문을 살펴보겠다.

> 전쟁과 난리의 소문을 듣더라도 두려워하지 말아라. 이런 일이 반드시 먼저 일어나야 한다. 그러나 종말이 곧 오는 것은 아니다. ... 민족이 일어나 민족을 치고, 나라가 일어나 나라를 칠 것이다. 큰 지진이 나고, 곳곳에 기근과 역병이 생기고, 하늘로부터 무서운 일과 큰 징조가 나타날 것이다. 그러나 이 모든 일이 일어나기에 앞서, 사람들이 너희에게 손을 대어 박해하고, 너희를 회당과 감옥에 넘겨줄 것이다. 너희는 내 이름 때문에 왕들과 총독들 앞에 끌려갈 것이다. 그러나 이것이, 너희에게는 증언할 기회가 될 것이다. 그러므로 너희는 변호할 말을 미리부터 생각하지 않도록 명심하여라. 나는 너희의 모든 적대자가 맞서거나 반박할 수 없는 구변과 지혜를 너희에게 주겠다. 너희의 부모와 형제와 친척과 친구들까지도 너희를 넘겨줄 것이요, 너희 가운데서 더러는 죽일 것이다. 너희는 내 이름 때문에, 모든 사람에게 미움을 받을 것이다. 그러나 너희는 머리카락 하나도 잃지 않을 것이다. 너희는 참고 견디는 가운데 너희의 목숨을 얻어라. 예루살렘이 군대에게 포위당하는 것을 보거든, 그 도성의 파멸이 가까이 온 줄 알아라. 그 때에 유대에 있는 사람들은 산으로 도망하고, 그 도성 안에 있는 사람들은 거기에서 빠져나가고, 산골에 있는 사람들은 그 성 안으로 들어

가지 말아라. 그 때가 기록된 모든 말씀이 이루어질 징벌의 날들이기 때문이다. 그 날에는, 아이 밴 여자들과 젖먹이가 딸린 여자들은 화가 있다. 땅에는 큰 재난이 닥치겠고, 이 백성에게는 무서운 진노가 내릴 것이다. 그들은 칼날에 쓰러지고, 뭇 이방 나라에 포로로 잡혀갈 것이요, 예루살렘은 이방 사람들의 때가 차기까지, 이방 사람들에게 짓밟힐 것이다. 그리고 해와 달과 별들에서 징조들이 나타나고, 땅에서는 민족들이 바다와 파도의 성난 소리 때문에 어쩔 줄을 몰라서 괴로워할 것이다. 사람들은 세상에 닥쳐올 일들을 예상하고, 무서워서 기절할 것이다. 하늘의 세력들이 흔들릴 것이기 때문이다. 그 때에 사람들은 인자가 큰 권능과 영광을 띠고 구름을 타고 오는 것을 볼 것이다. 이런 일들이 일어나기 시작하거든, 일어서서 너희의 머리를 들어라. 너희의 구원이 가까워지고 있기 때문이다. … 무화과나무와 모든 나무를 보아라. 잎이 돋으면, 너희는 스스로 보고서, 여름이 벌써 가까이 온 줄을 안다. 이와 같이 너희도 이런 일들이 일어나는 것을 보거든, 하느님의 나라가 가까이 온 줄로 알아라. 내가 진정으로 너희에게 말한다. 이 세대가 끝나기 전에, 이 모든 일이 다 일어날 것이다. 하늘과 땅은 없어질지라도, 내 말은 절대로 없어지지 않을 것이다. 너희는 스스로 조심해서, 방탕과 술 취함과 세상살이의 걱정으로 너희의 마음이 짓눌리지 않게 하고, 또한 그 날이 덫과 같이 너희에게 닥치지 않게 하여라. 그 날은 온 땅에 사는 모든 사람에게 닥칠

> 것이다. 그러니 너희는 앞으로 일어날 이 모든 일을 능히 피하고, 또 인자 앞에 설 수 있도록, 기도하면서 늘 깨어 있어라.

여기서 환난은 지진, 전염병, 기근, 박해와 같은, 많은 사람에게 친숙한 모습으로 묘사되고 있다. 그리고 그러한 와중에 예수는 "땅에서는 민족들이 바다와 파도의 성난 소리 때문에 어쩔 줄을 몰라서 괴로워할 것이다. 사람들은 세상에 닥쳐올 일들을 예상하고, 무서워서 기절할 것이다. 하늘의 세력들이 흔들릴 것이기 때문이다"(루가 21:25~26)라고 말한다. 기존의 안전망이 모조리 사라지는 "무서운 일"을 부정하려는 시도는 전혀 보이지 않는다. 이 일은 듣는다고 해서 고치거나 되돌릴 수 있는 수준의 사건이 아니다. 그래서 일부 현대 비평가는 이에 대한 권고들은 무책임하기 그지없다며 거부하기도 한다. 그러나 이 이야기에는 압도적인 파국을 가리키는 운명론과는 정면으로 대치하는 소리도 있다.

> 이런 일들이 일어나기 시작하거든, 일어서서 너희의 머리를 들어라. 너희의 구원이 가까워지고 있기 때문이다. ... 너희는 스스로 조심해서, 방탕과 술 취함과 세상살이의 걱정으로 너희의 마음이 짓눌리지 않게 하고 ... 기도하면서 늘 깨어 있어라. (루가 21:28~36)

다니엘서 7장 13~14절에 나오는 다가올 미래에 대한 환상처럼 "인자가 큰 권능과 영광을 띠고 구름을 타고" 올 것이다(루가 21:27). "온 땅에 사는 모든 사람에게"(루가 21:35) 닥칠 수 있는 최악의 상황과 마주할 때 우리는 "너희는 머리카락 하나도 잃지 않을 것이다. 너희는 참고 견디는 가운데 너희의 목숨을 얻을 것이다"라는 소리를 듣는다. 그러므로 종말에 우리가 단순히 멸망할 것이라는 이야기는 저 복음서의 증언에 들어맞지 않는다.

복음의 소식에는 누구나 겪는 건강에 대한 위협, 육체적 힘의 상실에 대한 두려움과 관련된 이야기도 있다. 히브리 성서에는 이런 사례가 허다하고, 우리 가까이 온 나라에서 새 창조를 보는 바울의 묵시적 증언도 이러한 환난을 부인하지 않는다. 고린토인들에게 그는 자신의 고된 여정을 이야기한다.

> 자주 여행하는 동안에는, 강물의 위험과 강도의 위험과 동족의 위험과 이방 사람의 위험과 도시의 위험과 광야의 위험과 바다의 위험과 거짓 형제의 위험을 당하였습니다. 수고와 고역에 시달리고, 여러 번 밤을 지새우고, 주리고, 목마르고, 여러 번 굶고, 추위에 떨고, 헐벗었습니다. 그 밖의 것은 제쳐놓고서라도, 모든 교회를 염려하는 염려가 날마다 내 마음을 누르고 있습니다. (2고린 11:26~28)

같은 편지에서 바울은 "우리의 겉사람은 낡아"(2고린 4:16) 간다며 고된 현실을 단순히 받아들이는 것처럼 보인다. 그러나 곧바로 그는 그런 현실과 대립하는 주장을 마주 세우며 말한다.

> 우리의 속사람은 날로 새로워집니다. (2고린 4:16)

바울은 청중에게 당부한다.

> 그러므로 우리는 낙심하지 맙시다. (2고린 4:16)

예나 지금이나 바울이 열거한 수모와 고난을 다 들은 청중이라면 자신이 불평을 늘어놓아도 될지 자문하게 될 것이다. 그리고 그런 우리를 향해 그는 "보이는 것을 바라보는 것이 아니라, 보이지 않는 것을 바라" 보라고, "보이는 것은 잠깐이지만, 보이지 않는 것은 영원"(2고린 4:18)하다고 말한다. "보이지 않는 것을 바라본다"는 표현은 비교 불가능한 것들을 성서가 어떻게 병치하는지를 보여주는 좋은 예다. 희망에 대해서도 바울은 같은 방식으로 이야기한다.

> 눈에 보이는 소망은 소망이 아닙니다. (로마 8:24)

복음은 세계사적 차원과 개인적 차원에서 일어나는 자유의 상실에 대해서도 언급한다. 해산하다 아이를 잃은 어미(창세

35:16~20)이자 바빌론 포로로 끌려간 이스라엘 백성의 어미이기도 한 라헬이 위로받기를 거부하는 모습 바로 옆에는 "너의 앞날에는 희망이 있다. 나 주의 말이다"(예레 31:17)라는 약속이 놓인다. 라헬이 애통하며 위로받기를 거부하나 그 위로 천사들의 소식, 그리스도이신 아기가 탄생한다는 소식이 당도한다. "보라, 하느님이 우리와 함께 계신다, 임마누엘이 오신다." 그렇게 마태오는 라헬의 가눌 수 없는 애통 위로 헤로데가 무참하게 학살한 아이들에 대한 애통을 덧대고, 그녀 옆에 새로운 말씀을 마주 세운다. 창세기 35장 19절에 등장하는 "베들레헴으로 가는 길 가"를 상기하며, 마태오는 라헬이 묻힌 그곳이 그리스도이신 "아기가 있는 곳"임을 말해 준다(마태 1:20~23, 2:9, 2:16~18).[19]

인간이 자유를 상실할 때 초래되는 세계사적 비극은 복음서가 노예제를 언급하는 대목에서 분명히 드러난다. 분명한 것은 복음을 들은 최초의 청중과 여러 공동체에서도 가정 규범Household Code이 통용되고 있었는데, 이 규범에는 고대 세계의 사회적 불평등과 아리스토텔레스가 주장한 "노예 본성 이론", 즉 사회는 본성상 구성원 모두의 더 큰 선을 위해 노예제에 의존한다는 사고방식이 반영되어 있다. 오네시모라는 도망 노예의 주인인 빌레몬에게 바울이 보낸 짧은 편지 역시 기본적으로 이러

---

[19] 다음을 참조하라. Christopher Morse, 'Rachel's Refusal', *Not Every Spirit: A Dogmatics of Christian Disbelief*, 2nd edn (Edinburgh: T.&T. Clark, 2009), 9~12.

한 사회 구조를 반영한다(빌레몬의 지위와 12,16~17절에 나온 바울의 입장을 비교해 보라). 오네시모는 도망 노예였지만 바울이 갇혀 있는 동안 그를 극진히 돌봐주었기에 바울은 빌레몬에게 "그를 돌려보내는" 것이 "내 마음"이니 "나를 맞이하듯이 그를 맞이해" 달라고, "종으로서가 아니라 종 이상으로 곧 사랑받는 형제로" 받아달라고 간청한다. 여기서 바울은 이미 노예제가 포함된 사회 구조를 전제하고 있다. 아리스토텔레스에 따르면 남편, 아내, 자녀, 주인, 종 등 사회의 모든 계층이 자신의 "본성"에 따라 지닌 권리를 침해받지 않는 한, 노예제는 노예들에게서 자유를 박탈하는 제도가 아니다.[20]

이러한 측면에서 근대의 노예 무역은 오랜 기간 이어진 노예제의 비극적 결과라 할 수 있으며 신학은 이를 포함한 노예제의 영속성을 정당화하는 데 기여했다.[21] 수 세기 동안 신학이 인간을 재산으로 취급하는 것을 정당화하는 가운데서도 예외적인 목소리를 낸 인물들이 있었으니 니사의 그레고리우스Gregory of Nyssa는 그 대표적인 예다. 그는 신학을 동원해 인간을 재산이나 물건

---

20 Aristotle, *Politics*, Bk. 1, 1252a24~b15, 1259a38~60b26, and Chapters 3~7.

21 남북전쟁 이전 미국 문화의 형성기 때 "노예 본성" 이데올로기는 "긍정적인 선" 또는 "필요악"이란 명분 아래 신학적으로 정당화되었다. 이 과정을 살피려면, 다음을 보라. Larry E. Tise, *Proslavery: A History of the Defense of Slavery in America, 1701-1840* (Athens: The University of Georgia Press, 1987).

처럼 취급하는 관행을 정당화하는 것을 거부했다.[22] 그는 성서에는 노예들을 향해 "이 땅의(혹은 육신의) 주인에게 순종"(에페 6:5)하라는, 고대 세계에서 기존 질서를 옹호하는 이들이 흔히 던진 권고와 이런 땅의 통념과 전혀 다른 하늘의 선포가 병치되어 있음을 알았다.

> 주인 된 여러분, 그들의 주님이시오 여러분의 주님이신 분께서 하늘에 계신다는 것과, 주님께서는 사람을 차별하여 대하지 않으신다는 것을, 여러분은 아십시오. (에페 6:9)

요한 복음서는 부활하신 그리스도께서 베드로에게 나타난 순간을 기록한다.

> 그들이 아침을 먹은 뒤에, 예수께서 시몬 베드로에게 물으셨다. "요한의 아들 시몬아, 네가 이 사람들보다 나를 더 사랑하느냐?" 베드로가 대답하였다. "주님, 그렇습니다. 내가 주님을 사랑하는 줄을 주님께서 아십니다." 예수께서 그에게 말씀하셨다. "내 어린 양 떼를 먹여라."
>
> 예수께서 두 번째로 그에게 물으셨다. "요한의 아들 시몬아,

---

[22] Peter Garnsey, *Ideas of Slavery from Aristotle to Augustine* (Cambridge: Cambridge University Press, 1996), 80~85. 저자는 결론에서 이렇게 썼다. "내가 펼치는 서사의 주인공이 노예 제도 자체를 죄로 규정한 니사의 그레고리우스라는 사실은 전혀 놀라운 일이 아니다."

네가 나를 사랑하느냐?" 베드로가 대답하였다. "주님, 그렇습니다. 내가 주님을 사랑하는 줄을 주님께서 아십니다." 예수께서 그에게 말씀하셨다. "내 양 떼를 쳐라."
예수께서 세 번째로 물으셨다. "요한의 아들 시몬아, 네가 나를 사랑하느냐?" 그 때에 베드로는, "네가 나를 사랑하느냐?" 하고 세 번이나 물으시므로, 불안해서 "주님, 주님께서는 모든 것을 아십니다. 그러므로 내가 주님을 사랑하는 줄을 주님께서 아십니다" 하고 대답하였다.
예수께서 그에게 말씀하셨다. "내 양 떼를 먹여라. 내가 진정으로 진정으로 네게 말한다. 네가 젊어서는 스스로 띠를 띠고 네가 가고 싶은 곳을 다녔으나, 네가 늙어서는 남들이 네 팔을 벌릴 것이고, 너를 묶어서 네가 바라지 않는 곳으로 너를 끌고 갈 것이다." 예수께서 이렇게 말씀하신 것은, 베드로가 어떤 죽음으로 하느님께 영광을 돌릴 것인가를 암시하신 것이다. 예수께서 이 말씀을 하시고 나서, 베드로에게 "나를 따라라!" 하고 말씀하셨다. (요한 21:15~19)

초기 교회는 이 장면이 베드로가 하느님의 영광을 위해 죽음을 맞이하게 될 것임을 암시한다고 이해했다. 하지만 여기에는 그 못지않게 개인이 자유를 상실하는 것에 대한 일반적인 두려움이 반영되어 있다. "네가 젊어서는 스스로 띠를 띠고 네가 가고 싶은 곳을 다녔으나, 네가 늙어서는 남들이 네 팔을 벌릴 것이고, 너를 묶어서 네가 바라지 않는 곳으로 너를 끌고 갈 것이다." 복음은 개인이 나이가 들수록 자유를 잃어가며, 원치 않는 곳으로 끌려간다는 현실을 부정하거나 은폐하지 않는다. 다만 에페소인들에게 보낸 편지를 통해 또 다른 소리를 병치한다.

> 우리는 사랑으로 진리를 말하고 살면서, 모든 면에서 자라나서, 머리가 되시는 그리스도에게까지 다다라야 합니다. (에페 4:5)

분명 늙어가는, 쇠잔해지는 현실과 "모든 면에서 자라나"는 현실은 어울리지 않는다. 여기서 "자라남", 즉 성장은 죽음에 매여 있던 과거에서 새로이 다가오는 생명의 방향으로 나아가는 것이며, 살아있음을 과거로 두고 미래의 죽음으로 나아가는 "늙어감"(요한 21:18)과는 정반대 방향이다.

> 여러분이 전에는 ... 죽었던 사람입니다. (에페 2:1).

그래서 "우리는 모두가" 세상에서 "아무 소망이 없이" 살았다는 말이 강렬하게 (초기 공동체 구성원들의) 귀에 닿을 때 에페소인들에게 보낸 편지는 갑작스럽게 이 소식을 선포한다.

> 허물과 죄로 죽었던 ... (하느님께서는) 우리를 그리스도와 함께

살려 주셨습니다. … 그리스도 예수 안에서 우리를 그분과 함께 살리시고, 하늘에 함께 앉게 하셨습니다. (에페 2:1,5,6)

바울이 이 글을 썼든, 그의 이름을 빌려 가까운 동료가, 혹은 제자가 썼든 저자는 이 모든 일이 "우리 가운데서 일하시는 능력을 따라", "우리가 구하거나 생각하는 것 이상으로 더욱 넘치게"(에페 3:20) 하는 능력으로 이루어진다고 말한다.

공적, 사적 차원에서 일어나는 안전, 힘, 자유의 상실도 "밤에 찾아드는 공포"와 "백주에 덮치는 재앙"이라 불릴 만큼 두렵지만(시편 91:5~6), 가장 두려운 것은 아무래도 생명의 상실, 즉 죽음에 대한 두려움이다. 그래서 바울은 죽음을 가리켜 "맨 마지막으로 멸망 받을 원수"(1고린 15:26)라고 불렀다. 이제는 이 두려움, 죽음에 대한 두려움을 살펴볼 차례다. 다른 상실을 다룰 때 그러하듯 복음은 비교할 수 없는 것들을 병치하는 방식을 통해 죽음에 관련된 천국의 새로운 소식을 알린다. 이와 관련해 가장 대표적인 본문은 베다니에서 일어난 일을 다룬 본문이다(루가 10:38~42, 요한 11:1~44, 12:1~8).

생명이 도착하고 죽음이 떠나가다 – 베다니에서 온 소식

예루살렘 외곽의 베다니, 작은 마을이지만 예루살렘에서 불과 몇 킬로미터 떨어져 있는 곳이어서 도보로 오갈 만큼 가깝다. 이곳에는 마르다와 마리아라는 자매가 오빠인 나사로와 함께 살고 있다. 자매는 나사로가 앓다가 죽는 것을 목격한다. 생명을 구하려 했던 모든 노력은 수포로 돌아갔고 예수는 두 자매가 요청했던 시간보다 훨씬 늦게 도착한다. 가눌 수 없는 슬픔에 힘겨워하던 둘은 원망하듯 말한다.

> 주님, 주님이 여기 계셨더라면, 내 오라버니가 죽지 아니하였을 것입니다. (요한 11:21, 32)

이들의 외침 이면에는 예수가 나사로가 죽기 전에 왔다면 죽음이 일어나지 않았으리라는 생각이 깔려 있다. 사랑하는 사람을 상실한 고통이 얼마나 무참한지를 강조하려는 걸까. 자매는 똑같은 말을 반복하며 고통을 토로한다.

> 주님, 주님이 여기 계셨더라면, 내 오라버니가 죽지 아니하였을 것입니다. (요한 11:21, 32)

신약에서 이 절규보다 더 와닿는 말은 찾기 힘들다. 사랑하는 이의 생명이 꺼져가는 것을 보면서 애끓는 마음으로 간청했지만 결국 허망하게 끝나버렸다. 무너지는 마음을 쏟아내고 애통하다가 무덤이라는 암울한, 그리고 가차 없는 현실을 마주하고 하느님이, 혹은 어떠한 힘이 이런 일을 허락하느냐며 탄식하고, 애도하고, 고뇌한다. 무덤으로 대표되는 생의 결말을 엿본 사람이라면 누구나 이에 공감할 것이다.

루가 복음서와 요한 복음서에 나오는 베다니 이야기는 다양한 각도로 분석할 수 있다. 하지만 여기서, 이 책이 다루는 주제와 관련해 던져야 할 질문은 이것이다. 오늘날 이 이야기는 어떤 반향을 일으키는가? 오늘날 이 이야기를 들을 때 우리가 알고 있는 삶과 가장 가까운 부분은 무엇이며, 가장 동떨어진(혹은 동떨어진 것처럼 보이는) 부분은 무엇인가? 이를 위해 우리는 이 이야기에 등장하는 두 가지 외침에 주목해야 한다. 하나는 앞서 언급한 자매의 외침이고, 다른 하나는 예수의 외침이다. 요한 복음서에 따르면 예수는 이렇게 외쳤다.

> 큰 소리로 "나사로야, 나오너라" 하고 외치시니, 죽었던 사람이 나왔다. 손발은 천으로 감겨 있고, 얼굴은 수건으로 싸매여 있었다. 예수께서 그들에게 "그를 풀어 주어서, 가게 하여라" 하고 말씀하셨다. (요한 11:43~44).

1. 마르다와 마리아의 외침

두 외침의 병치에 주목하며 루가와 요한이 전하는 베다니 이야기를 하나로 모아서 들어 보자. 우리는 먼저 배경에 해당하는 자매의 신원과 성격, 그리고 오빠의 죽음을 막으려 예수의 행동을 촉구하는 모습을 본다. 마르다는 열심히 섬긴다. 마리아는 정성을 들여 영적인 묵상에 매진한다. 이 두 사람과 예수 사이에서 일어나는 상호 작용의 깊은 의미는 무덤에서 드러난다. 마르다와 마리아는 오빠와 함께 살다가 오빠를 잃고 그의 죽음 앞에서 같은 울부짖음을 반복하며 슬픔에 잠겼지만, 전혀 다른 곳에서 살다 온 것처럼 묘사된다.

루가 복음서가 소개하는 마르다는 베다니를 지나가던 예수를 자기 집으로 맞이한 첫 번째 사람이다. 루가 복음서의 인상 때문인지 이후 사람들에게 그녀는 섬기는 일에 몰두하는 사람, 예수가 집에 왔을 때도 "여러 가지 접대하는 일로 분주했다"(루가 10:40)고 묘사될 정도로 타인의 도움 없이 홀로 모든 일을 감당하는 사람의 표상이었다. 어쨌든 마르다는 예수가 마을 가까이 왔다는 소식을 듣자마자 그를 맞이하러 제일 먼저 뛰쳐나갔고, 서둘러 집으로 돌아와 동생 마리아에게 "선생님께서 와 계시는데, 너를 부르신다"(요한 11:28)라는 말을 전달한다.

마르다와 달리 마리아는 집에서 조용히 있는 인물로 묘사된다. 한 번은 예수가 집에 있을 때 마리아는 "주님의 발 곁에 앉아서 말씀을 듣고 있었다". 이를 보고 마르다는 예수에게 "주님, 내 동생이 나 혼자 일하게 두는 것을 아무렇지 않게 생각하십니까? 가서 거들어 주라고 내 동생에게 말씀해 주십시오"(루가 10:39~40)라고 말한다. 요한 복음서에서는 마르다가 시중을 들고 있는 식사 자리에서 마리아가 값비싼 향유를 예수의 발에 붓고 자기 머리카락으로 닦아 온 집을 향으로 가득 채웠다고 전한다(요한 12:2~3). 자매는 각자의 방식으로 예수와 관계를 맺지만, 오빠가 죽을 위기에 처하자 사람을 보내 같은 말을 전한다.

> 주님, 보십시오. 주님께서 사랑하시는 사람이 앓고 있습니다.
> (요한 11:3).

요한 복음서에서는 예수가 이 말을 듣고 이렇게 반응했다고 전한다.

> 이 병은, 죽을 병이 아니라 오히려 하느님의 영광을 드러낼 병이다. 이것으로 말미암아 하느님의 아들이 영광을 받게 될 것이다. (요한 11:4)

요한은 설명을 덧붙인다.

> 예수께서는 마르다와 그의 자매와 나사로를 사랑하셨다. 그런데 예수께서는 나사로가 앓는다는 말을 들으시고도, 계시던 그곳에 이틀이나 더 머무르셨다. (요한 11:5~6).

마침내 예수가 도착했지만, 나사로는 이미 죽었고 나흘이나 지난 때였다. 많은 사람이 자매를 위로하러 왔다. 요한 복음서는 이 상황을 생생하게 증언한다. "마르다는 예수께서 오신다는 말을 듣고서 맞으러 나가" 예수 앞에서 처절하게 외친다.

> 주님, 주님이 여기에 계셨더라면, 내 오라버니가 죽지 아니하였을 것입니다. (요한 11:21)

그때, 마리아는 "집에 앉아 있었다"(요한 11:20). 마르다는 행동하고 마리아는 홀로 침잠한다. 어느 쪽이든, 오빠를 보내고 죽음을 부인하려는 자매의 모습은 우리에게 낯설지 않다. 둘 다 우리가 익히 알고 있는 죽음에 대한 실존의 반응이다.

이 이야기를 능동적인 인물과 수동적인 인물이 대립하는 뻔한 교훈극으로 취급한다면, 마리아에 대한 마르다의 불만이 꽤 그럴듯하게 들릴지도 모른다. 하지만 마르다의 요청에 예수는 이렇게 답한다.

> 마르다야, 마르다야, 너는 많은 일로 염려하며 들떠 있다. 그러나 주님의 일은 많지 않거나 하나뿐이다. 마리아는 좋은 몫을 택하였다. 그러니 아무도 그것을 그에게서 빼앗지 못할 것이다. (루가 10:41~42).

복음서에 나오는 여느 예수 담화들과 마찬가지로 공정함이라는 우리의 일반적인 도덕 기준을 따라 이 이야기를 들으면, 예수가 마르다를 책망하는 것처럼 들린다. 그래서인지 가정에서든 다른 곳에서든 타인에게 시중을 드는 일을 하며 마르다와 자신을 동일시한 이들은 이 이야기를 가내 불평등을 정당화하는 모습으로 읽곤 했다. 일부 해석자들은 예수가 마리아의 경청과 헌신을 칭찬한 모습을 두고 초기 제자들 사이에서 여성의 위치를 높이는 행위로 보기도 했다. 이를테면, 마리아가 예수의 발에 향유를 붓고 머리카락으로 그 발을 닦으려 하고, 이에 유다를 비롯해 다른 제자들은 불만을 털어놓으나 예수는 제자들을 향해 "내버려 두어라"(요한 12:4~7)라고 말한다.

그러므로 마리아의 이야기는 의로운 행동보다 복음을 듣는 것이 더 우선한다는 것을 부각하고, 이로써 초기 교회의 생활 방식이 기존 사회보다 훨씬 넓고 자유로운 세계였음을 말해 준다는 것이다. 하지만 이렇게 할 경우에도 일반적인 도덕 기준에서 예수가 마르다를 대하는 방식이 무례하고 불공정하다는 인상은 사라지지 않는다.

이전에도 우리는 우리의 도덕 감정을 불편하게 하는 불공정한 사건을 살펴본 바 있다. 바로 러셀이 분노했던 무화과나무가 저주받은 이야기다. 무화과나무는 아직 열매 맺을 철이 아닌데도 열매를 맺지 못한다고 예수에게 저주를 받았다(마르 11:12~14). 안식일에 손 오그라든 자를 고친 이야기도 마찬가지다. 예수의 치유는 기존 질서로 공고히 자리 잡은 안식일 준수 규정을 도덕적으로 위반한 행동이다(루가 6:6~11). 이 이야기들에서 예수의 파격에 반대하는 최초의 반응은 어찌 보면 매우 상식적이다. 하지만 바로 그렇기에 이 반응들은 복음을 듣는 우리에게 경고음으로 다가온다. 우리가 우리의 틀을 가지고 베다니 이야기를 접하면 이 이야기에서 실제로 무슨 일이 일어나고 있는지를 놓칠 수 있다고, 복음에서 실제로 작동하고 있는 근본적인 틀을 우리가 놓칠 수 있다고 말이다.

베다니 이야기의 의미를 헤아려 보기 위해서는 마르다가 홀로 모든 일을 해야 하는 상황에서 도움을 요청하고 있다는 점을 주목해야 한다. 마르다는 마리아가 일을 다 남겨두고 떠나 자신만 홀로 남았다며 예수에게 불만을 털어놓고 도움을 요청하는데, 이 장면은 나사로의 죽음의 현장 가운데 자신이 홀로 남겨졌다며 예수에게 울분을 토하는 장면과 겹친다. 이때 예수는 마르다가 기울인 노력에 크게 신경을 쓰지 않는 듯하다. 마르다는 섬겼고, 사람을 보내 간청했고, 그가 왔을 때 맞이하러 나갔으나 예수는 별 관심이 없어 보였다. 마르다에게서 우리는 스스로 무언가를 해보려다 아무런 도움도 받지 못한 채 남게 된 한 사람을 본다.

2. 나사로의 무덤에 도착한 예수

이런 모습은 나사로의 무덤에서 마르다와 예수가 나눈 대화에서 더 분명하게 드러난다. 예수가 도착하자마자 마르다는 울부짖는다. "당신이 여기에 계셨더라면 …" 이 울부짖음에는 모종의 원망이 담겨 있을 수도 있다. 그러나 이내 마르다는 예수가 하느님께 구하는 것은 무엇이든 하느님께서 이루어 주시리라는 신뢰에 찬 고백을 남긴다. 예수가 "네 오라버니가 다시 살아

날 것이다"라고 답했을 때, 마르다의 대답은 마치 오래된 신조나 신앙 정식의 문구처럼 들린다.

> 마지막 날 부활 때에 그가 다시 살아나리라는 것은 내가 압니다. (요한 11:24)

마르다가 "마지막 날"을 언급하자 예수는 현재형으로 답한다.

> 나는 부활이요 생명이니, 나를 믿는 사람은 죽어도 살고, 살아서 나를 믿는 사람은 영원히 죽지 아니할 것이다. 네가 이것을 믿느냐?" (요한 11:25~26)

마르다의 두 번째 대답 역시 신앙 정식이나 신조처럼 들린다.

> 예, 주님! 주님은 세상에 오실 그리스도이시며, 하느님의 아들이심을, 내가 믿습니다. (요한 11:27)

두 사람이 무덤에 가까이 다가가자 마르다는 자신이 믿는 바를 전혀 다른 음조로, 어떤 대본, 정식과는 전혀 다른 소리를 낸다. 어조마저도 느닷없이 돌변한다. 예수가 무덤 어귀를 막고 있던 돌을 옮기라고 말하자 시신을 마주한 마르다는 말한다.

주님, 죽은 지가 나흘이나 되어서, 벌써 냄새가 납니다. (요한 11:39).

이 말에 신조와 교리와 같은 느낌은 전혀 없다. 요리문답의 흔적도 발견할 수 없다. "마지막 날"에 일어날 일에 대한 믿음의 진술도 없다. 그저 이 땅에서 자신과 가장 밀접한 관계를 맺고 있었던 한 생명, 가장 깊이 사랑하는 이를 죽음이 파괴했고, 그 잔해에서는 부패의 악취가 난다는 지극히 현실적인 인정만 있을 뿐이다. 마르다는 슬픔에 잠겨 있지만, 현실 감각을 잃지는 않았다. 오히려 그녀는 지금 사라져 가고 있는 이 세상의 형체를 정면으로 마주한다.

마을에 도착한 예수를 맞이했을 때 마르다의 외침처럼, 무덤 앞에 선 마르다의 고백에서도 우리는 원망의 반향을 감지한다. 자신이 붙잡고 있는 현실은 붙잡을 가치가 없는 것 아니냐며 말이다. 나흘이나 되었다는 마르다의 발언이 암시하듯, 그녀의 요청대로 예수가 나흘만 일찍 와주었다면 상황이 완전히 달라졌을지도 모른다. 예수가 제때 왔더라면 마르다의 오빠는 죽음을 면할 수 있었을지도 모를 일이다.

베다니에서 온 소식은 마르다가 무덤에서 현실을 어떻게 이해하든 앞으로 일어날 일을 제대로 파악하지 못하고 있음을 들려준다. 요한이 기록한 바에 따르면, 마르다의 주님은 마르다 곁에 서 있다. "부활이요 생명"이 현재형으로 눈앞에 다가오고 있는 것이다. 마르다는 홀로 남지 않았다. 예수가 곁에 있음으로써 죽음은 자신의 힘을 거부당한다. 사라지는 무언가가 아닌, 도래하는 무언가 앞에서 죽음은 아무런 위력을 발휘하지 못한다. 예수가 외친다.

> 나사로야, 나오너라. (요한 11:43)

지나간 시간에 근거한 "그랬더라면"이라는 후회의 언어, 그리고 다시 살 날이 "마지막 날"까지 미뤄진다는 유예의 언어는 종적을 감춘다. 주님은 마르다와 마리아를 향해 현재형으로 외치신다.

> 나는 부활이요 생명이다. (요한 11:25)

예수의 외침은 자매의 외침과 다르게 죽음이 생명을 속박하고 있다는 통념을 부정한다. 우리는 이 말씀을 들을 뿐이다.

> 죽었던 사람이 나왔다. 손발은 천으로 감겨 있고, 얼굴은 수건으로 싸매여 있었다. 예수께서 그들에게 "그를 풀어 주어서, 가게 하여라" 하고 말씀하셨다. (요한 11:43~44)

우리가 어디에서 왔는지, 얼마나 많은 죽음과 상실로 힘겨워

했는지에 따라 정도는 다르겠지만 마르다와 마리아의 외침에 다 공감할 수 있을 것이다. 두 사람의 외침은 우리의 외침이다. 두 사람의 외침은 예수의 외침, 짙은 어둠 속에 있던 나사로에게서 듣게 되는 외침이 아니다. 예수의 외침이 오늘날에도 여전히 들려온다면, 그 외침은 우리를 향하는 말씀이지 우리의 처지를 대변해 주는 말이 아니다. 마르다와 마리아가 요청했다 해서 나사로가 죽기 전까지 예수를 데려올 수 없는 것처럼, 우리는 그의 외침과 선포를 좌지우지할 수 없다. 예수의 선포는 우리에게서 나올 수 없다. 그보다는 그의 외침이 우리에 도달했을 때 우리의 외침이 그의 외침으로 받아들여진다고 말하는 게 적절하다. 베다니 이야기는 한 장소에 서로 다른 두 외침을 병치함으로써 듣는 이들에게 삶과 죽음은 균형을 이루는 것이 아님을, 둘은 같은 척도에 있지 않음을 이야기한다. 복음서가 묘사하는 일련의 사태들은 다양한 의미를 품고 있다. 하지만 적어도 우리는 부활의 능력에 힘입어 죽음에서 불러낸 생명이 더는 사멸하고 있는 것의 요구를 따르지 않는다는 소리를 분명히 듣는다. 예수의 외침으로 전례 없는 것이 전례 없는 우선권을 거머쥔다.

3. 마르세유의 주교, 삶과 죽음의 균형을 깨는 희망

복음서는 나사로가 살아나기까지 일어난 사건들을 꽤 상세하게 그리고 있지만 정작 나사로가 이후 어떻게 살았는지에 관해서는 아무런 말이 없다. 한 가지 예외가 있다면, 예수가 나사로와 나사로의 누이들과 함께 식탁에서 짧게 이야기를 나누는 장면이다(요한 12:2).

> 유월절 엿새 전에, 예수께서 베다니에 가셨다. 그곳은 예수께서 죽은 사람 가운데에 살리신 나사로가 사는 곳이다. 거기서 예수를 위하여 잔치를 베풀었는데, 마르다는 시중을 들고 있었고, 나사로는 식탁에서 예수와 함께 음식을 먹고 있는 사람 가운데 끼여 있었다. (요한 12:1~2)

요한은 다른 복음서들이 최후의 만찬 속 예수의 말씀으로 담아냈던 하느님 나라의 식탁 교제(루가 22:28~30)를 나사로의 새로운 삶의 이야기로 녹여낸다. 그리고 이야기를 좀 더 확장한다.

> 유대 사람들이 예수가 거기에 계신다는 것을 알고, 크게 떼를 지어 몰려왔다. 그들은 예수를 보려는 것만이 아니라, 그가 죽은 사람들 가운데서 다시 살리신 나사로를 보려는 것이었다. 그래서 대제사장들은 나사로도 죽이려고 모의하였다. 그것은 나사로 때문에 많은 유대 사람이 떨어져 나가서, 예수를 믿었기 때문이다. (요한 12:10~11)

이런 점에서 나사로의 여생은 요한 복음서가 현재 시제로 선포한 "부활과 생명"에 힘입어 살아 움직이고 있다. 그의 여생을 짧게나마 담아낸 증언은 에페소인들에게 보낸 편지 속 고백처럼 "우리가 구하거나 생각하는 것 이상"(에페 3:20)으로 남아 있다. 이후 나사로의 이야기는 괄호로 묶어 둬야 하겠지만, 중세의 한 민담이 지녔던 상상력을 막을 길은 없다. 이 민담에 따르면, 이후 나사로 가족은 노도 없이 지중해를 표류하다 프랑스 남부 해안에 도착했고 나사로는 마르세유의 첫 번째 주교로 임명되었다고 한다. 믿거나 말거나, 그의 유해가 그곳에 보존되어 있다는 소문도 있다.[23]

지금까지 살핀 내용을 모두 염두에 둔 채, 이제 마리아의 자세로 한번 질문해 보아야 한다. 이 모든 일을 염두에 둔다면 우리 현실에서 희망은 어디에 있는가? 어떤 사람은 베다니 이야기는 성서라는 테마파크 속 화려한 놀이기구에 불과하다고, 이와 관련해 살핀 논의들은 1세기 이야기를 현대에 맞게 확대하고 조정한 것뿐이라고 일축할 수도 있다. 고대 세계에서 죽은 이가 살아났다는 이야기나 그런 기적을 기록한 문헌은 꽤 있으며, 베다니 이야기를 포함해 이런 이야기들은 표징을 찾는 데 여념이 없는 신실한 사람들만이 희망의 근거로 삼을 수 있다고 볼 수도 있다. 하지만 누군가는 베다니에서 울려 퍼지는 이 소식에서 삶과 죽음의 균형을 깨는 희망을 찾을 수도 있다.

---

[23] 다음을 참조하라. Léon Clugnet, 'St. Lazarus of Bethany', *The Catholic Encyclopedia* (New York: Robert Appleton Company, 1910), http://www.newadvent.org/cathen/09097a.htm.24.

그리스도교 신앙에서 죽음을 극복했다고 선포하는 모든 소식은 십자가에서 죽고, 죽은 자 가운데서 부활하신 예수 그리스도, 바로 그분을 증언하는 능력에서 나온다. 역사의 현장에서 사건화된 이 수난은 교회의 전례, 설교, 성사, 섬김을 형성한다. 예수를 따르는 이들은 마르다처럼 단순히 입으로 되뇌는 고백에서 저 수난을 인식하는 길로 나아간다. 베다니에서 일어난 일에 관한 소식은 바로 이 큰 그림을 전제로 하며, 그 중요성을 대담하게 제시한다. 덧없이 사라져가는 것 앞에서 우리는 슬픔에 휩싸인다. 복음서의 이야기는 이 죽음과 상실에 대한 두려움을 애써 부인하지 않는다. 그러나 도래하는 그의 나라 앞에서 죽음의 공포는 사라진다. 죽음으로 폐허가 된 삶의 현장에 "두려움을 내쫓는 완전한 사랑"(1요한 4:18)이 당도했기 때문이다. 이 다가온 약속은 은총의 때를 지연시키지 않는다. "마지막 날"은 "임박한" 오늘이다. 다시 한번, "그곳"the there은 마지막 원수가 멸망하는 마지막 때에도 "그곳"임을 중단하지 않은 채 거대한 상실의 현장인 "이곳에" 있겠다고 선포한다. 이곳에서 우리는 예수의 말을 듣는다.

> 너희는 마음에 근심하지 말고, 두려워하지도 말아라. (요한 14:27).

이제 가장 까다로운 질문을 다시 한번 던져보자. 지금까지 살핀 논의들을 고려한다면 우리는 천국에 대한 희망을 어떻게 가질 수 있을까? 적어도 이 정도는 인정할 수 있을 것이다. "현실 세계"는 우리가 어떠한 상황과 직면하든 생명이 이미 당도해 생동하는 현장이다. 이 생명은 죽음을 비롯해 우리를 위협하는 어떤 부정할 수 없는 상실보다 더 강하다. 여기서 "우리"는 특정 집단에게만 해당하는 표현이 아니다. 나사로의 무덤에서 울려 퍼지는 이 생명은 그 생명이 구현하는 사랑만큼이나 만민을 품는다. 이 생명은 누구도 언저리로 밀어내지 않고, 사랑으로서 한 사람 한 사람의 그늘진 삶의 자리로 뚫고 들어온다. 이 생명은 자신이 오기 전에 자리해 있던 세상의 질서에 매이지 않으며 앞서 활동했던 유사한 것의 영향을 받지도 않는다. 이 생명에 관한 소식은 우리의 상황에 개의치 않고, 비교 불가능한 것들이 병치되는 형태로, 즉 문자 그대로 표현되거나 그런 방식으로 인식되지 않고 비유로 표현되며 그런 방식으로 인식된다. 또한, 이 소식은 전례 없는 방식으로 현장에 들어와 현재형으로 사건화된다는 점에서 묵시적 방식으로만 현실화된다.

우리가 복음을 통해 듣는 생명은 "부활과 생명"으로 식별되는, 현재형의 능력에 힘입어 죽음을 극복한다. 이 생명은 저 먼 별과 은하수에서 육체 없는 영혼이 누리는 추상적인 불멸이 아니다. "나를 따라 이리로 오라"는 예수의 외침에는 일말의 모호함도 없다. 그는 그가 사랑한다고 알려진 사람의 이름을 정확히 부른다. "나사로야, 나오라!" 이처럼 인격적인 친밀함이 담긴 증언은 다른 곳에서도 나온다. 예수는 말한다.

> 나는 너희가 있을 곳을 마련하러 간다. 내가 가서 너희가 있을 곳을 마련하면, 다시 와서 너희를 나에게로 데려다가, 내가 있는 곳에 너희도 함께 있게 하겠다. (요한 14:2~3)

이 말씀에서 "너희"는 모호한 대상이 아니라 인격적인 친밀함과 교제의 대상이며, 단수나 고립된 한 사람이 아니라 복수의 대상을 가리킨다.[24] 죽음과 우리를 떨게 하는 온갖 일들 앞에 찬란한 생명이 당도한다. 죽음보다 강한 이 생명은 결코 늦게 도착하지 않음을 스스로 증명한다. 볼 눈과 들을 귀가 있다면, 베다니에서 일어난 일은 우리가 들을 수 있는 가장 기쁜 소식이다.

이 장에서 살펴본 내용을 통해 우리는 지금껏 귀 기울이려 했던 천국 복음의 주된 선율, '우리 곁으로 온 천국은 계산할 수 없다'는 선율이 대위법처럼 변주되고 있음을 확인했다. 한데 복음서가 전하는 이 독특한 사화는 전례 없는 생명의 소식이 모든 일

---

[24] 도래하는 하늘나라가 복수이며 공동체라는 점에 대해서, 로버트 W. 젠슨Robert W. Jenson은 다음과 같이 썼다. "하늘은 하나님께서 창조하신 만물 앞에 등장하려고 취하신 공간이다. 그는 교회에서 그 일을 행하신다." 여기에는 조건이 있다. 교회는 죽음에서 새 생명으로 나온 나사로처럼, 교회주의라는 수의에 꽁꽁 묶여 있지 않아야 한다. Robert W. Jenson, *Systematic Theology Vol. 1: The Triune God* (Oxford: Oxford University Press, 1997), 206. 이런 점에서 다시 살아난 나사로가 마르세유의 첫 번째 주교가 되었다는 중세의 민담은 "부활과 생명"이 일으키신 생명이 교회라는 공동체성을 지니고 있다는 점에서 옳았다.

에 우선한다는 이야기를 믿기란 결코 쉽지 않음을, 여기에 희망을 두기 어려움을 감추지 않는다. 오늘날에도 천국이 도래했다는 소식이 울려 퍼지면 도저히 믿을 수 없다는 비난의 목소리도 곧바로 들리곤 한다.

천국의 계보 – "그의 부모를 우리가 알고 있지 않은가"

베다니에서 일어난 일에 대한 보도는 하늘이나 천국을 분명하게 언급하지는 않지만, "부활과 생명"이 현재형으로 현실에서 일어난다는 소식을 전한다는 점에서 다른 복음서의 증언들과 일치한다. 하늘을 직접 거론하는 대목은 요한 복음서 앞부분에 나오는데, 여기서 예수가 전하는 현재 시제의 말은 강한 반론을 낳는다. 여기서 사람들은 예수의 때늦은 도착이 아닌 예수의 계보를 문제 삼는다. 이야기에서 불평의 화근은 "내가 하늘에서 내려온 빵이다"(요한 6:42)라는 예수의 말이다. 이 말을 들은 이들은 이내 불만을 토로한다.

> 이 사람은 요셉의 아들 예수가 아닌가? 그의 부모를 우리가 알지 않는가? 그런데 이 사람이 어떻게 하늘에서 내려왔다고 하는가? (요한 6:42)

이 불만은 사실상 요하네스 바이스의 '현대 개신교 세계관'에 관한 설명에 나온 불만과 그리 다르지 않다. 현대 개신교의 확고한 신념을 바이스는 이렇게 표현했다.

> 우리는 하늘에서 내려오는 하느님 나라를 기다리지 않는다.[25]

바이스는 하늘의 임함을 전혀 기다리지 않는 현대인의 태도는 예수의 말을 처음을 들었던 본래 청중, (그의 표현을 빌리면) "원시 그리스도교"인들의 태도와 결정적으로 다른 부분이라고 여겼다. 하지만 복음서에서 예수의 자격을 의심하는 인물들(요한 6:42)은 바이스의 이런 추정에 이의를 제기한다. 근대라는 귀마개를 조정한다 해도 바이스가 말했듯 "우리 삶을 ... '마치 곧 죽을 사람처럼 살라'는 가르침 위에 세운다면 조금이나마 예수의 태도에 접근하게" 될 거라 단정할 수는 없다.[26] 땅에서 사라지고 있는 것들로는 하늘에서 땅으로 임하는 것에 접근할 수 없으며 이를 예수를 반대하는 이들과 바이스의 동조자들은 모두 놓치고 있다. 이들의 공통점은 예수가 예루살렘에 마지막으로 입성할 때 했던 말로 요약된다.

> 이것은 하느님께서 너를 찾아오신 때를, 네가 알지 못했기 때문이다. (루가 19:44)

---

[25] Johannes Weiss, *Jesus' Proclamation of the Kingdom of God*, 136.

[26] 앞의 책, 135~136.

바이스가 제시한 방향은 바울이 사랑하는 고린토 교인들에게 외친 내용과 정반대다.

죽는 사람 같으나, 보십시오, 살아 있습니다. (2고린 6:8~9)

예수를 두고 수군대다 질문하던 이들은 암묵적으로 유전적으로 정당한 것이 믿을 만하다고 가정하고 있다. 마태오 복음서의 탄생 기록에서도 예수의 유전적 정당성에 대한 동일한 의문이 제기되는 것을 볼 수 있다. "의로운 사람"으로 묘사되는 요셉은 마리아가 "공적인 수치"를 받을까 두려워 마리아와 성령이 세상에 보내려 마리아에게 준 생명을 등지기로 결심한다. 하지만 그렇게 공포에 떨고 있는 요셉에게 천사가 꿈에 나타나 말한다.

요셉아 ... 두려워하지 말라. (마태 1:20).

계보에 대한 질문이 두드러지게 등장하는 곳은 마태오 복음서의 도입부다.

아브라함의 자손이요 다윗의 자손인 예수 그리스도의 계보 γενέσεως는 이러하다. (마태 1:1)

교회학교에서 킹제임스 성서를 읽고 자란 옛 세대라면 "낳고"

라는 말로 이어지는 수많은 이름을 암기해 본 경험이 있을 것이다. 성탄 행사 때 흔히 부르는 15세기 캐럴은 "이새의 뿌리에서 새싹이 돋아나"라고 노래한다.[27] 철학에서는 니체에서 푸코Michel Foucault에 이르기까지 기존 지식이 근거하고 있는 전제들의 정당성을 따짐으로써 자기 인식을 반성하는 학문을 "계보학"genealogy이라고 부른다.[28] 앞에서 예수를 두고 수군대던 이들은 자신들이 "그의 부모를 ... 알"(요한 6:42)고 있다고 가정하고 자신이 하늘에서 왔다는 예수의 주장에 의문을 제기한다. 또한, 현대 철학에서의 계보학은 사상의 직계 관계나 동족 유사성에 기초한 지적 주장들의 신뢰성에 의문을 제기했다. 두 경우 모두 관건은 (기존의 시선에서) 대상과 어울려 보이지 않는 주장이 기존 계보에 뿌리내린 지식의 정당성을 어떻게 논박하느냐에 달려있다.

마태오 복음서에 나오는 계보는 예수가 아브라함의 후손이라고 증언한다. 그리고 요한 복음서에 따르면 사람들이 예수를 두고 의구심을 제기한 이유는 그가 하늘에서 내려왔다고 주장했기 때문이다. 여기서 우리는 예수와 연결된 두 가지 계보를 발견

---

[27] 독일어 찬송을 시어도어 베이커Theodore Baker가 1894년 《보라, 한 송이 장미꽃이 어떻게 피어났는지를》Lo, How a Rose E'er Blooming이라는 제목으로 옮겼으며 오늘날에도 수많은 교단과 교파에서 사랑받는 찬송이다. 다음을 참조하라. *The United Methodist Hymnal*, 216.

[28] 이와 관련해서는 알래스데어 매킨타이어Alasdair MacIntyre의 1988년 기포드 강연을 참조하라. Alasdair MacIntyre, *Three Rival Versions of Moral Enquiry: Encyclopaedia, Genealogy, and Tradition* (Notre Dame: University of Notre Dame Press, 1990).

한다. 하나는 아브라함에서 시작해 요셉과 마리아까지 내려오는 지상의 계보고, 다른 하나는 하늘의 계보다. 이 하늘의 계보는 일반적인 계보의 틀로는 확인할 수 없다. 요한 복음서에서 예수는 자신이 "하늘에서 내려온 살아 있는 빵"이며 그 빵은 "나의 살"이고 이 살은 "세상에 생명을 준다"(요한 6:51)고 말한다. 이 말은 일반적인 계보로 환원될 수 없는 증언으로 병치된다. 이는 훗날 교회 교리에서 그리스도의 두 본성, 즉 인성과 신성으로 알려진 것과는 전혀 다른 문제다. 핵심은 예수를 두고 수군대던 자들이 자신이 익히 알고 있는 과거의 문법으로는 다가올 것을 파악할 수 없다는 것이다.

두 계보의 차이점은 신약에서 대조되는 두 용어를 살펴보면 쉽게 이해된다. 이 둘은 예수가 어디에서 왔는지를 주장하는 상이한 사고방식을 언급하는 데 사용된다. 바로 '카타 사르카'*κατὰ σάρκα*(육신을 따라)와 '엔 사르키'*ἐν σαρκί*(육신 안에)다. 첫 번째 용법은 바울의 진술에 나온다. 바울이 말하기를, 우리는 그리스도를 "육신을 따라"(2고린 5:16) 알았으나 이제 더는 그렇지 않다. 이 경우 "육신을 따라"의 문맥 속 의미를 가장 잘 전달하는 번역은 "외모를 판단하는 익숙한 우리의 방식"일 것이다. 예수를 대하는 이러한 방식과 대비를 이루는 방식은 요한의 첫째 편지 4장 1~2절에 나온다.

어느 영이든지 다 믿지 말고, 그 영들이 하느님에게서 났는가

> 를 시험하여 보십시오. 거짓 예언자가 세상에 많이 나타났기 때문입니다. 여러분은 하나님의 영을 이것으로 알 수 있습니다. 곧 예수 그리스도께서 육신 안에ἐν σαρκί 오셨음을 시인하는 영은 다 하나님에게서 난 영입니다. (1요한 4:1~2)

이러한 고백에는 예수가 한때 지상에서 살았다는 주장 이상의 의미가 담겨 있다. 이와 관련해 신약학자 마르티누스 C. 드 보어Martinus C. de Boer는 말했다.

> 요한의 첫째 편지 4장 2절에서 "육신"이라는 용어를 사용한 것은 … 예수 그리스도의 구원 활동과 "오심"이 구체적이고 명백함을 비유를 통해 강조한 것이다. … 그러므로 제자도 역시 구체적이고 분명해야 한다.[29]

그리스도는 하늘에서 내려와 세상에 생명을 주는 빵으로서 육신을 입은 분인가? 아니면 사멸하는 세상의 외형에 불과한 "육신을 따라" 알 수 있는 분인가? 이러한 대조를 마르틴 루터는 분명하게 인식했고 이를 라틴어로 표현했다.

---

[29] Martinus C. de Boer, 'The Death of Jesus Christ and His Coming in the Flesh (1 Jn 4.2)', *Novum Testamentum* 33, October 1991, 345. 교의학에서 이 두 용어의 중요성을 살펴보려면 다음을 참조하라. Christopher Morse, *Not Every Spiri*, 38~40, 354~355. 여기서 나는 바울이 말한 '십자가 안에'는 요한의 긍정적 의미인 '육체 안에'와 가장 가까운 표현이라고 주장했다. 갈라 6:14을 보라.

그리스도는 육신을 따라secundum carmen서가 아니라 육신 안에서 in carne 자신을 알리신다.[30]

이러한 증언에 익숙한 사람들도 복음이라는 소식은 낯설게 들릴 수 있다. 복음은 현재, 육신을 지닌 채 실재하는 한 생명을 가리키며 하늘에서 내려왔다고 확언하기 때문이다. 예수의 신원을 두고 수군대던 이들은 하늘에서 온 생명이 엄연히 현재 속에서 살과 피를 지닌 한 사람으로 존재하는 것을 도저히 믿지 못한다. 과거로부터 생명이, 삶이 나온다고 보았기 때문이다. 이 확신이 너무나도 크기에, 나사로의 무덤 앞에 선 마르다와 마리아처럼 그들은 현재 무슨 일이 일어나고 있는지 인식하지 못한다. 현재에 들어와 있는 유일한 참된 희망을 놓치는 것이다. 그리스도의 오심으로 인해 피어난 천국, 하늘에 관한 이 희망을 성서는 "영광의 소망"(골로 1:27)이라고 표현한다.

---

[30] *D. Martin Luther's Werke* (Weimar: Herman Böulau, 1901), 23. 물론 이 용어들은 절대적으로 구별되지 않고 맥락에 따라 의미가 달라질 수 있다. 안티오키아의 이그나티우스Ignatius of Antioch는 그리스도의 구원을 위한 육화enfleshment를 강조하면서 바울이 고린토인들에게 보낸 둘째 편지 5장 16절에서 말했고 루터가 따르던 의미처럼 "육신을 따라"를 사용하지 않고 요한의 첫째 편지 4장 2절에서 발견되는 "육신을 입고"와 유사한 의미를 사용한다. 그는 그리스도를 "진실로 다윗 가문에서" 그리고 "본디오 빌라도 아래서 참으로 못 박힌 육신을 입은"이라고 썼다. 이그나티우스에 따르면 그리스도는 "우리의 참된 생명"이기에 주님이 "육신을 입으셨다"고 고백하지 않는 사람은 누구든지 "시체를 입을 것"이다. 다음을 참조하라. Ignatius of Antioch, 'Epistle to the Smyrnaeans', *The Apostolic Fathers*, Vol. 1 (Cambridge, Mass.: Harvard University Press, 1952), 253~257.

영원한 영광을 위한 "이 날"

현재하는 모든 반대에도 불구하고 하늘은 장차 나타날 영광을 현실 한가운데서 창조해 낸다. 그렇게 변화를 일구어낸다. 바울은 선포한다.

> 현재 우리가 겪는 고난은, 장차 우리에게 나타날 영광에 견주면, 아무것도 아니라고 나는 생각합니다. (로마 8:18)

마찬가지 맥락에서 그는 우리가 "땅에 있는 우리의 장막집"에서 무거운 짐에 눌려 탄식하는 동안 "하늘로부터 오는 우리의 집", 즉 "하느님께서 지으신 집, 곧 사람의 손으로 지은 것이 아니라 하늘에 있는 영원한 집을 덧입기를 갈망"해야 한다고 말한다(2고린 5:1~4). 이 맥락에서 위에서 언급한 로마인들에게 보낸 편지 본문에서 언급한 "나타날 영광"은 이런 뜻으로 이해해야 마땅하다. '영광은 현실로 나타나되, 기존 질서, 사멸하는 세상의 현실이 아니라 이미 일어나고 있고 새롭게 일어날 현실로 나타난다.' 지금 겪고 있는 이 고난을 직시하게 하면서도 그 고난과 비견될 수 없는 영광이라니, 이 영광은 과연 무엇인가? 드높은 창공이 아니라 이 땅에 눌어붙은 짐과 탄식을 언급하는 영광, 그리고 이 땅의 청중에게 "너희 손으로 짓지 않은 집"을 입게 되리라 선포하는 이 영광은 도대체 무엇인가? 하늘에서 울려 퍼지는 영원한 영광의 소식이 들려오는 이 "현재"란 누구를 위한 것인가?[31]

한 신학자는 덕의 실천과 관련해 어떻게 그 덕의 성취 여부를 가늠할 수 있는지를 다루며 이런 말을 남겼다.

> 성인들은 이생을 마치게 되면 우리 모두 우리가 사랑한 바를 따라 심판받게 될 것이라고 가르친다.[32]

그럴지도 모른다. 그러나 요한 복음서에서 올려다보며 기도하던 예수는 입을 열어 "영광"을 말하며 이 영광은 다른 방향, 우리가 '사랑하며' 덕을 쌓아 올리는 것이 아니라 우리 존재가 '사랑받고' 있음을 가리킨다. 예수는 기도하며 말한다.

> 나는 아버지께서 내게 주신 영광을 그들에게 주었습니다. ... 그것은 ... 아버지께서 나를 사랑하신 것과 같이 그들도 사랑하

---

31 이른바 "실현된 또는 시작된 종말론"과 "미래의, 또는 초월적 종말론" 사이의 학문적 구별은 신학 교과서에서 서로 다른 위치를 가지고, 각 관점이 취합한 여러 구절은 어느 쪽이든 하나를 반영하고 있을 것이다. 그러나 바이스의 통찰은 마르다와 마리아의 증언처럼 복음이 우리의 시간 관념과 규정에 따라 그린 분류에 길들일 수 없음을 보여 준다. 베드로의 둘째 편지는 우리에게 말한다. "사랑하는 여러분, 이 한 가지만은 잊지 마십시오. 주님께는 하루가 천 년 같고, 천 년이 하루 같습니다." (2베드 3:8). 그리고 비유를 통해 현실을 인식하려 하지 않고, 예언의 상상력이 부재한 문자주의자들이 이 구절을 왜곡해 마지막 때를 산출하는 계산기로 사용하지 않도록 이런 말씀이 뒤따른다. "주님께서는 약속을 더디 지키시는 것이 아닙니다." (2베드 3:9)

32 Romanus Cessario, O.P., *The Moral Virtues and Theological Ethics* (Notre Dame: University of Notre Dame Press, 1991), 156.

셨다는 것을, 세상이 알게 하려는 것입니다. (요한 17:22~23)

이 사랑의 방향을 감지할 때, 우리의 귀에 나사로가 누구인지를 알리는 소리가 새롭게 들린다.

주님, 보십시오. 주님께서 사랑하시는 사람이 앓고 있습니다. (요한 11:3).

보시오, 그가 얼마나 나사로를 사랑하였는가! (요한 11:35)

그리고 이 영광의 말씀이 누구를 향하는지가 들린다.

나는 이 사람들(제자들)을 위해서만 비는 것이 아니고, 이 사람들의 말을 듣고 나를 믿는 사람들을 위해서도 빕니다. (요한 17:20)

영광의 말씀은 제자들뿐만 아니라 "나를 믿는 사람들" 모두를 향한다. 천국, 하늘나라는 아무런 차별 없이 모든 사람의 '현재'에 임할 수 있으며, 사랑받음의 영광도 오늘 죽음의 권세를 넘어 아무런 차별 없이 모든 사람에게 나타난다. 예수는, 바울의 표현을 빌리면 "죽음도, 삶도 … 끊을 수 없는"(로마 8:38~39) 제한 없는 사랑으로 기도하며, 이 기도를 듣는 모든 이에게 천국이, 하늘이 임한다.

삶과 죽음이 뒤엉킨 오늘, 우리는 죽음과 사멸하는 것들을 마주한다. 하지만 동시에 우리는 베다니에서처럼 전례 없는 상황과 마주하고 있다. 그분의 나라가, 새로운 통치가, 모든 죽음의 권세보다 강한, 하늘로부터 오는 생명과 함께 우리의 조건에 매이지 않고, 우리의 통념을 거부하며 임한다. 예수 그리스도께서는 바로 이 나라를 구하라고 말씀하신다.

> 너희 아버지께서 그의 나라를 너희에게 주시기를 기뻐하신다.
> (루가 12:32)

또한, 우리는 약속을 듣는다.

> 내가 있는 곳에 너희도 함께 있게 하겠다. (요한 14:3)

우리는 손이 닿을 정도로 가까이 있으나 손에 넣을 수 없는 나라로 부름을 받았다. 이 나라에서 우리는 고아처럼 버려지지 않고 우리의 모든 요구와 모든 상상을 뛰어넘는 새로운 공동체에서 다함 없는 사랑을 받는 영광을 누릴 것이다.

이 책에서 인용한 성서 구절들은 이를 '증명'하는 본문이 아니다. 그보다는 디킨슨이 노래한, 이 불확실한 세상 너머에 있는 "종족", "음악처럼, 보이지 않아도", "확실하게 존재하는" 소리를 담아낸 악보에 가깝다. 이 악보에 따르면, 하늘이라는 현실의 영광을 잡을 수 없는 우리의 시든 손, 그 오그라든 손을 치유하는 안식이 이미 우리 곁에 자리하고 있다. 그리고 치유된 손은 이 땅의 모든 변화를 가져올 하늘을 가리키고 있다.

찾아보기

천국을 다시 묻다

- 복음의 소식을 다시 듣기

초판 발행 | 2024년 7월 5일

지은이 | 크리스토퍼 모스
옮긴이 | 윤상필

발행처 | ㈜타임교육C&P
발행인 | 이길호
편집인 | 이현은
편　집 | 민경찬 · 정다운
검　토 | 손승우 · 여운송 · 윤관
제　작 | 김진식 · 김진현
재　무 | 황인수 · 이남구 · 김규리
마케팅 | 이태훈 · 민경찬
디자인 | 민경찬 · 손승우

출판등록 | 2020년 7월 14일 제2020-000187호
주　소 | 서울시 강남구 봉은사로 442 75th Avenue 빌딩 7층
주문전화 | 010-8729-9237
이메일 | viapublisher@gmail.com

ISBN | 979-11-93794-84-5 (93230)

* 값은 뒤표지에 있습니다. 잘못된 책은 구입하신 곳에서 바꾸어 드립니다.